TECHNOLOGY FOR
ACCELERATED CONSTRUCTION OF LONG BRIDGE
IN COMPLICATED SEA AREA
— ENGINEERING PRACTICE OF YUSHAN BRIDGE

复杂海域
长桥快速建造技术
——鱼山大桥工程实践

方明山　吴波明　王昌将　阮　欣　王海峰　等　编著
叶　楠　梅敬松　陈继禹　等　审定

人民交通出版社股份有限公司
北　京

内 容 提 要

本书基于鱼山大桥建造实践,全面总结和提炼了鱼山大桥建设过程中取得的经验和成果,形成复杂海域环境下长桥快速建造技术。本书共分6章,具体内容包括:概述、总体方案、海洋环境混凝土连续箱梁长桥快速建造、海洋环境大跨径混合梁连续刚构桥品质建造、大规模超深厚软弱海域地层不均衡堆载对策研究、新型桥梁工业化建造管理等。

本书可供从事复杂海域桥梁设计、施工、检测和管理的技术人员参考,也可供大专院校土木、结构工程专业的师生参考。

图书在版编目(CIP)数据

复杂海域长桥快速建造技术 : 鱼山大桥工程实践 / 方明山等编著. — 北京 : 人民交通出版社股份有限公司, 2022.10

ISBN 978-7-114-18014-9

Ⅰ.①复… Ⅱ.①方… Ⅲ.①跨海峡桥—桥梁施工 Ⅳ.①U448.19

中国版本图书馆 CIP 数据核字(2022)第 098434 号

Fuza Haiyu Changqiao Kuaisu Jianzao Jishu——Yushan Daqiao Gongcheng Shijian

书　　名: 复杂海域长桥快速建造技术——鱼山大桥工程实践
著 作 者: 方明山　吴波明　王昌将　阮　欣　王海峰　等
责任编辑: 曲　乐　李学会
责任校对: 孙国靖　宋佳时
责任印制: 刘高彤
出版发行: 人民交通出版社股份有限公司
地　　址: (100011)北京市朝阳区安定门外外馆斜街3号
网　　址: http://www.ccpcl.com.cn
销售电话: (010)59757973
总 经 销: 人民交通出版社股份有限公司发行部
经　　销: 各地新华书店
印　　刷: 北京印匠彩色印刷有限公司
开　　本: 787×1092　1/16
印　　张: 12.75
字　　数: 310千
版　　次: 2022年10月　第1版
印　　次: 2022年10月　第1次印刷
书　　号: ISBN 978-7-114-18014-9
定　　价: 78.00元
(有印刷、装订质量问题的图书,由本公司负责调换)

本书编审委员会

编　写　组

主　　　编：方明山

副　主　编：吴波明　王昌将　阮　欣　王海峰

主要编写人员：张兴志　谭　昱　李　磊　陈向阳　王再荣

魏益峰　周　锋　张富有　许锡南　谭　俊

王　通　高昱鹏　郑招仁　李胜辉　霍宁宁

PREFACE | 序

进入21世纪以后,中国的高速公路网建设规模巨大、成绩斐然,尤其是沿海的五个跨海通道已按计划建成了三个,剩下的渤海海峡跨海通道和琼州海峡跨海通道也在规划中。浙江舟山市的鱼山大桥面对复杂海域和紧迫工期的困难,项目团队通过合理选线,尽量避开不良地质构造和海底管线的干扰,并采用大直径变截面钻孔桩达到了节省造价、缩短工期的目的,满足了与舟山绿色石化基地同步建设的要求,达到了高质量、安全耐久和百年品质的目标。

浙江沿海有三千多个岛屿,是我国岛屿最多的省份。舟山群岛是我国传统的渔业基地,也是我国能源化工和航运的重要基地。2009年,舟山大陆连岛工程建成通车,其中包括主跨1650m的西堠门大桥。为了使舟山群岛若干大岛之间进行方便的陆路交通,必然还要兴建一些连岛工程。鱼山大桥工程工业化建设的成功经验必将成为今后新的连岛工程的范例。

鱼山大桥的主航道桥的通航净空要求为220m×30.5m(双向),以通行2000吨级海轮,采用多孔连续刚构体系是十分经济合理的选择,其中主通航孔主跨为260m,配以若干辅通航孔通行500吨级的通达轮以降低船撞风险。这样的布置完全符合安全、适用、经济、美观的概念设计原则,对于中国一些内河桥梁为追求跨度而选用既不经济也不美观的千米级悬索桥方案,也是一个很好的启发和借鉴。

中小跨度的预应力混凝土梁式桥是占比最大的桥型,钻孔桩是梁式桥下部基础的首选形式。鱼山大桥的结构形式虽然简单,但采用单根大直径变截面钻孔桩以及节段预制的悬臂拼装施工,可以大量减少人工、加快施工速度、节约投资,是十分先进的施工管理技术,也完全符合预制构件大型化、工业化拼装的现代化发展趋势。

我相信本书的出版将会促进中国桥梁建设的进步,并在今后"一带一路"的援外工程中发挥重要的示范作用。

同济大学荣誉资深教授

中国工程院院士

项海帆

2022 年 3 月

FOREWORD | 前言

浙江舟山鱼山岛形如遨游的大鱼，距离舟山群岛岱山岛约 8km。根据相关规划，鱼山岛将会打造国际一流的现代大型一体化石化产业基地，急需陆路支撑其建设发展。鱼山大桥连接浙江舟山岱山岛和鱼山岛，是岛屿间的跨海大桥。

鱼山大桥按《公路工程技术标准》(JTG B01—2014)中的双向四车道一级公路标准建设，设计速度 80km/h，整体式路基宽度 25.5m，近期实施半幅（路基宽度 12.75m），考虑舟山绿色石化基地的需求，在桥面预留了输水管线和 220kV 高压电缆通行空间，桥梁总宽度为 15.6m。鱼山大桥主线全长约 8.815km，其中连续跨海大桥 7781.75m/1 座。

鱼山大桥建设规模大，建设条件复杂，建设工期紧迫，品质要求高。为保证大桥高质量、高效率地实施，工程在设计和施工方面独辟蹊径、大胆创新，刷新了多项建桥纪录。一是全面践行桥梁工业化理念，大桥上部结构实现了 100% 预制；二是 260m 主跨通航孔桥是世界上最大跨度和最大联长的节段预制拼装箱梁，且通航孔桥跨中 89m 采用钢箱梁，通过采用新型钢-混凝土结合段保证了受力性能和合龙精度；三是通过系统性工艺革新和国产超大功率钻机设备性能发挥，成功实现了超长超大直径桩施工技术突破，170 根超大直径钻孔灌注桩一次成孔率 100%，I 类桩率 100%，并且最大桩基直径达 5m、桩长达 148m，居世界同类桩基之最；四是非通航孔桥基础全面采用了单桩独柱墩结构，较群桩工期缩短 40%，波流力减小 80%，冲刷深度减小 20%，造价节省约 30%，并且避免了群桩承台耐久性问题；五是50m非通航孔桥创新采用了墩顶块外壳预制的方案，改善了混凝土结构早期开裂问题及可施工性问题；六是采用新型厚边U肋+超高韧性混凝土（High Toughness Concrete，HTC）铺装结构，提高了正交异性桥面板与铺装的耐久性。

鱼山大桥由浙江省交通投资集团主导投资、设计、施工和管理。其中，设计单位为浙江数智交院科技股份有限公司（原浙江省交通规划设计研究院），施工由浙江交工集团股份有限公司和中交第二航务工程局有限公司联合体实施，监理由西安方舟工程咨询有限责任公司承担。同时，同济大学、国家海洋局第二海洋研究所、浙江省水利河口研究所、浙江省河口海岸重点实验室、上海船舶运输科学研究所、河海大学、浙江大学、香港科技大学等多家高校和科研机构共同参与建造技术攻关。

在参建各方共同努力下，大桥于2016年9月26日开工，2018年11月15日全桥贯通，同年12月25日建成，2019年4月23日顺利通过交工验收，工程评分97.7分。其中，50m主梁安装合龙最大误差9mm，70m跨最大合龙误差10mm；墩身保护层（误差0～+5mm）合格率为90%，节段梁保护层合格率为97.8%，并创造了27个月完工的“鱼山速度”。通过工程实践，鱼山大桥探索形成了以设计集约化、标准化，施工构件预制化、模块化、装配化，施工组织平行化，海上全域通道化、管控信息化为特征的海上长桥快速施工技术，这些综合技术的集成运用，确保了鱼山大桥高品质快速建造目标。

依托鱼山大桥工程，建设单位与美国桥梁快速施工研发中心（ABC）、《桥梁》杂志社联合成功举办了“2018国际桥梁工业化建造及快速施工关键技术研讨会”，大桥建设获得中美双方专家组的高度关注和肯定。2021年鱼山大桥获2018—2020年度公路水运建设项目“平安工程”称号，2019年度全国推广项目排名第二，同时斩获2020年度浙江省建设工程钱江杯（优质工程）。

为了加快推进我国桥梁快速施工技术发展，本书全面总结和提炼了鱼山大桥建设过程中取得的经验和成果，以供同行借鉴和参考。全书框架体系如下：

第1章为概述，主要介绍鱼山大桥的建设意义、建设特点和难点以及工程规模。

第2章为总体方案，主要介绍鱼山大桥总体建设情况。包括建设条件、快速建造理念、总体设计及总体施工情况。

第3章为海洋环境混凝土连续箱梁长桥快速建造，主要介绍鱼山大桥非通航孔桥快速建造的总体方案构思。包括非通航孔桥超长超大直径钢管复合桩施工技术、双曲面墩身施工技术、主梁施工技术及结构性能分析。

第4章为海洋环境大跨径混合梁连续刚构桥品质建造，主要介绍通航孔桥的技术特点与工程经验。包括设计创新、施工方案研究、关键施工技术及结构性能分析。

第5章为大规模超深厚软弱海域地层不均衡堆载对策研究，主要介绍鱼山大桥围垦区设计方案及因不均衡堆载而改变的桥梁方案，为大规模超深厚软弱海域地层不均衡堆载下桥梁建设难题提供解决思路与工程经验。内容包括舟山绿色石化基地施工概况、不均衡堆载对结构的影响分析及桥梁方案调整。

第6章为新型桥梁工业化建造管理，主要介绍以鱼山大桥建设经验为基础的桥梁工业化建造管理思路与理念。内容包括顶层设计、过程控制、规范管理、智慧建造及交流互鉴。

近年来，交通运输部在全国范围积极推行“平安百年品质工程”示范项目，并取得了显著成效。我国桥梁工业化和快速施工技术的飞速发展，无疑为“平安百年品质工程”建设注入了新的活力，“大型化、工厂化、标准化、装配化、智慧化”目标，必将成为桥梁快速建造发展的新趋势，并带动桥梁工业的新技术、新材料、新工艺、新设备的全面提升。本书基于鱼山大桥建造实践，形成了复杂海域环境下长桥快速建造技术，期待为中国桥梁工业化发展探路并提供一定的经验和借鉴。

受编写水平所限，书中不当之处在所难免，敬请读者批评指正！

编写组

2022年1月

CONTENTS | 目录

第1章 CHAPTER 1

概述

1.1 建设意义

鱼山大桥起点位于浙江省舟山市岱山县双合村后沙洋山嘴，起点桩号为 K0 +000。路线沿西北方向往海里延伸，在花鼓山南侧转向西南，跨越2000吨级航道后转向西北，在大鱼山东面约2km处，跨过围垦区海堤，终点与舟山绿色石化基地内鱼山大道相接，终点桩号为 K8 +815。

鱼山大桥是连接岱山本岛和鱼山岛（舟山绿色石化基地）的重要交通基础设施（图1-1），是舟山绿色石化基地对外连接的唯一陆上交通干道，其建设对推动舟山绿色石化基地和江海联运服务中心建设，促进舟山群岛新区发展、实践国家战略均具有十分重要的意义。

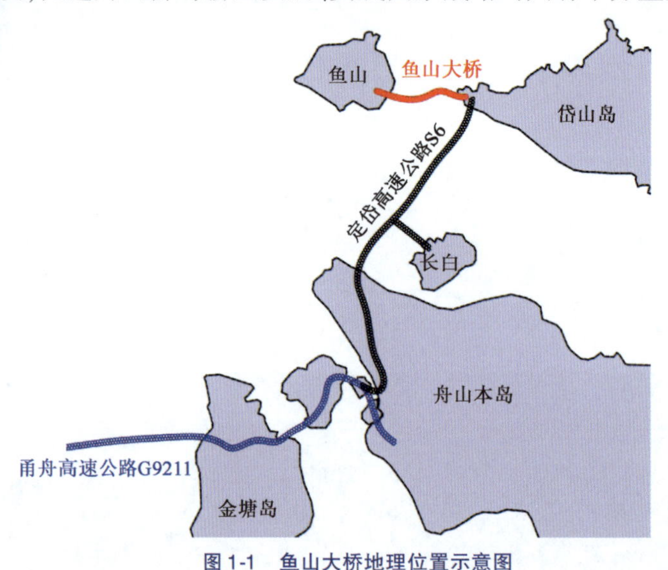

图1-1 鱼山大桥地理位置示意图

1.2 建设特点和难点

鱼山大桥按双向四车道一级公路标准建设，设计速度80km/h，整体式路基宽度25.5m，先期实施半幅；桥梁总宽度为15.6m，桥面预留输水管线和高压电缆通行空间。

鱼山大桥路线统筹兼顾起终点、通航要求与水流因素，结合景观设计，在大海上画出了优美的“S”形曲线（图1-2）。

鱼山大桥除具备典型跨海长桥的特点外，还面临以下难点：

（1）支撑条件缺乏

与连接大陆和岛屿的半岛型跨海大桥不同，鱼山大桥由岱山岛连接鱼山孤岛，两岛距舟山本岛在16km以上，且均无陆上通道与大陆连接。两岛工业基础薄弱，桥址可达性差、缺乏有效的建桥支撑条件。

图1-2　鱼山大桥鸟瞰图

(2)建设条件复杂

工程区域夏季台风频发、冬季季风盛行，7—9月均为台风多发期，100年一遇的设计基准风速达44.35m/s。累年最多年平均雾日45d，每年有效作业时间仅200d左右。

桥址区水深5m以上区域占海域路线总长约60%，其中10m以上水深区域长度在3km以上。桥位最大水流速度达3.69m/s，最大波高达6.9m，波流力和冲刷作用强烈。桥址区基岩起伏剧烈，大部分区域基岩埋深在100m以上，最深达140m以上。上覆深厚淤泥层，最大软土厚度在40m以上。

此外，桥位处缺乏遮蔽且岛礁杂乱分布，海底管线交织，桥区附近规划有鱼山石化多座大吨位码头，且围垦作业施工船舶众多，施工干扰大，船舶撞击风险高。

(3)工期矛盾突出

大桥直接服务于舟山绿色石化基地。为保证基地人员的生产和生活需要，大桥要求与基地同步建设，并于2018年底全线贯通。大桥总施工工期仅27个月，且有效工期不足20个月。

(4)工程品质严苛

大桥作为国家重大战略项目的配套工程且入选交通运输部“品质工程”示范项目，项目定位高、要求严。项目建成后将移交地方政府管理，限于地方专业管理资源有限和财政压力较大，桥梁运维以追求最小养护成本为导向，需要从结构全寿命周期理念出发进行设计及建造。

综上所述，鱼山大桥建设规模大，建设条件差，建设工期紧，品质要求高，如何保证桥梁安全、耐久、高质量、高效率实施，成就百年品质，是摆在建造者面前的重大考验。

1.3 工程规模

鱼山大桥全长约8815km,其中跨海桥梁长7781.75m,由通航孔桥和非通航孔桥组成。通航孔主桥为混合梁连续刚构桥,桥跨布置为(70+140+180+260+180+140+70)m;非通航孔桥采用节段预制拼装混凝土连续梁桥,靠近主通航孔主桥两侧深水区采用70m跨径,其余区段采用50m跨径;标准联长为5跨一联,局部为4跨一联。岱山侧非通航孔主桥跨径布置为3×(4×50)+2×(5×50)+4×(4×70)+2×(5×70)=2920(m),鱼山侧非通航孔主桥跨径布置为4×(5×70)+3×(4×70)+(3×70+64.75)+5×50+4×(4×50)+(50+7+50)+3×(50)=3821.75(m),如图1-3所示。全线主要结构物数量及参数见表1-1~表1-5。

鱼山大桥建设总工期27个月,于2016年9月26日正式开工,2018年12月25日建成。

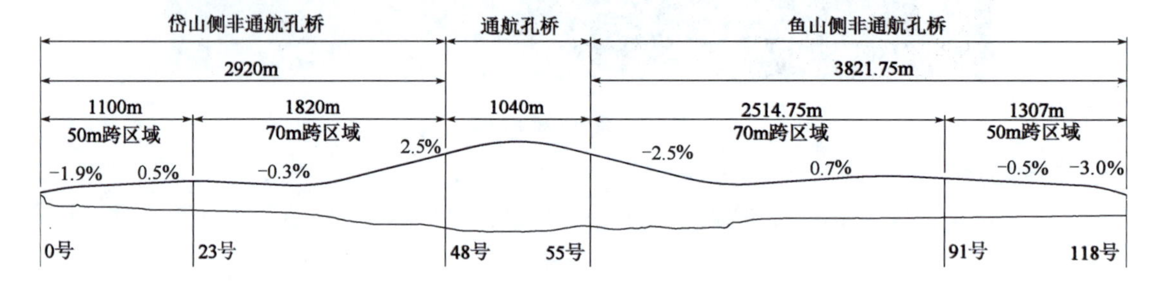

图1-3 鱼山大桥桥梁总布置图

主要结构物数量一览表　　表1-1

序号	项目名称	单位	数量	钢筋总质量(t)	钢管总质量(t)	混凝土方量(m^3)
1	桩基	根/m	182/19317.5	20830	25877	170468
2	承台	座	12	1769	—	18032
3	墩身	座	117	3916	—	21581
4	50m预制拼装梁	榀	783	5288	—	29615
5	70m预制拼装梁	榀	1349	9539	—	57115
6	通航孔桥悬臂拼装	榀	256(含现浇)	3350	—	20279
7	钢箱梁节段	榀/t	1/811.9	—	—	—
8	伸缩缝	道/m	30/436.8	—	—	—

桩基部分最大值参数统计　　表1-2

项目	参数	备注
单桩最大桩径(m)	5.0~3.8	区域一
单桩最重钢筋笼(t)	241.3	45号墩桩基,单节最大质量约38t,φ4.78m
单桩最重钢管(t)	297.1	43~47号、56~60号墩桩基,全长62m,壁厚3.8cm,φ5m
单桩最长钢管(m)	73.2	113号和114号墩桩基,φ2.5m,壁厚2.6cm

续上表

项 目	参 数	备 注
桩基混凝土最大方量(m^3)	2001	45 号墩桩基，ϕ3.8～5.0m
桩基总根数(根)	182	ϕ2.2m:19；ϕ2.5m:4；ϕ3.4m:11；ϕ2.5～3.4m:30；ϕ3.0～3.8m:28；ϕ3.0～4.0m:51；ϕ4.0:14；ϕ3.8～4.5m:15；ϕ3.8～5.0m:10

承台部分最大值参数统计 表 1-3

项 目	参 数	备 注
单个承台最大尺寸(m)	29.1×20.6×3.5	主墩
单个承台混凝土最大方量(m^3)	2734.1	主墩
单个最大封底方量(m^3)	749.7	主墩，封底厚度 2m
单个承台最重钢筋(t)	318.3	主墩
承台数量	12	不包含 0 号墩及 118 号墩桥台

墩身部分最大值参数统计 表 1-4

项 目	参 数	备 注
通航孔主桥最大墩高(m)	28.54	双肢薄壁墩，单个尺寸为 7.6m×2.5m
非通航孔主桥最高墩身(m)	28.14	独柱墩，底部圆柱为 ϕ3.6m，底部曲面展开尺寸为 6.5m×3.6m
通航孔单墩最大钢筋质量(t)	322.27	51 号、52 号墩
通航孔单墩混凝土最大方量(m^3)	828.6	50 号、53 号墩
非通航孔单墩最大钢筋质量(t)	46.87	47 号墩
非通航孔单墩混凝土最大方量(m^3)	306.8	47 号墩

通航孔主桥上部结构最大值参数统计 表 1-5

项 目	参 数	备 注
最长梁段(m)	4.5	
最高梁段(m)	12.14	C2 节段
最重梁段(浮吊)(t)	265.9	C2 节段
最重梁段(架桥机)(t)	257.9	C3 节段
钢箱梁质量(t)	852.3	
节段数量	256 个	预制节段 236 个，1 号块现浇段 12 个，0 号块现浇 6 个，共 256 个节段
节段最大钢筋质量(t)	13.28	

第2章 CHAPTER 2 总体方案

2.1 建设条件

2.1.1 气候气象条件

(1)气候特征

鱼山大桥桥区位于东海灰鳖洋,属亚热带季风气候区,但同时也受到西风带、副热带和热带辐合带天气系统的影响。季风显著,风速大,全年多大风,春季多海雾,夏季多热带气旋(包括热带风暴、强热带风暴、台风)。天气复杂多变,灾害性天气类型多、发生频繁。其他主要灾害性天气有暴雨、龙卷风、冰雹、雪、雾、飑线、雷暴等,其中尤以龙卷风、飑线、雷暴最为严重。大桥所在地区的气象要素特征值依据舟山市岱山气象站多年统计资料进行统计分析,详见表2-1。

岱山气象站气象要素特征表　　表2-1

项目		指标	
气温(℃)	极端最高	39.5	
	极端最低	-6.7	
	年平均	16.8	
	最低月平均	3.3(1月)	
	最高月平均	30.6(8月)	
	最低日平均	-3.6	
	最高日平均	32.7	
降水(mm)	年最大	1295.3	
	年最小	514.7	
	年平均	993.2	
	月最大	294.3(9月)	
风	最大风速(m/s)	35	
	极大风速(m/s)	>40	
	主导风向	春季	ESE、NW
		夏季	ESE
		秋季	NNE、SSW
		冬季	NW、NNW
	台风影响月份	5—11月,其中7—9月居多	
	年平均台风影响次数(次)	2.2	
蒸发量(mm)	年平均	1376.4	

续上表

项目		指标
雾日(d)	年最多	45
	年最少	14
	年平均	28.5
相对湿度(%)	1月平均	73
	6月平均	85
	年平均	78
雷暴日(d)	年最多	44
	年平均	30.6
积雪深度(cm)	最大	19(普陀)

(2)风况和风速

根据宁波市北仑气象站的资料进行分析,本区常风向为NW,出现频率为11%,平均风速8.8m/s,最大风速28m/s;次常风向为ESE,出现频率为10%,平均风速为4.6m/s。强风向为N向和NNE向,最大风速分别为35m/s和40m/s。

工程区域属亚热带季风气候区,同时又属于大陆性气候向海洋性气候过渡区,风向有明显的季节性变化。秋冬两季主要受大陆性气候影响,冷空气活动频繁,风向以偏北风为主;春夏两季主要受海洋性气候影响,太平洋暖湿气流比较活跃,风向以南到偏南向为主。

1949—2000年出现在西太平洋上的热带气旋统计资料显示,本区域共发生141个影响台风,平均每年2.7个。本区域每年5—11月都有可能遭受热带气旋,但主要集中在7—9月,平均每年2.2个,占总数的82%。各月中又以8月最多,占总数的34%,7月和9月次之,分别占总数的23%和25%;5月最少,占总数的4%,6月和11月各占总数的7%。

根据桥址区附近有代表性气象观测站的统计最大风速,计算得到现场10m高度100年一遇风速44.3m/s。

2.1.2 工程地质条件

鱼山大桥桥址区横跨3根海底电缆和通航航道,场地条件较为复杂。桥址区海域水深一般1~19m不等,水下地形坡度平缓,浅层部分布厚层海相软土,工程性质差;下部以中密~密实冲海积的粉砂、细砂为主,一般厚度较大,地层较为连续,底部为粉质黏土、圆砾层,下伏基岩岩质较硬。基岩面起伏大,中风化岩埋深18.9~132.3m不等。岱山侧桥台位于海岛丘陵,强~中风化角砾凝灰岩直接露出,岩质坚硬,岩石完整性相对较好,强风化层厚1~2m;鱼山侧桥台位于海域,水深6.3m,浅层分布淤泥、淤泥质土,工程性质差,厚35m,中下部主要为中密状粉砂、细砂、中砂和可塑状粉质黏土,工程性质较好,厚70.1m,下伏基岩为角砾凝灰岩,岩质硬,岩石较为完整,中风化岩埋深129.8m。

根据《中国地震动参数区划图》(GB 18306—2015),区内地震动峰值加速度为0.10g,相当于地震基本烈度为Ⅶ度。根据《公路桥梁抗震设计细则》(JTG/T B02-01—2008),鱼山大桥主桥抗震设防类别为A类,采用50年超越概率10%(E1地震作用)和50年超越概率2%(E2

地震作用)两种地震动水平进行抗震设防;非通航孔桥抗震设防类别为 B 类,采用 50 年超越概率 10%、考虑结构重要性系数 0.5(E1 地震作用)和 50 年超越概率 2%(E2 地震作用)两种地震动水平进行抗震设防,见表 2-2。

鱼山大桥抗震设防标准及性能目标　　表 2-2

桥　梁	设防地震概率水平	结构性能要求	结构校核目标
主桥	E1 地震作用 50 年超越概率 10%	主要结构基本不发生损伤	主要结构校核强度
	E2 地震作用 50 年超越概率 2%	主要结构基本不发生损伤	主要结构校核强度
非通航孔桥	E1 地震作用 50 年超越概率 10%(考虑结构重要性系数 0.5)	主要结构基本不发生损伤	主要结构校核强度
	E2 地震作用 50 年超越概率 2%	可进入塑性状态,震后可修复	校核位移和变形

2.1.3　水文条件

根据区域水位、地址资料,储存于坡洪积土层中的孔隙潜水、深部孔隙承压水、基岩裂隙水等,对混凝土结构具微腐蚀性、对钢筋混凝土结构中的钢筋具微腐蚀性、对钢结构具中等腐蚀性,设计时根据具体条件,采取相应的防腐措施。

在最高潮位与最低潮位之间的干湿交替段,海水对混凝土结构具中等腐蚀性,对钢筋混凝土结构中的钢筋具强腐蚀性;最低潮位以下的长期浸水段,海水对混凝土具弱腐蚀性,对钢筋混凝土结构中的钢筋具弱腐蚀性,对钢结构具中等腐蚀性。设计时根据具体条件,采取相应的防腐措施。

设计水位见表 2-3。

设计水位(1985 高程,单位:m)　　表 2-3

项　目	重　现　期	根据岱山水文站推算结果
重现期高水位	300 年(0.3%)	3.79
	100 年(1%)	3.60
	50 年(2%)	3.44
	10 年(10%)	3.08
	2 年(50%)	2.67
重现期低水位	300 年(0.3%)	-2.60
	100 年(1%)	-2.49
	50 年(2%)	-2.43
	10 年(10%)	-2.27
	2 年(50%)	-2.09
重现期潮差	300 年(0.3%)	4.36
	100 年(1%)	4.24
	50 年(2%)	4.15
	10 年(10%)	3.96
	2 年(50%)	3.73

续上表

项　　目	重　现　期	根据岱山水文站推算结果
设计高水位	高潮累积频率 10%	2.38
设计低水位	低潮累积频率 90%	-1.54
极端高水位	重现期 50 年的极值高水位	3.44
极端低水位	重现期 50 年的极值低水位	-2.43

设计流速见表 2-4。

设计流速(垂向平均)　　表 2-4

测　站	实测最大涨潮		实测最大落潮		潮流可能最大流速	
	流速(cm/s)	流向(°)	流速(cm/s)	流向(°)	流速(cm/s)	走向(°)
1 号	160	328	119	146	191	141 ~ 321
2 号	156	329	116	182	183	153 ~ 333
3 号	138	328	116	152	169	148 ~ 328
4 号	135	339	112	162	159	156 ~ 336
5 号	148	339	115	156	166	149 ~ 329
6 号	141	321	122	140	171	140 ~ 320
7 号	134	342	99	147	150	148 ~ 328

设置 4 个波浪计算点位,如图 2-1 所示,点位坐标见表 2-5。

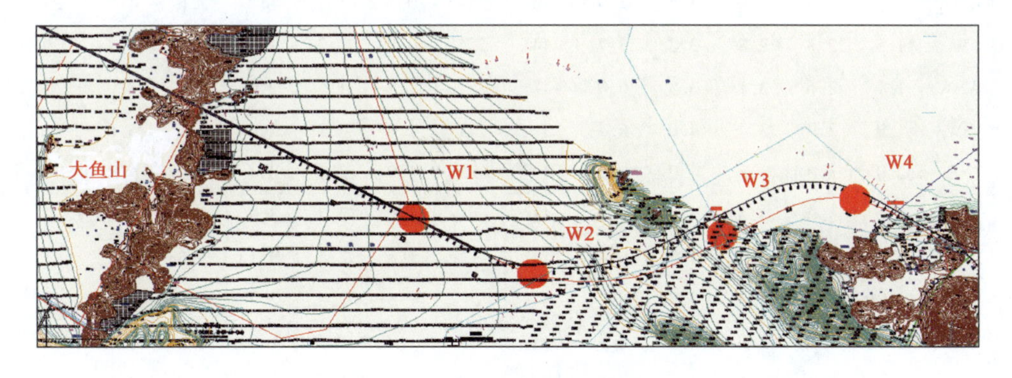

图 2-1　波浪计算点位示意图

波浪计算点位坐标(单位:m)　　表 2-5

计算点名称	X	Y	水　　深
W1	403314	3354585	7.0
W2	405174	3353921	8.5
W3	407080	3354583	18.0
W4	408919	3354932	6.0

在考虑围堤的情况下,以 100 年一遇设计波要素结果为例(表 2-6),W1 点在围堤前后有明显变化,W2、W3 和 W4 点围堤影响可以忽略。

围堤前后 100 年一遇 W1 点设计波要素　　表 2-6

计算点		W1(围堤前)							W1(围堤后)						
水位	方位	H (m)	H_s (m)	$H_{4\%}$ (m)	$H_{1\%}$ (m)	T (s)	L (m)	Deg (°)	H (m)	H_s (m)	$H_{4\%}$ (m)	$H_{1\%}$ (m)	T (s)	L (m)	Deg (°)
重现期水位	NE	2.9	4.3	5.0	5.7	7.8	71	48	2.7	4.0	4.8	5.5	7.6	64	52
	NNE	2.9	4.2	5.0	5.7	7.7	70	37	2.6	3.8	4.6	5.2	7.4	62	42
	N	2.8	4.2	4.9	5.6	7.7	70	31	2.4	3.6	4.3	5.0	7.2	61	38
	NNW	2.4	3.6	4.3	5.0	7.1	62	19	1.9	2.8	3.4	4.0	6.3	52	31
	NW	1.9	3.0	3.6	4.1	6.5	55	354	1.2	1.8	2.2	2.6	5.1	38	22
	WNW	1.7	2.6	3.2	3.7	6.1	50	282	0.7	1.1	1.4	1.6	4.3	28	289
	W	1.6	2.4	2.9	3.4	5.9	48	235	0.8	1.2	1.5	1.8	4.4	30	210
	WSW	1.8	2.7	3.3	3.8	6.2	51	222	1.1	1.7	2.1	2.4	5.0	37	204
	SW	2.1	3.2	3.8	4.4	6.7	57	213	1.5	2.3	2.8	3.2	5.7	45	196
设计高水位	NE	2.5	3.7	4.4	5.0	7.2	60	50	2.4	3.5	4.2	4.7	7.0	55	53
	NNE	2.5	3.7	4.3	4.9	7.2	60	38	2.3	3.4	4.0	4.5	6.9	54	43
	N	2.5	3.6	4.3	4.9	7.1	59	31	2.2	3.2	3.8	4.4	6.7	52	38
	NNW	2.2	3.3	3.9	4.4	6.8	56	20	1.7	2.6	3.1	3.6	6.1	47	31
	NW	1.8	2.7	3.3	3.8	6.2	49	353	1.1	1.7	2.1	2.4	5.0	36	22
	WNW	1.6	2.5	3.0	3.5	5.9	46	279	0.7	1.1	1.3	1.6	4.2	27	282
	W	1.5	2.3	2.8	3.3	5.7	44	235	0.8	1.2	1.5	1.7	4.4	29	210
	WSW	1.7	2.6	3.1	3.5	6.0	47	221	1.1	1.6	2.0	2.3	4.9	35	203
	SW	1.9	2.9	3.4	4.0	6.4	51	211	1.4	2.2	2.6	3.1	5.6	42	196
平均水位	NE	2.0	3.0	3.5	4.0	6.5	49	52	1.9	2.9	3.4	3.9	6.3	44	55
	NNE	2.0	3.0	3.5	4.0	6.4	48	39	1.9	2.7	3.3	3.7	6.2	43	43
	N	2.0	2.9	3.4	3.9	6.4	48	32	1.8	2.6	3.1	3.6	6.1	43	38
	NNW	1.8	2.7	3.2	3.7	6.2	46	21	1.5	2.3	2.7	3.1	5.7	40	31
	NW	1.6	2.4	2.9	3.3	5.9	43	355	1.0	1.6	1.9	2.2	4.8	32	22
	WNW	1.5	2.2	2.7	3.1	5.6	40	278	0.7	1.1	1.3	1.5	4.2	26	277
	W	1.4	2.1	2.6	3.0	5.5	39	233	0.7	1.2	1.4	1.7	4.3	27	210
	WSW	1.5	2.2	2.7	3.1	5.7	41	219	1.0	1.6	1.9	2.2	4.8	32	202
	SW	1.6	2.4	2.9	3.3	5.9	43	208	1.3	2.0	2.4	2.8	5.4	37	

注:H-波浪高度;H_s-有效波高;$H_{4\%}$-4%最大波浪高度;$H_{1\%}$-1%最大波浪高度;T-周期;L-波长;Deg-波向角。

2.1.4 通航条件

工程附近主要有中部港域西航道进港主航道和岛际客运航线两条航道。现有通航船型以客运船舶为主,其次包括渔船、货运船舶和修造船。根据2014年1月—2015年1月实测数据,花鼓山东、西侧均有船舶通航，以通航船长100m以下船舶为主。综合考虑桥梁建设方案、周边客运码头远期规划等条件，大桥在花鼓山东侧设置1个主通航孔和1个西辅通航孔。主通航孔采用2000吨级船舶和实际通航的通达轮作为主通航船型，西辅通航孔(西堠门/金塘大桥方向来船)采用500吨级船舶作为主通航船型。选用设计船型(满载)见表2-7。其中，危险品船空载水线以上高度不超过25.5m。

结合桥址区气象、水文、通航等各因素，主通航孔采用主跨260m连续刚构桥，设计船型为2000吨级船舶(兼顾船型为通达轮)，满足单孔双向通航需要。西辅通航孔利用刚构桥边跨通过，满足500吨级杂货船单向通过。工程设计最高通航水位采用20年一遇的最高潮位，即取3.23m。设计最低通航水位应采用低潮累积频率为90%的潮位，因此本工程设计最低通航水位取-1.54m。最终本桥通航代表船型、通航净空尺度见表2-7、表2-8。

通航代表船型尺度表(满载船) 表2-7

项目		代表船型	船型尺度(m)				
			总长 L	型宽 B	型深 H	吃水 T	空载水线以上高度
主通航孔	设计船型	2000吨级杂货船	86	13.5	7.0	4.9	25.2
		2000吨级散货船	78	14.3	6.2	5.0	22.6
		2000吨级油船	86	13.6	6.1	5.1	25.5
		2000吨级化学品船	87	12.5	5.9	5.0	≤25.5
	兼顾船型	通达轮(客船)	78	15	5.5	3.5	22.0
西辅通航孔	设计船型	500吨级杂货船	53	8.4	—	3.4	15.0

通航净空尺度表 表2-8

代表船型		通航水深(m)	通航净宽(m)	通航净高(m)	备注
主通航孔	2000吨级船舶兼顾通达轮双向	6.4	220(双向)	30	危险品船桥区航速≤6kn
西辅通航孔	500吨级单向	4.9	80(单向)	19.5	

注：1节(kn)=1mile/h=(1852/3600)m/s。

2.2 快速建造理念

进入21世纪以来，欧美发达国家推行快速施工建造技术，其主要理念是将桥梁构件模块化、单元化制造和安装，并主要用于城市桥梁中的中小跨径桥梁的快速施工，以提高施工作业安全性和机动性，节省时间和成本，尽量减少交通拥堵、减少对环境和社会经济的影响，提高施工质量和作业效率。近年来，国内以上海为首积极推行新一代城市桥梁工业化建造理念。这两大理念的孕育与交融，恰好为鱼山大桥破解快速施工难题带来机遇。

为此，项目建造之初，针对大桥的特殊性，从设计、施工角度开展顶层设计，积极探索并形成具有项目特色的快速施工(Accelerated Bridge Construction,简称ABC)建造技术。从保证工期、提升品质、节约造价、便于养护四方面出发,因地制宜地进行项目设计。采用全栈桥工法,变海上施工为陆域施工,实现上下部同步、多点并行施工。践行标准化设计、工厂化预制、装配化施工和信息化管理理念,提升结构品质;通过采用合理的结构形式,充分发挥不同材料、不同结构的特点,在保证结构品质的同时降低成本;针对复杂海洋环境,通过合理布跨,采用高品质的混凝土结构等,降低后期养护成本。

总体设计上,为了节约工期和降低工程成本,下部结构采用了超大、超长单桩独柱结构,单桩基础最大直径5m,最长148m,最大灌注方量达2001m^3,较群桩基础工期缩短40%,波流力减少80%,冲刷深度减少20%,造价节省约30%;上部结构采用了全预制拼装连续箱梁结构,便于充分发挥桥梁工业化生产优势。

总体施工组织上,采用大标段集约化施工,为了克服海上施工有效作业时间短的制约,全海域实施临时封航,并全线设置通长栈桥,全长7.815km的栈桥均采用模块化设计及装配技术,仅用3个月便完成了架设,为下部基础施工提供了快速、便捷、安全的陆域作业通道,并极大地延长了桩基的有效作业时间(由年均约200d增加到年均约300d)。同时,桩基、承台、墩身均采用模块化施工技术,上部结构节段箱梁预制生产及安装与下部平行作业。

关键工艺上,采用最先进的打桩船(雄程1号)实现一次整节沉放65m长钢护筒,采用超大功率全液压回旋钻和减压慢速技术实现超大直径桩基成孔;发明专用装置,解决了质量241t、长148m的钢筋笼安装工艺难题。对于双曲面墩身钢筋骨架,采用工厂整体绑扎、整体运输及安装的先进工艺,作业时间仅需4h,下部结构总工期节约5个月。经检测,所有墩身、桩基础质量优良,倾斜度均小于1/220。

关键设备上,为了适应恶劣的施工环境,研发了抗风能力强的海上架桥机,配备了同步顶推系统,研发了实时监控系统,实现了平均每3d完成1榀梁段预制,15个月完成了2370榀梁段预制;平均每天完成7榀梁段拼装,14个月内完成了全部梁段安装。

简而言之,鱼山大桥的建设形成了以设计集约化、标准化,施工构件预制化、模块化、装配化,施工组织平行化,海上全域通道化、管控信息化为特征的海上长桥快速施工技术,这些综合技术的集成运用,确保了鱼山大桥高品质快速建造目标,并创造了中国跨海桥梁建设速度的新纪录。

2.3 总体设计

2.3.1 桥位设计和比选

大桥建设面临复杂的气象、水文、地质、通航条件,桥位选择至关重要。在桥位确定之初,确定了桥位比选的几项基本原则:

①根据拟定的路线总走向及主要控制点,结合项目所在地区交通网布局、沿线城镇现状、

规划及资源分布情况，在符合《舟山市国民经济和社会发展第十二个五年规划纲要》的要求前提下，与现有公路网相互协调，从可行方案中通过调查、研究，推荐最佳桥位方案。

②合理选择桥位起终点，正确处理与现有交通运输网、城镇规划的关系，达到统筹规划、合理布局、协调持续发展的目的。

③加强安全、环保意识，通过地形选线、地质选线、安全选线、环保与景观选线，选择有利于行车安全、保护环境、节约投资的方案。

④路线应结合地形，顺势布设，灵活运用技术指标，多填少挖，尽量避免高填深挖和对自然景观的破坏。

⑤强调“地质超前”理念，结合沿线地质情况，尽量避开重大不良地质路段。

⑥桥位方案优化和比选应贯穿勘察设计全过程，对可能的桥位方案应进行全方位优化和多方案比选。

根据上述原则，结合桥位实际特点，梳理得到桥位的主要控制因素包括：地形、地质、水文、沿途村庄等，舟山绿色石化基地的建设和未来使用需求，海底电缆的位置，舟山市鱼山及仇家门二期促淤围涂工程，环境、资源分布、文物等。综合考虑各项因素，提出了两个桥位进行比选，如图2-2所示。

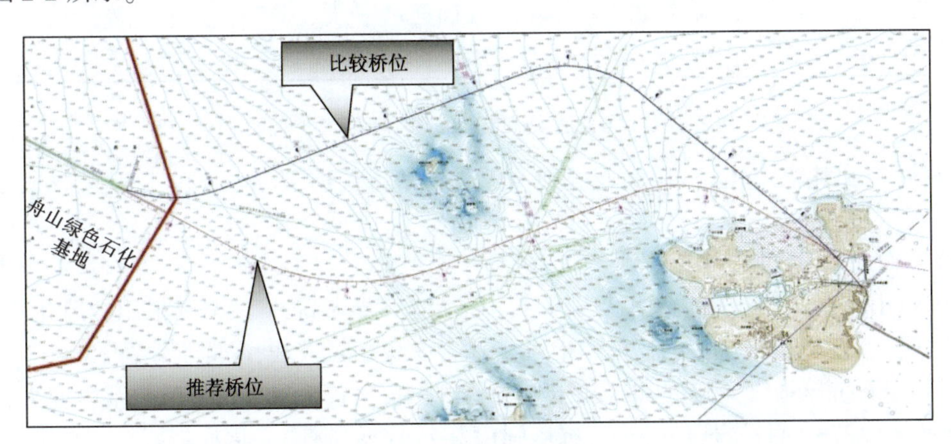

图2-2 桥位方案比选图

推荐桥位段始于岱山县双合村后沙洋山嘴，起点桩号K0+000，路线穿双合后沙洋海塘内养殖塘后沿大岙山北麓前行，入海后前行至K2后转向西南，在花鼓山东南侧跨越航道及海底电缆后至K8+080处跨越海堤进入舟山绿色石化基地后接至终点K8+680处接园区内道路，路线全长8.68km，桥梁全长7.83km。

比较桥位段始于岱山县双合村后沙洋山嘴，起点桩号BK0+000，路线穿双合后沙洋海塘内养殖塘后沿大岙山北麓前行，入海后前行至BK3+535处设(90+170+90)m跨电缆桥后转向西南，在花鼓山东北侧跨越航道后至BK8+450处跨越海堤进入舟山绿色石化基地后接至终点BK8+953处接园区内道路，路线全长8.953km，桥梁全长8.32km。

根据桥位选择的基本原则，以路线规划总体走向为基础，结合区域路网布局及航道、港区规划、围垦、海底电缆，在地形图上进行初步的桥位选择。经论证分析，桥梁的起终点受岱山岛地方道路和鱼山围垦规划道路控制，桥随路走，不再进一步比选。工程所在位置海域宽阔，仅有花鼓山和滩锣礁少量小岛礁,利用价值不大,桥位选择主要考虑海底电缆、水文和地质条件等方面因素。

(1)海底电缆影响分析

推荐桥位与海底电缆斜交,在满足安全距离要求条件下(桥墩边缘距电缆不小于50m),桥梁跨径需260m,推荐桥位与航道、海底电缆相交于一处,布设一座跨径260m的桥梁可同时满足跨越航道和海底电缆的要求。比较桥位与海底电缆基本正交,在满足安全距离要求条件下,桥梁跨径需170m,比较桥位与航道、海底电缆相交于两处,需布设一座跨径260m的桥梁和跨径170m的桥梁才能满足跨越航道和海底电缆的要求,如图2-3所示。

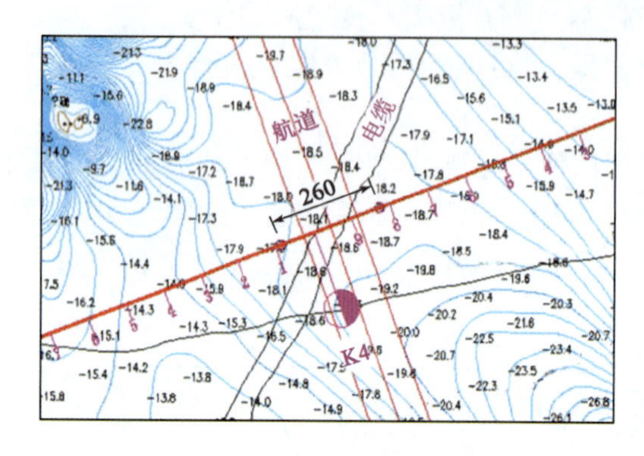

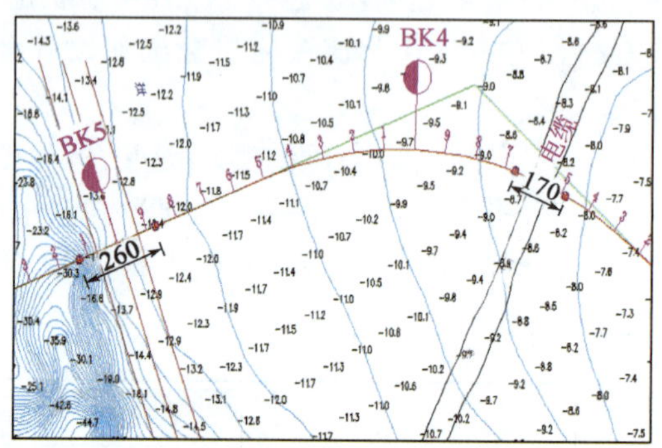

图2-3 桥位与航道、海底电缆位置关系图(尺寸单位:m)

推荐桥位和比较桥位均能满足海底电缆的安全距离要求,但在工程规模方面存在差异。

(2)工程地质、水文条件比较

考虑鱼山大桥通航孔桥主墩承受荷载大,沉降变形要求高,一般需要采用中风化基岩作为桩端持力层。勘察资料表明,推荐桥位中风化基岩埋藏相对较浅,基岩面高程在-97~-64m之间,而且岩石抗压强度又较大,以较硬~坚硬岩为主;比较桥位不仅中风化基岩埋深大,基岩面高程约为-137m,而且岩石种类多,抗压强度相对较低,软硬变化亦较大,一般以较软岩~较硬岩为主。显然,比较桥位桩基施工成本更高,施工难度更大。

推荐桥位主航道处泥面高程相差不大,最大水深约20m,而比较桥位主航道处泥面高程差异较大,冲淤变化剧烈,最大水深约33m,不利于主墩的设计与施工。

总体而言,根据工程地质、水文条件,推荐桥位优于比较桥位。

(3)工程建设规模及技术难度比较

对比两个桥位,线路中桥梁占比规模居主导,因此工程建设规模的比较以桥梁为主。由于受水深条件、地形和海底电缆等因素控制,比较桥位需要专门设置一座170m桥梁用于跨越海底电缆,而推荐桥位航道和海底电缆可共用一个通道,其规模相比更小、总造价更低。

综合考虑上述因素,在桥梁建设规模和技术难度方面推荐桥位均要优于比较桥位。

(4)综合比较

考虑桥位与海底电缆的关系、航运条件、工程地质、水文条件及桥梁建设规模和技术难度等诸方面因素,对两桥位进行综合比选,比较情况详见表2-9。

岱山—鱼山桥位方案综合比较表

表2-9

项目		桥位方案	
		推荐桥位	比较桥位
海底电缆		与航道共用一个通道,不需额外设置桥梁	需额外设置大跨径桥梁跨越电缆
航运条件	大桥对航运的影响	不改变航道布置,对航运基本无影响	不改变航道布置,对航运基本无影响
工程地质		海域第四纪覆盖层厚度较厚,引桥工程地质条件基本一致,比较桥位主桥基岩埋置较深	
水文条件		水深小于20m,受水深条件影响小	主桥水深大于30m,受水深条件影响较大
工程建设规模	长度	线路总长:8680m; 桥梁长度:7830m	线路总长:8953m; 桥梁长度:8320m
	总建筑安装工程费	183832.2万元	195402.4万元
推荐意见		推荐方案	比较方案

2.3.2 主通航孔桥设计

(1)总体布置

主通航孔通航等级为2000吨级海轮,通航净空为220m×30.5m(单孔双向),辅通航孔通航等级为500吨级通达轮,通航净空为80m×19.5m。通航孔区域分布有水深大于15m、宽度在1km左右的深槽区。为了充分利用这一地势,经多方案比选,最终确定通航孔桥采用长联连续刚构体系,以尽量减少桥墩数量、降低船撞风险,跨径布置为(70+140+180+260+180+140+70)m=1040m,如图2-4所示。

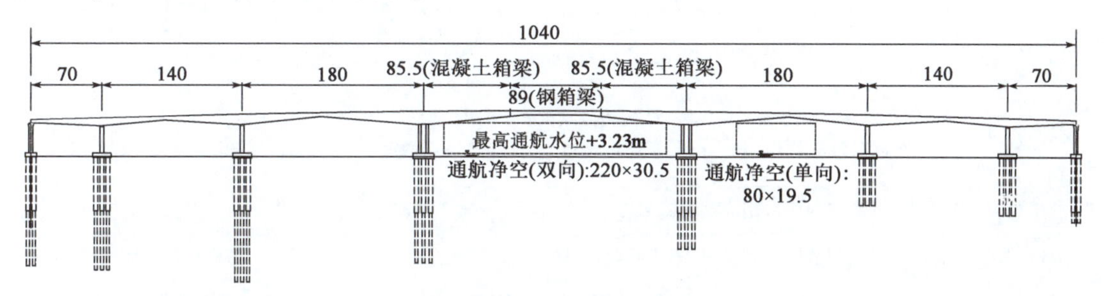

图2-4 通航孔桥桥型布置图(尺寸单位:m)

考虑到温度作用及抗震需要,通航孔桥两个中墩采用墩梁固结,次边墩均设置双向活动支座,同时设置有限位功能的黏滞阻尼器。通航孔桥约束体系布置如图2-5所示。

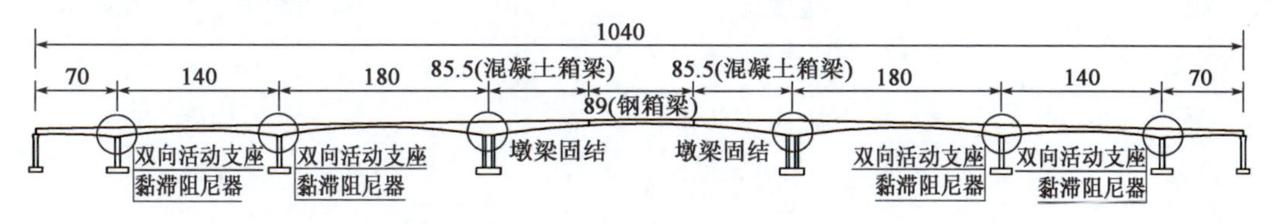

图2-5 通航孔桥约束体系布置(尺寸单位:m)

(2)通航孔桥结构方案选择

鱼山大桥通航孔桥需满足航道单孔双向220m(净宽)×30.5m(净高)的通航净空尺度的

技术要求，考虑主墩基础结构尺寸及水流影响，给通航预留一定航线调整富余，以降低船撞风险，通航孔桥主跨跨径确定为260m。

主跨260m的桥梁，可能的桥型方案主要有梁桥、斜拉桥、拱桥和悬索桥。在宽阔海面上，不宜采用地锚式悬索桥；而自锚式悬索桥，施工难度大、工程造价高、工期长，可实施性不强。若采用260m主跨的中承式或下承式系杆拱桥，其中下承式系杆拱桥跨径偏大，经济性较差。中承式系杆拱桥方案施工期需架设大规模的缆索吊系统，施工难度和施工风险较高，运营期船撞拱肋风险较高。针对本桥的建设条件，拱桥可实施性不强。260m跨径是斜拉桥的经济跨径，设计、建造技术成熟，造价经济，各方面适应性均相对较优；考虑本项目有限高要求，首选矮塔斜拉桥作为桥型比选方案进行研究。随着梁桥技术的发展，其跨径纪录被不断刷新。目前，最大跨径混凝土梁桥已达301m，钢结构和混凝土箱梁结合的最大跨径达330m。对于主跨260m跨径，自然也进入梁桥的选择范畴。我国已有多座大跨径混凝土梁桥的工程实践，但多数桥梁建成后发现跨中持续下挠病害，为此选择钢-混凝土混合主梁方案作为桥型比选方案进行研究。考虑到海中现场浇筑混凝土养护条件差，质量难保证，混凝土箱梁采用工厂预制现场悬拼工艺。最终，针对通航孔桥提出以下两个方案进行同深度比选（表2-10）。方案一为钢-混凝土混合箱梁连续刚构桥，跨径布置为70m＋140m＋180m＋260m＋180m＋140m＋70m（图2-4）；方案二为矮塔斜拉桥，跨径布置为140m＋260m＋140m（图2-6）。

通航孔桥方案综合比较表　　表2-10

项　　目	桥型方案	
	方案一：钢-混凝土混合梁连续刚构桥	方案二：矮塔斜拉桥
桥跨布置	70m＋140m＋180m＋260m＋180m＋140m＋70m	140m＋260m＋140m
结构体系	连续刚构体系，主墩墩梁固结	塔梁墩固结体系
受力特点	采用混合梁连续刚构体系，结构整体刚度大，抗风性能好。通过对阻尼器和Lock-up装置进行比较，确保结构抗震性能	与方案一相同
施工难度	上、下部结构均采用成熟的施工方案，施工难度及施工风险小	与方案一相同
结构耐久性	主梁采用节段预制箱梁，施工质量容易保证，结构耐久性好	结构耐久性较好
景观效果	结构简洁、受力明确，与非通航孔桥协调，景观效果好	景观效果尚可
后期维护	后期维护工作量小，钢箱梁需要定期维护	斜拉索需定期进行维护
施工工期	27个月	28个月
防船舶撞击	船撞风险小	过渡墩需设独立防护、船撞风险较大
建筑安装费	44520.47万元	30631.89万元
等长建筑安装费	44520.47万元	45140.96万元
比较结论	推荐方案	比较方案

经对比研究可知，在施工难度、结构耐久性、施工工期等方面两个方案相近，但景观效果、防船舶撞击能力等方面方案一均优于方案二，且方案一混凝土箱梁采用工厂预制现场悬拼工艺，可与后续非通航孔桥上部结构一并考虑，更便于统筹管理。

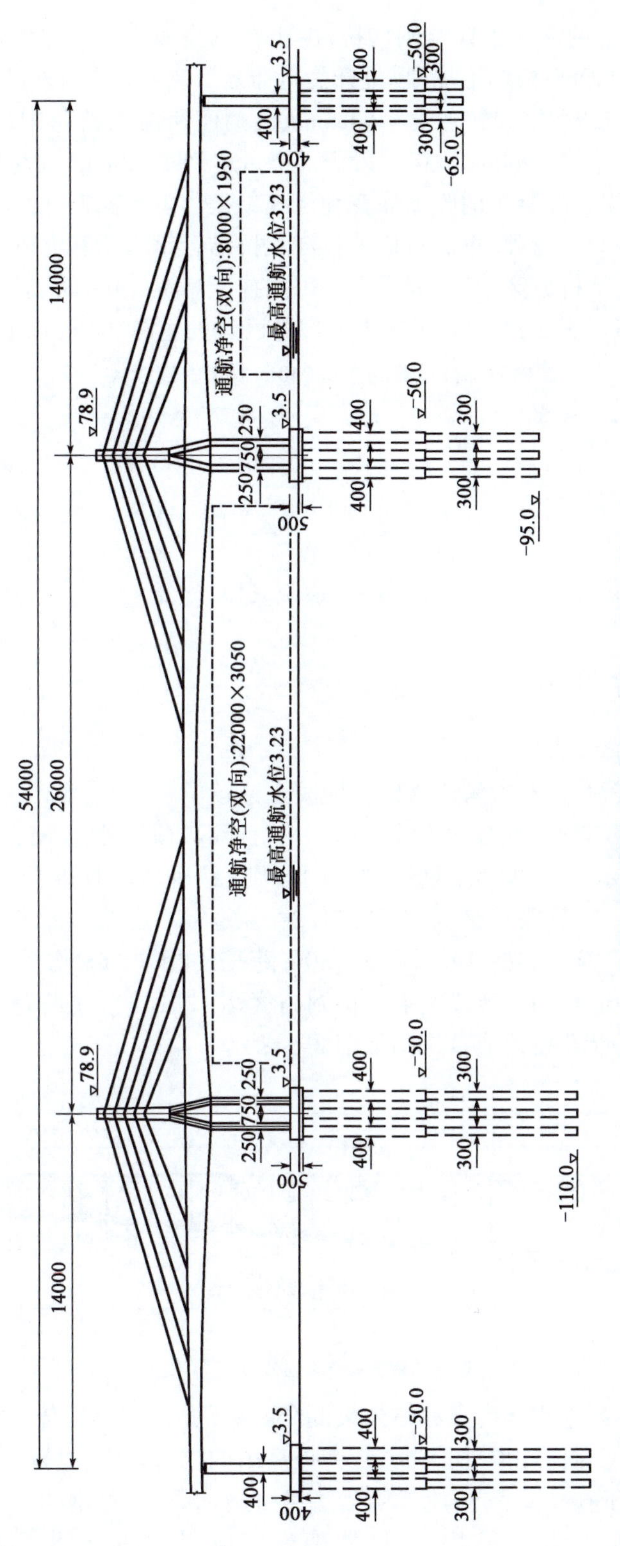

图 2-6 通航孔桥矮塔斜拉桥方案(尺寸单位:cm;高程单位:m)

对于跨度200m以上的混凝土连续刚构桥,由于结构自重、混凝土收缩徐变、预应力损失及施工等因素,主跨跨中面临长期下挠、腹板开裂等难题。对此,国内外进行了积极探索。其中,挪威斯托尔马(Stolma)和拉夫特通道(Raftsundet)两座跨海大桥跨中采用了轻质混凝土,但大桥运营后仍出现了下挠,Stolma桥跨中累积下挠量达到了92mm。较彻底的解决方案被认为是采用全钢结构,可规避混凝土的收缩徐变和浇筑缺陷,但全钢结构成本高,且在海洋环境下后期维护和管养难度大。为此,重庆石板坡长江大桥结合钢箱梁和混凝土梁的优点,采用了跨中设置钢箱梁的混合梁桥方案,其中混凝土梁采用挂篮悬浇,其主跨达到了330m,为这些问题的解决提供了新思路。表2-11罗列了国内外部分已建的主跨240m以上的连续梁。

国内外部分已建的主跨240m以上的连续梁　　表2-11

桥　　名	建成年份(年)	跨径(m)	结构形式	主梁形式
重庆石板坡长江大桥	2006	86.5+4×138+330+104.5	刚构-连续	混合梁,跨中103m为钢箱梁
挪威斯托尔马(Stolma)桥	1999	94+301+72	刚构	普通混凝土+轻质混凝土
巴西尼特罗伊(Rio Niteroi)桥	1974	主跨300	连续	钢箱梁
挪威拉夫特通道(Raftsundet)桥	1998	82+202+298+125	刚构	普通混凝土+轻质混凝土
虎门辅航道桥	1997	150+270+150	刚构	普通预应力混凝土
西班牙乌拉河桥(River Ulla)	2014	225+240+225	刚构	钢桁梁
法国谢维雷(Chevire)大桥	1990	主跨242	刚构	混合梁,跨中162m为钢箱梁

基于国内外工程实践,为有效解决大跨径混凝土连续梁桥难题,鱼山大桥最终采用主跨跨中设置钢箱梁+混凝土箱梁的混合梁连续刚构体系,且除墩顶块外,所有混凝土梁均采用节段预制拼装,如图2-7所示。根据梁段重量均衡的原则,悬拼节段长度分别为3m、3.5m、4m、4.5m,利用桥面吊机施工,节段梁最大吊重271.3t。墩顶0号块与2号预制梁段之间设置80cm后浇段。为了减少模板类型,140m跨和180m跨采用相同的抛物线方程,悬臂段自跨中73m范围内预制节段构造相同。节段梁最大预制高度达12.14m。主跨跨中89m钢箱梁利用桥面吊机整体吊装。通航孔桥建成效果图如图2-8所示。

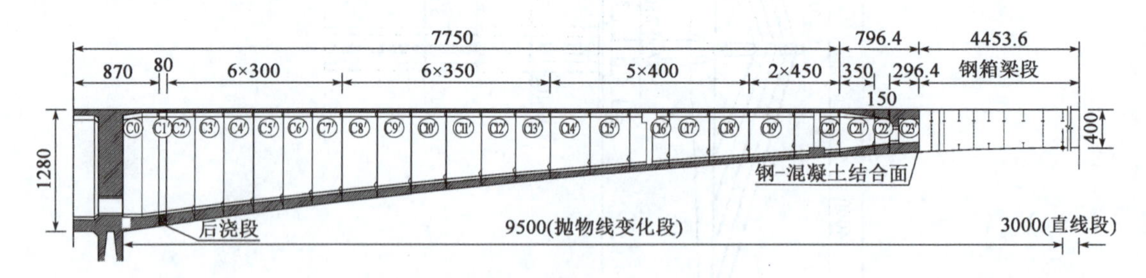

图2-7　通航孔桥主跨节段划分(尺寸单位:cm)

结构纵向预应力体系采用体内束和体外束混合配束的方式,其中体外束承担所有后期活载,同时可根据运营状态对体外束进行调整。为提高结构抗剪能力,设置了竖向预应力。为减少预应力损失,长度小于6m的预应力筋采用了新型的中空预应力钢棒。中空预应力钢棒采用先张法,张拉自平衡后,埋入结构,在结构架设完成后,拆除自平衡螺母,完成预应力施加。

图 2-8 通航孔桥建成效果图

(3)上部结构

①主梁混凝土箱梁

主梁采用单箱单室直腹板截面,箱梁宽 15.60m,箱梁悬臂长 4.0m,底板宽 7.60m。预应力混凝土段箱梁采用变截面连续箱梁,跨中和梁端高 4.0m,主墩根部高 12.8m,边墩根部高 10.0m,次边墩根部高 8.0m,混凝土梁梁高按 1.6 次抛物线变化。底板采用变厚度布置,由支点向跨中逐渐减少,支点处底板厚度分别为 1.3m、1.1m、0.9m,跨中厚度均为 0.3m,箱室顶板厚度为 0.3m,翼缘板端部厚度为 0.2m,根部厚度分别为 0.8m、0.7m、0.6m,腹板厚度由支点处渐变至跨中,厚度变化为 0.9 ~ 0.5m(主墩)、0.8 ~ 0.5m(边墩)、0.8 ~ 0.5m(次边墩)。钢-混凝土结合段(以下简称“钢混结合段”)长 4.0m,采用填充混凝土厚板式构造,混凝土及内填充混凝土部分长度均为 2.0m,顶板厚 1.2m,腹板厚 0.8m,底板厚 1.1m。主梁材料采用 C55 海工耐久性混凝土,主墩支点位置断面与跨中位置断面如图 2-9 所示。

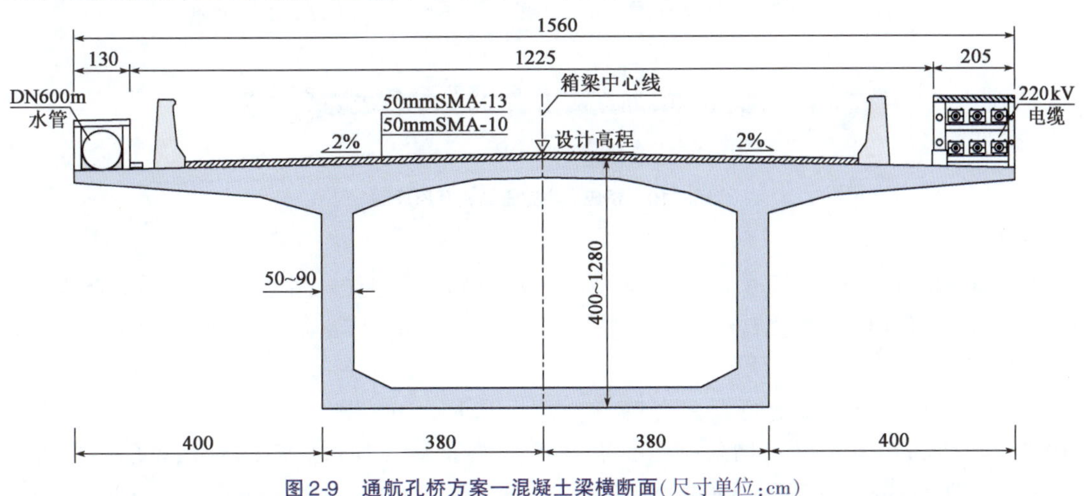

图 2-9 通航孔桥方案一混凝土梁横断面(尺寸单位:cm)

主梁在墩梁固结墩顶处设置 2.5m 厚横梁,与薄壁墩等厚;连续墩墩顶处设置 3m 厚中横梁,过渡墩顶处设置 2.8m 厚端横梁。桥跨内于体外索转向处设置钢筋混凝土转向块。预制梁段两端设置凹凸交替的剪力键,用于传递梁段间剪切力。

主梁采用纵向、横向、竖向三向预应力体系。纵向预应力采用体内预应力和体外预应力相结合的体系：体内预应力包括悬臂顶板束、悬臂下弯束、边跨顶板合龙束、边跨底板合龙束、中跨顶板合龙束、中跨底板合龙束，钢束型号有15-17、15-19、15-22、15-25等类型，锚下张拉控制应力1395MPa；体外预应力在全桥合龙后沿全桥纵向通长范围内施加，钢束型号为15-22，采用填充型环氧钢绞线，两端张拉，锚下张拉控制应力1209MPa。横向预应力采用体内预应力，在全桥范围内布置，标准间距60cm，钢束型号为15-3，单端张拉，锚下张拉控制应力1395MPa。梁高6m以内区域，箱梁竖向预应力采用中空自平衡先张预应力棒，按50cm间距交错布置。梁高6m以上区域，箱梁竖向预应力采用JL32精轧螺纹钢筋及相应的预应力锚具体系。横断面每个腹板内布2根，沿桥纵向间距0.5m布置；锚垫板下设置与锚具配套的螺旋筋，管道成孔采用内径65mm、壁厚3mm的直缝钢管。

中空自平衡预应力棒由高强中空管、末端管孔封头、锁定套筒螺母组成，配套内撑反力棒、楔形夹片、锁定螺母等。锁定套筒螺母为一段直通管，前端内腔有内螺纹，尾端有楔形锥面的内腔，用以容纳楔形夹片、锁定内撑反力棒。自平衡内力在指定台座上施加，通过千斤顶顶压穿过中空管的内撑反力棒，并通过末端管封头将反力作用于中空管，使中空管受拉伸长，施加到位后千斤顶油缸回缩，通过楔形夹片和锁定套筒螺母锚固内撑反力棒，实现预应力施加和存储。浇筑混凝土前将存储有预应力的中空预应力棒装置安装在梁体钢筋骨架上，待混凝土强度达到设计强度的90%，且龄期不小于7d后，解除锁定套筒螺母，抽出反力钢棒，并及时真空压浆。中空棒材料强度为830MPa，反力棒材料强度为930MPa。中空钢管外径38mm，壁厚5.2mm，张拉控制力250kN。预应力中空管结构及原理图如图2-10所示。

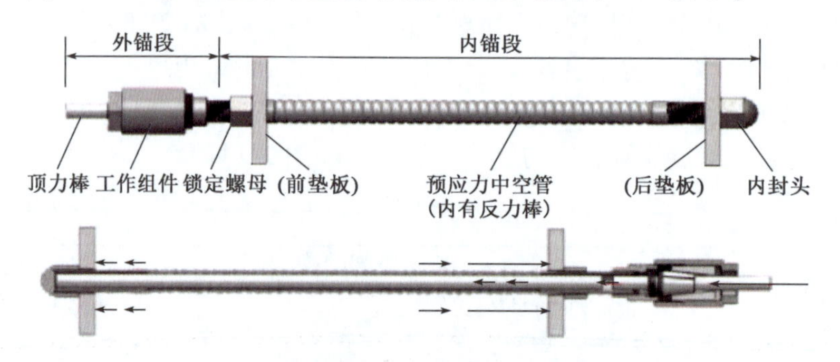

图2-10 预应力中空管结构及原理图

②主梁钢箱梁

跨中钢箱梁理论区段长度(至结合面处)为90m，跨中高4.0m，由岱山侧钢混结合段、整体标准钢箱梁段、鱼山侧钢混结合段三段组成，长度分别为5m、85m、5m，其中，钢混结合段结合面往两侧各延长2m。

钢箱梁外轮廓与混凝土箱梁一致，钢箱梁顶板宽15.60m，采用正交异性板，顶板在钢混结合段处板厚26mm，其余梁段均采用20mm，在不同部位采用U形闭口肋和板条肋纵向加劲。U肋标准间距600mm，上开口300mm，下边宽170mm，高280mm，板厚8mm。板条肋仅在翼缘附近使用，高150mm，板厚12mm。在刚度过渡段顶板设置变高度T形加劲和等高度扁钢加劲，以使其刚度从混凝土段进行过渡。箱梁腹板采用直腹板，板厚20mm、16mm，腹板上设置水平加劲板，水平加劲板标准间距500mm。底板全宽7.60m，在刚度过渡段处板厚为24mm，其余梁段为20mm。底板变厚均在梁外侧，基准线取底板上缘线。底板加劲统一采用尺寸为

200mm×20mm 的板肋,在刚度过渡段设置变高度底板 T 形加劲。箱梁标准段大横隔板间距为 4.0m,板厚 12mm。两道横隔板之间设置一道横肋。箱梁外侧与横隔板和横肋对应位置均设置挑臂,挑臂腹板厚 16mm。钢箱梁横断面如图 2-11 所示。

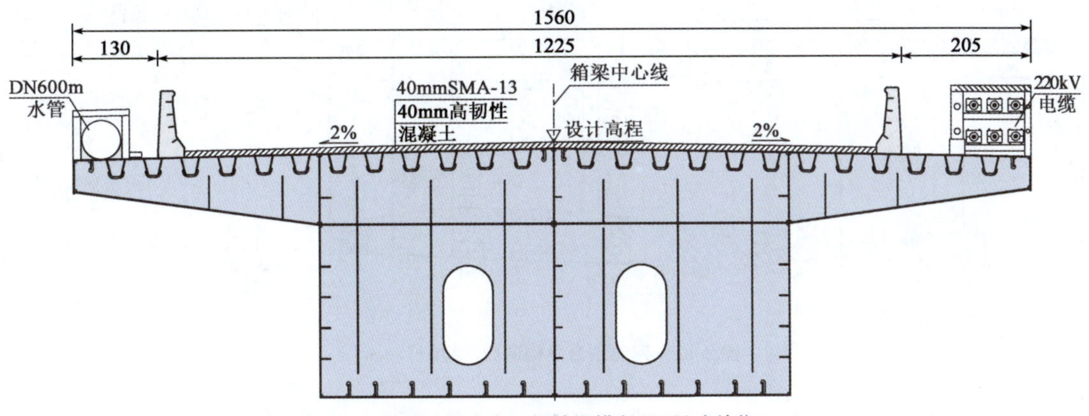

图 2-11　通航孔桥方案一钢箱梁横断面(尺寸单位:cm)

钢箱梁采用 Q345D 钢材,整孔制作、吊装钢箱梁段长 85m,整孔吊装钢箱梁质量 852.3t。

③主梁钢混结合段

钢混结合段的常用构造有全截面连接完全承压式、全截面连接承压传剪式、部分截面连接完全承压式和部分截面连接承压传剪式四种形式。部分截面连接承压传剪式通过剪力钉和开孔钢板(Perfobond Leiste,PBL)剪力键传递剪力、预应力,通过普通钢筋传递轴力和弯矩,设置刚度渐变段实现刚度的过渡,力流传递顺畅、刚度过渡均匀、应力扩散好。因此,主通航孔桥钢混结合段采用部分截面连接承压传剪式结构,钢箱梁采用有格室的后承压板形式,考虑结构刚度和传力的过渡,钢混结合段包含 3m 的混凝土浇筑段和4.5m的钢箱梁刚度过渡段,钢混结合段实际梁段长度为 5m。

钢混结合段将钢箱梁端部的顶、底板和腹板做成双壁板,在双壁板内部设 PBL 剪力板和剪力钉,形成钢格室。在钢格室内填充 C60 微膨胀混凝土,通过两端分别锚固于钢箱梁刚度过渡区和混凝土梁横隔梁上的预应力短束以及合龙后张拉的体外束,使钢箱梁与混凝土箱梁紧密结合。

钢格室顺桥向长度为 2.1m。钢混结合段顶板钢格室上板厚 26mm,下板厚 20mm;底板钢格室上板厚 20mm,下板厚 26mm;钢格室腹板开有直径 80mm 的圆孔并穿过横向预应力钢束,开有直径 70mm 的圆孔并穿过 ϕ20mm HRB400 钢筋与进入该圆孔的混凝土包裹在一起形成 PBL 剪力键。腹板钢格室外侧板厚 24mm,内侧板厚 20mm,在腹板内侧焊接竖向宽度为 3m 的 PBL 剪力板,板上开有直径 70mm 的圆孔并穿过 ϕ20mm HRB400 钢筋与进入该圆孔的混凝土包裹在一起形成 PBL 剪力键。在钢格室内壁设置 ϕ22mm、高 16cm 的剪力钉。钢格室内填充混凝土部分长度 2.064m,顶板厚度 1m,腹板厚度 0.9m,底板厚度 1m。为了顺畅过渡纵隔板传力,钢混结合段设置 0.9m 厚横隔板,纵隔板伸入横隔板 0.6m,内设 PBL 剪力键和剪力钉。

为保证钢混结合段与混凝土梁段的良好结合,除顶板锚固 T23b ~ 25b 钢束、腹板锚固 F22b 与 F23b 钢束外,顶板、腹板和底板分别布置了结合段预应力钢束,结合段钢束型号均为 15-19。钢混结合段构造及断面如图 2-12、图 2-13 所示。

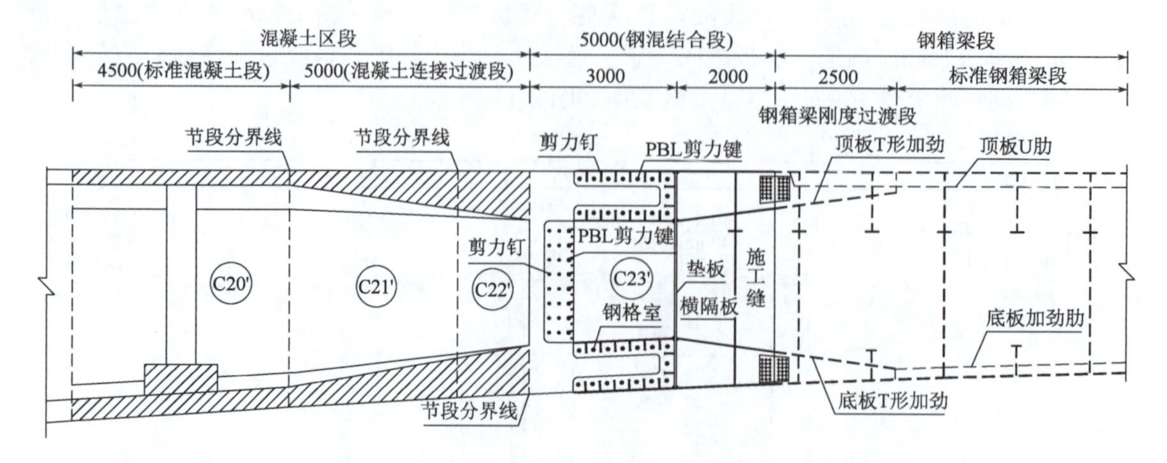

图 2-12　钢混结合段构造(尺寸单位:mm)

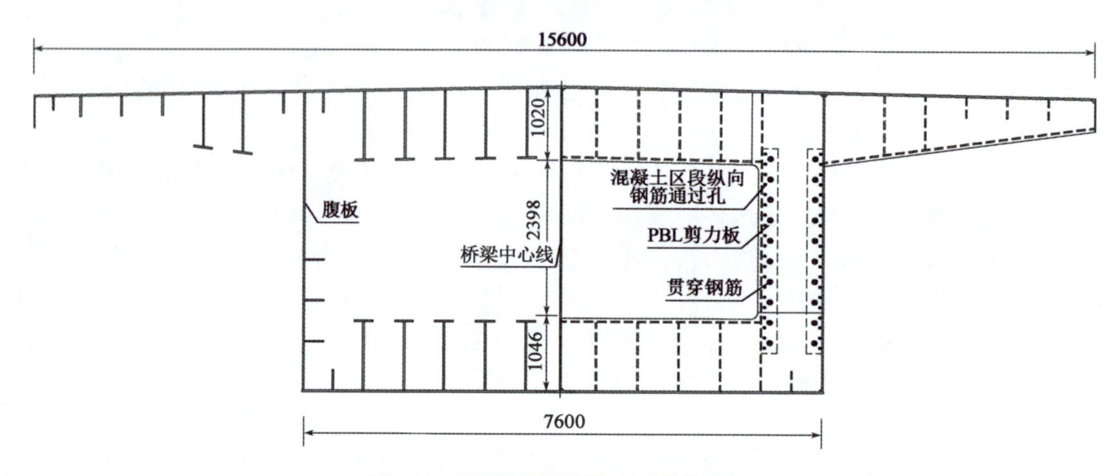

图 2-13　钢混结合段断面(尺寸单位:mm)

针对钢-混凝土结合部连接性能和精度控制问题,采用湿接缝钢筋与前后梁段的预埋钢筋连接,保证截面承载能力;结合现浇和预制结构各自优点,在钢混结合段与混凝土梁的交接位置设置了90cm湿接缝作为悬拼施工调整空间。此外,还考虑到制造精度误差和施工安装误差、混凝土梁收缩徐变和钢箱梁随温度的伸缩变形等因素造成合龙困难,在钢混结合段施工缝位置顶板、底板、腹板各预留500mm嵌补段(钢-混凝土接头250mm、钢箱梁250mm),顶板、底板上的肋板及纵隔板在接缝处预留40mm左右缝隙,采用高强度螺栓连接,待钢箱梁准确定位后,在合龙温度将高强度螺栓拧紧,再进行两端接口的顶板、底板、腹板及嵌补段焊接。

由于钢混结合段构造复杂、制造构件数量多,混凝土浇筑困难,要求在工厂进行钢混结合段预制,以提高钢混结合段质量。具体施工顺序为:在预制场竖向浇筑钢混结合段内部混凝土,待混凝土过渡段节段安装完成之后,桥面设置吊机起吊钢混结合段(转回平放状态),校核误差后,固定钢混结合段与混凝土过渡段的相对位置,浇筑两者之间的900mm现浇接头,完成钢混结合段的安装。工程实践表明,通航孔桥钢箱梁合龙段的轴线偏差为7mm,高程误差仅8mm,实现了毫米级合龙控制。

(4)下部结构

主墩采用双薄壁墩,墩身壁厚2.20m,纵桥向双薄壁墩外缘间距为10.0m,横桥向宽7.60m。承台为六边形承台,横桥向长29.10m,纵桥向长20.60m,厚度为5.0m。基础为钻孔灌注桩基础,每墩设10根桩,桩径3.0~4.0m。

边墩采用双薄壁墩,墩身壁厚1.80m,纵桥向双薄壁墩外缘间距为7.0m,横桥向宽7.60m。承台为六边形承台,横桥向长23.6m,纵桥向长18.6m,厚度为4.0m。基础为钻孔灌注桩基础,每墩设7根桩,桩径3.0~4.0m。

次边墩采用矩形实心墩,横桥向宽7.60m,纵桥向为4.0m。承台为六边形承台,横桥向长23.6m,纵桥向长18.6m,厚度为4.0m。基础为钻孔灌注桩基础,每墩设7根桩,桩径3.0~4.0m。

过渡墩采用矩形实心墩,横桥向宽7.60m,纵桥向为2.8m,墩顶加大为3.8m。承台为矩形,横桥向长14.60m,纵桥向长12.60m,厚度为4.0m。基础为钻孔灌注桩基础,每墩设4根桩,桩径3.0~4.0m。

下部结构均采用海工混凝土。其中,墩身混凝土强度等级为C50、承台为C40、桩基为C35。下部结构基础一般构造如图2-14所示。

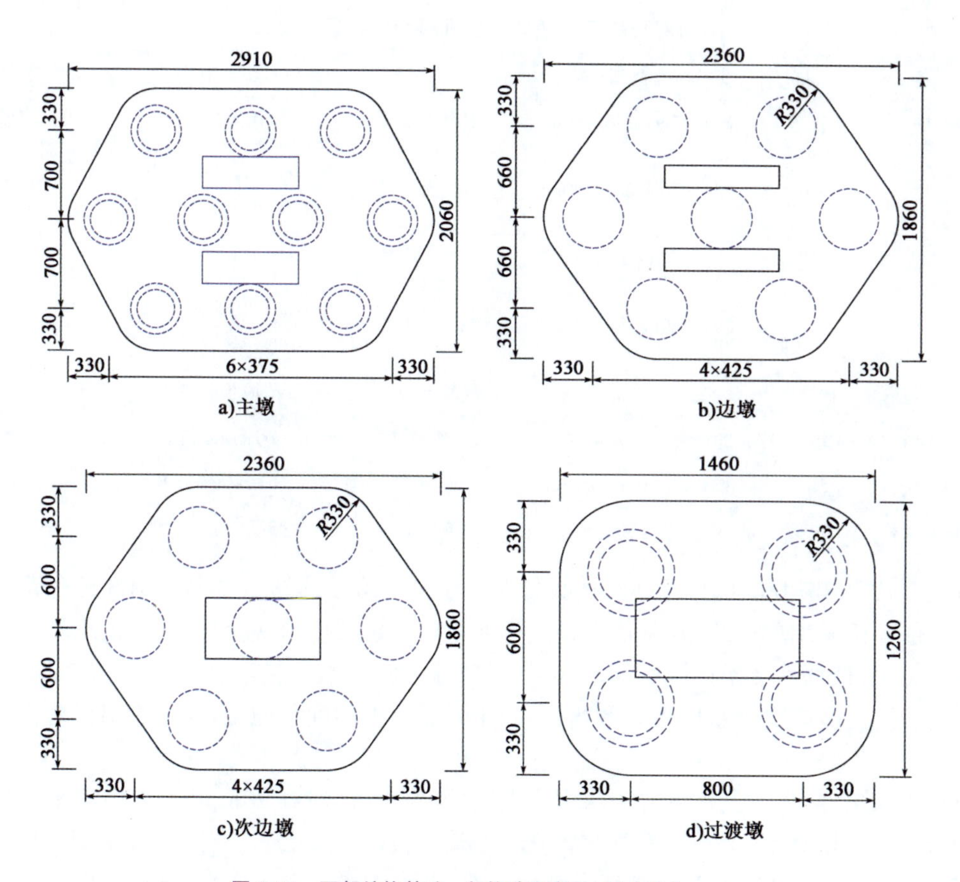

图2-14 下部结构基础一般构造示意图(尺寸单位:cm)

2.3.3 非通航孔桥设计

(1)桥型方案构思要点

非通航孔桥长约6741m,占桥梁全长的86.6%,划分为深水区、浅滩区及岸上区,是整个跨海大桥投资规模和施工工期控制的关键。因此,合理选择引桥跨径和结构形式对全桥工程至关重要。通常非通航孔桥按照安全稳妥、技术成熟的原则,选择宜于大型化、工厂化、装配化、标准化建设的桥型方案,尽量缩短海上作业时间,降低施工难度和施工风险,同时易于控制工程质量。

跨海桥梁非通航孔桥的跨径选择与其建设条件是密不可分的。表2-12为国内部分跨海大桥非通航孔桥跨径布置情况。港珠澳大桥受通航净空(深水区非通航孔桥通航净宽不小于85m)和结构阻水率(小于10%)等因素的制约,非通航孔桥深水区和浅水区分别采用了110m和85m的跨径。大连湾跨海大桥桥位区航道及锚地密布,船舶走锚概率大,非通航孔桥采用了80m跨径,以此来提高单个桥墩抗撞能力并减少船舶撞击的风险。除上述两个工程以外,国内已建和在建的跨海大桥根据自身的建设条件特点,经多种跨径方案比选,非通航孔桥均采用50~70m跨径,主梁均采用等截面预应力混凝土连续箱梁。

国内部分跨海大桥非通航孔桥跨径布置一览表　　表2-12

桥　名	全桥(km)	非通航孔桥基本跨径	主梁形式	施工方法	实施阶段
东海大桥	24.5	114×70m、136×60m	混凝土箱梁	整孔预制、安装	已建成
杭州湾跨海大桥	36.0	261×70m、223×50m	混凝土箱梁	70m整孔预制、安装; 50m整孔预制、梁上运梁	已建成
金塘大桥	21.0	217×60m	混凝土箱梁	整孔预制、安装	已建成
青岛海湾桥	26.7	271×60m、114×50m	混凝土箱梁	60m整孔预制、安装; 50m移动模架现浇	已建成
嘉绍大桥	10.1	77×70m	混凝土箱梁	节段预制拼装	已建成
泉州湾大桥	12.45	50×70m、101×50m	混凝土箱梁	节段预制拼装	已建成
港珠澳大桥	55	134×110m、62×85m	钢箱梁	整孔制造、安装	已建成
大连湾跨海大桥	15.37	99×80m	叠合梁	整孔制造、安装	已建成

由表2-12可知,我国部分已建跨海大桥非通航孔桥跨径选择总体上采用两种思路。一是全部非通航孔桥采用单一跨径,其优点是全桥非通航孔桥结构形式统一,施工组织及施工管理相对简单;二是根据水文条件按照深水区采用较大跨径,浅水区及滩涂区采用较小跨径,优点是在一定程度上能减少深水区桥墩数量,有利于降低施工难度和施工风险,主引桥跨径布置较协调。

根据水深条件,鱼山大桥可分为深水高墩区(水深15m,墩高20m以上)、中等水深中等墩高区(水深10m,墩高12~20m)和浅水低墩区(水深5m,墩高12m以下)。对深水高墩区,分别取50m、60m、70m和80m跨径进行经济性比选,见表2-13。以下方案比选中,均按群桩基础计算造价。

深水高墩区非通航孔桥不同跨径经济性比较表　　表 2-13

项　目	桥梁跨径			
	5×50m	5×60m	5×70m	5×80m
主梁形式	等截面预应力混凝土连续梁	等截面预应力混凝土连续梁	等截面预应力混凝土连续梁	变截面预应力混凝土连续梁
结构体系	连续梁体系	连续梁体系	连续梁体系	连续梁体系
经济指标(元/m^2)	16368	16012	15342	15621

由表 2-13 可知,深水高墩区非通航孔桥 70m 跨径经济性较好。

对中等水深中等墩高区,分别取 50m、60m、70m 和 80m 跨径进行经济性比选,见表 2-14。

中等水深中等墩高区非通航孔桥不同跨径经济性比较表　　表 2-14

项　目	桥梁跨径			
	5×50m	5×60m	5×70m	5×80m
主梁形式	等截面预应力混凝土连续梁	等截面预应力混凝土连续梁	等截面预应力混凝土连续梁	变截面预应力混凝土连续梁
结构体系	连续梁体系	连续梁体系	连续梁体系	连续梁体系
经济指标(元/m^2)	11654	10112	9881	11231

由表 2-14 可知,中等水深中等墩高区非通航孔桥 70m 跨径经济性较好。

对浅水低墩区,分别取 40m、50m、60m 和 70m 跨径进行经济性比选,见表 2-15。

浅水低墩区非通航孔桥不同跨径经济性比较表　　表 2-15

项　目	桥梁跨径			
	5×40m	5×50m	5×60m	5×70m
主梁形式	等截面预应力混凝土连续梁	等截面预应力混凝土连续梁	等截面预应力混凝土连续梁	等截面预应力混凝土连续梁
结构体系	连续梁体系	连续梁体系	连续梁体系	连续梁体系
经济指标(元/m^2)	7823	7682	7781	8213

由表 2-15 可知,浅水低墩区非通航孔桥 50m 跨径经济性较好。

根据上述跨径经济性比选结果,并参考国内已建跨海大桥成果经验,综合考虑技术经济性和施工组织因素,鱼山大桥非通航孔桥在深水区采用 70m 跨径,其余区段采用 50m 跨径,采用预应力混凝土连续箱梁,标准联长为 5 跨一联,局部 4 跨一联。

根据跨径和桥宽布置,非通航孔桥主梁采用单箱单室箱形断面,单幅主梁全宽 15.6m。箱梁结构受力整体性好,箱梁结构外露面积较小,结构耐久性较好,运营期间便于养护。

结合国内外跨海桥梁基础结构形式,采用较普遍的基础形式为钢管打入桩和钻孔灌注桩。钢管打入桩采用打桩船施打,施工工效较高,施工进度和施工质量容易保证。钻孔灌注桩是国内使用最为广泛的基础形式,施工技术成熟,适用于各种地质条件。以 5×70m 一联作为比较对象,对钢管桩和钻孔灌注桩两种方案进行了比较分析,见表 2-16。

浅水低墩区非通航孔桥不同跨径经济性比较表(单位:万元)　　表 2-16

项　目	基础形式	
	钢管桩	钻孔灌注桩
深水高墩区	9707	8716
中等水深中等墩高区	7336	6363
浅水低墩区	6657	5295
结论	不推荐	推荐

由表 2-16 可知,钢管打入桩虽然施工快捷,但由于地质条件较差,同时水流速度快,局部冲刷深度大,桩基的打入深度较大,导致钢管桩造价较高。钻孔灌注桩不仅对水深、流速有很好的适应性,而且施工技术成熟,施工质量和进度均能保证,经济性较好。因此,鱼山大桥非通航孔桥下部结构采用钻孔灌注桩基础。

非通航孔桥基础及下部结构按“墩高”“水深”“冲刷深度”和“桥梁跨径”四项因素开展分区域精细化设计,分部对比“单桩基础 + 圆柱形桥墩”和“群桩基础 + 承台 + 实心片墩”两种设计方案,见图 2-15、表 2-17。

经精细化设计和综合比选,最终选用大直径钢管复合单桩基础形式代替常规群桩基础形式。单桩基础与墩身直接连接,取消水中承台,缩短了基础及下部结构施工工期。

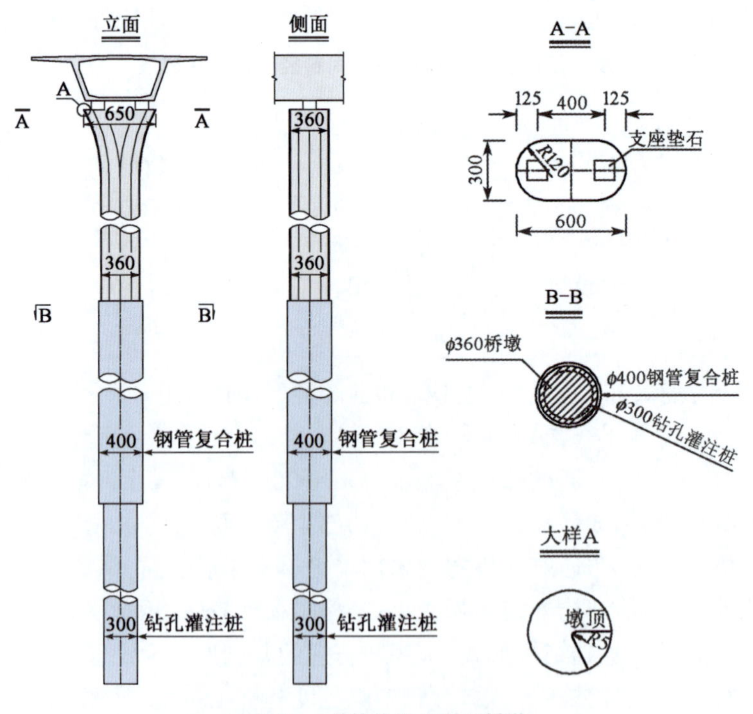

a)方案一：单桩基础+圆柱形桥墩

图　2-15

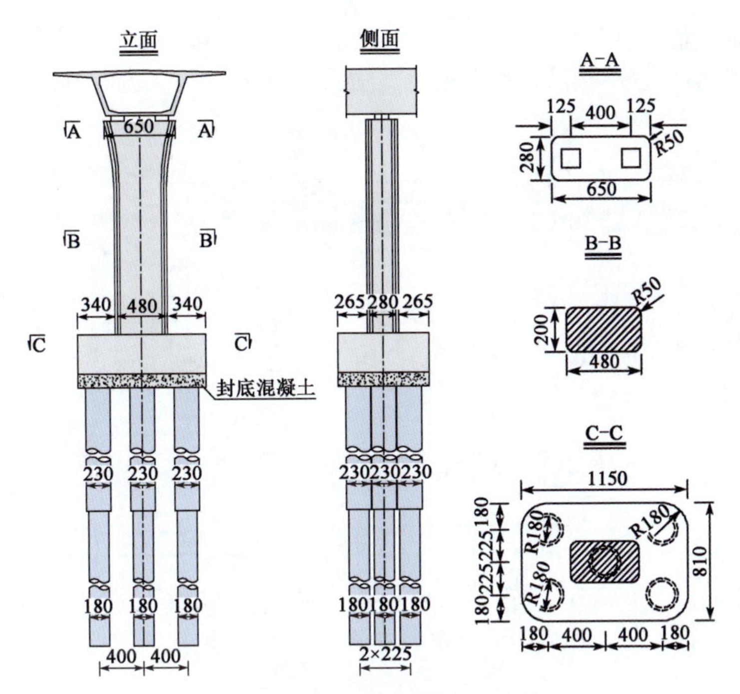

b)方案二：群桩基础+实心片墩

图 2-15 非通航孔桥下部结构方案比选(尺寸单位:cm)

不同类型基础和下部结构方案对比　　表 2-17

项目		基础及下部结构类型	
		单桩基础 + 圆柱形桥墩	群桩基础 + 承台 + 实心片墩
经济性指标	混凝土(m^3)	45736	76965.6
	钢筋(t)	6196.8	7319.6
	钢护筒(t)	5859.6	8451.3
结构特性		受力控制点在土中,控制点位置配筋较多。结构刚度相对较小,施工时有一定变形	受力控制点为承台底和土中,控制点位置配筋较多。结构刚度相对较大,施工时变形较小
难度指标		100m 深度以上大直径嵌岩桩施工有一定难度	施工经验成熟,但承台需要设置钢围堰封底后再施工,施工步骤较为烦琐。具有 100m 深度以上较大直径嵌岩桩基
效率指标		施工速度快,工期易保证	工期较单桩基础长

(2)非通航孔桥区域划分

非通航孔桥靠近主通航孔桥两侧深水区采用 70m 跨径,其余区段采用 50m 跨径。标准联长为 5 跨一联,局部 4 跨一联。岱山侧非通航孔桥跨径布置为 $3\times(4\times50)+2\times(5\times50)+4\times(4\times70)+2\times(5\times70)=2920$m,鱼山侧非通航孔桥跨径布置为 $4\times(5\times70)+3\times(4\times70)+(3\times70+60.6)+4\times(5\times50)+(50+7+50)\times3\times50=3817.6$m。总体布置图如图 2-16 所示。

针对非通航孔桥的建设条件不同,将非通航孔桥划分为六个区域,采用 70m 和 50m 的连续梁体系,鱼山围垦附近(区域六)采用50m简支梁体系。区域一~区域五的连续墩设置固定支座,过渡墩设置活动支座;区域六均采用简支结构,一端设置纵向固定支座,一端设置纵向活动支座。

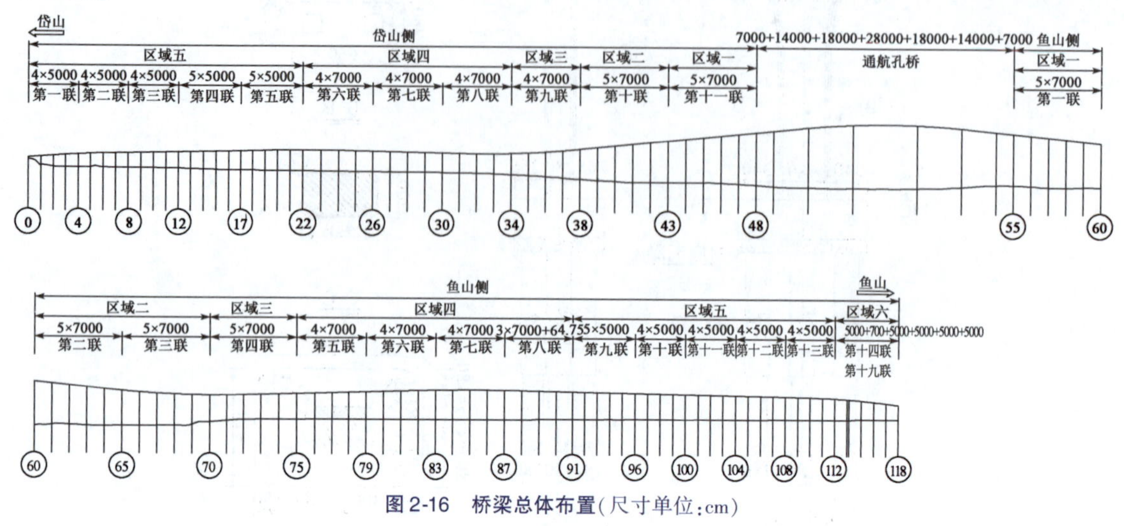

图2-16　桥梁总体布置(尺寸单位:cm)

(3)上部结构

非通航孔箱梁除墩顶块二次现浇和各湿接缝采用现浇外,其余节段全部采用预制结构,箱梁均采用等高度单箱单室斜腹板断面形式。箱梁顶板设置2%的双向横坡。

非通航孔70m跨径预应力混凝土箱梁采用单幅布置。主梁全宽15.60m,为单箱单室截面,中心梁高4.0m。箱梁跨中底板厚27cm,顶板厚28cm,腹板厚45cm;根部底板厚60cm,顶板厚28cm,腹板厚70cm。在墩顶设2.5m厚中横梁,梁端设端横梁,其他位置均不设横隔梁。70m箱梁横断面如图2-17所示。70m跨径箱梁主体全部采用预制结构。除0号块外,70m跨单个边跨和中跨主梁分为21个节段,最后一联64.75m边跨主梁分为20个节段,单节段最大长度3.5m,墩顶预制段长度2.5m。预制箱梁采用C55混凝土。预制梁段拼接面采用密齿形剪力键相咬合,采用环氧树脂涂刷接缝面。体外预应力转向块采用横梁式。

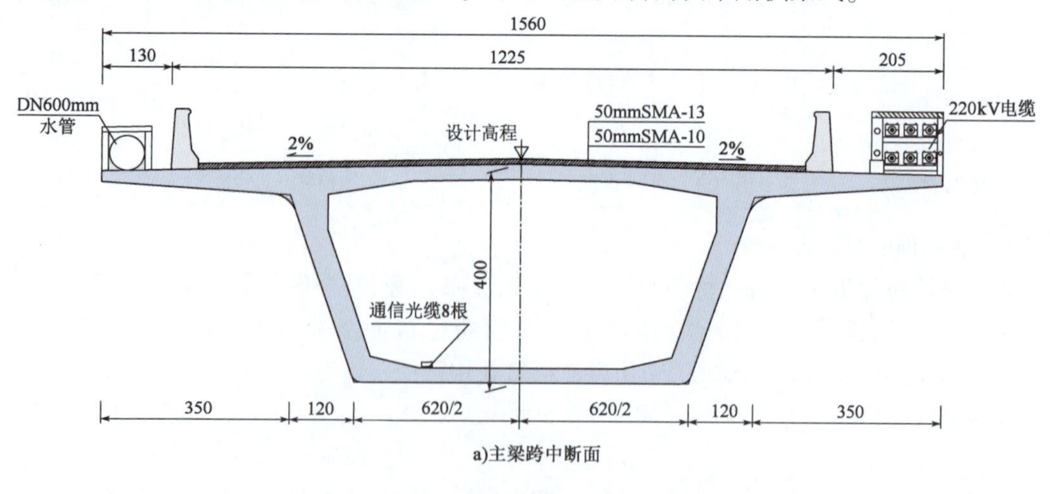

a)主梁跨中断面

图　2-17

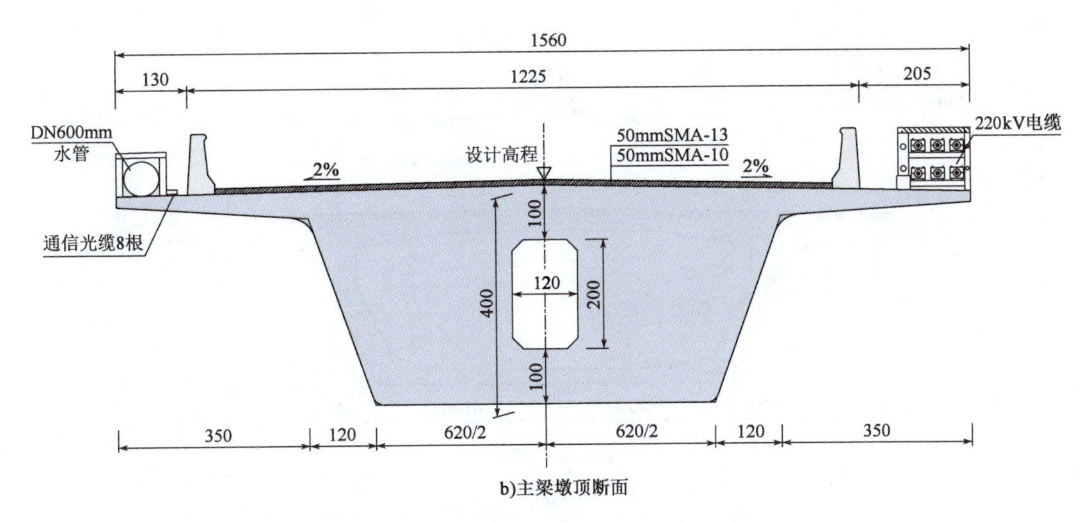

b)主梁墩顶断面

图2-17　70m箱梁标准横断面示意图(尺寸单位:cm)

非通航孔50m跨径预应力混凝土箱梁采用单幅布置。单幅主梁全宽15.60m,为单箱单室截面,中心梁高3.0m。箱梁跨中底板厚27cm,顶板厚28cm,腹板厚45cm;根部底板厚60cm,顶板厚28cm,腹板厚70cm。在墩顶设2.4m厚中横梁,梁端设端横梁,其他位置均不设横隔梁。50m箱梁横断面如图2-18所示。50m跨径箱梁主体全部采用预制结构。除墩顶块外,50m跨单个边跨分为16个节段,中跨主梁分为15个节段,50m简支跨分为17个节段,单节段最大长度3.5m,墩顶预制段长度1.4m(简支跨2.3m)。预制箱梁采用C55混凝土。预制梁段拼接面采用密齿形剪力键相咬合,采用环氧树脂涂刷接缝面。体外预应力转向块采用横梁式。

简支变连续结构墩顶处主梁放弃传统现浇墩顶块方案,采用带预制外壳的墩顶块方案(图2-19),利用带有剪力键的外壳及预制横梁作为模板,将墩顶块浇筑成整体。由于采用了预制块的构造,保证了墩顶块与相邻阶段的匹配精度,减少了现场浇筑墩顶块的混凝土用量,现场浇筑墩顶块与预制梁段之间的龄期差问题得以减弱,极大改善了墩顶处箱梁混凝土易开裂的通病。

节段预制拼装混凝土箱梁采用纵、横桥向双向预应力体系,其中纵向预应力采用体内预应力和体外预应力相结合的体系,体内预应力束规格为15-17、15-19和15-22,体外预应力束规格为15-22。体外预应力采用填充型环氧钢绞线。

体外预应力钢束采用1~2跨内通长布置,在全桥合龙后、桥面二期铺装及护栏等附属设施施工之前完成张拉。同时,以“易安装、可检查、可维修、可更换”为出发点,要求采用的体外预应力体系具备有效的防腐功能,能够进行预应力监控,能够方便进行单根换束,能够对钢束进行多次张拉、重新张拉等操作;体外预应力转向器需保证钢束在转向过程中钢绞线间位置平行,使得钢绞线能均匀受力,减小钢绞线磨损,并且能够方便有效地进行单根换束;转向器构造应具有足够的强度与刚度,满足钢束转向径向力作用下的结构受力需要。

箱梁顶板横向预应力束采用15-3规格,单端张拉,锚下张拉控制应力为1395MPa。箱梁顶板横向预应力束沿桥轴线按60cm标准间距布置,其中位于平曲线上的箱梁横向预应力沿桥梁中心线径向布置。

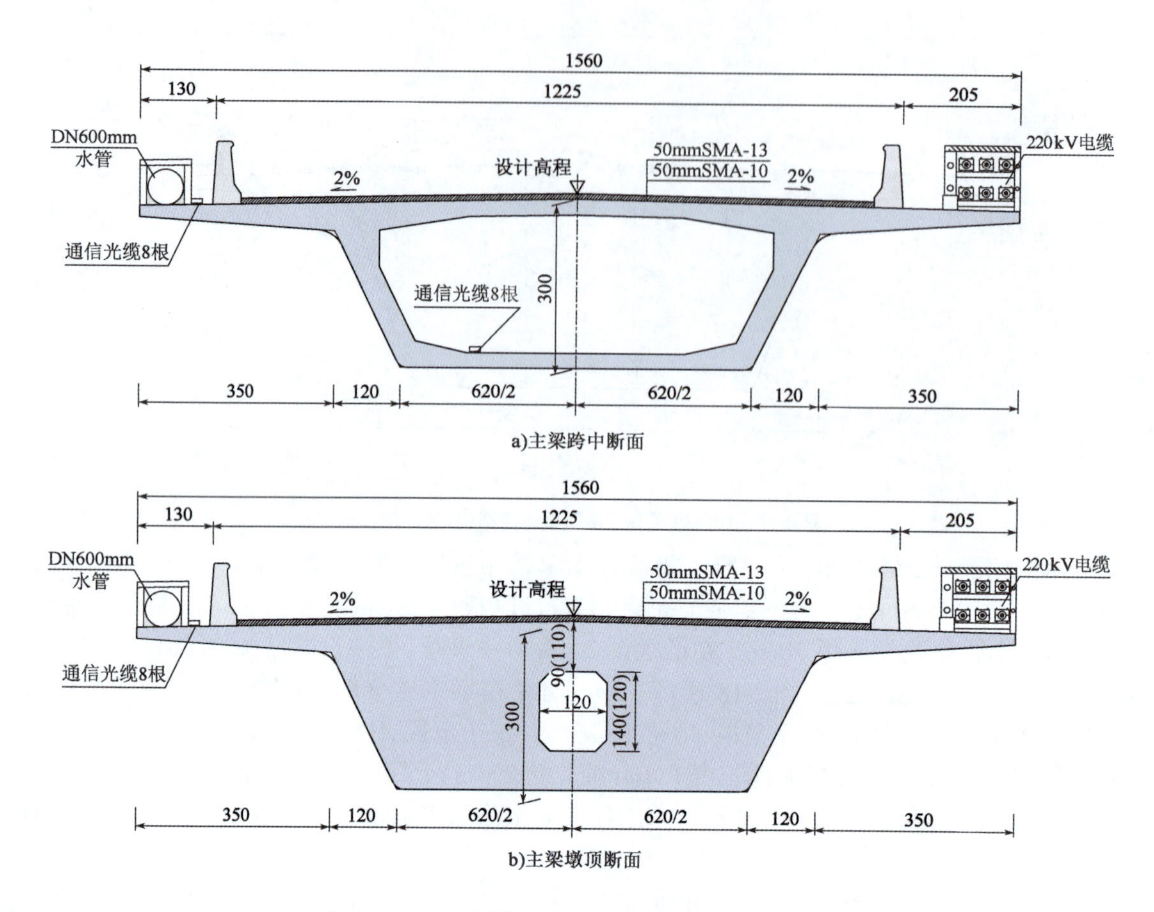

图 2-18　50m 箱梁标准横断面示意图（尺寸单位：cm）

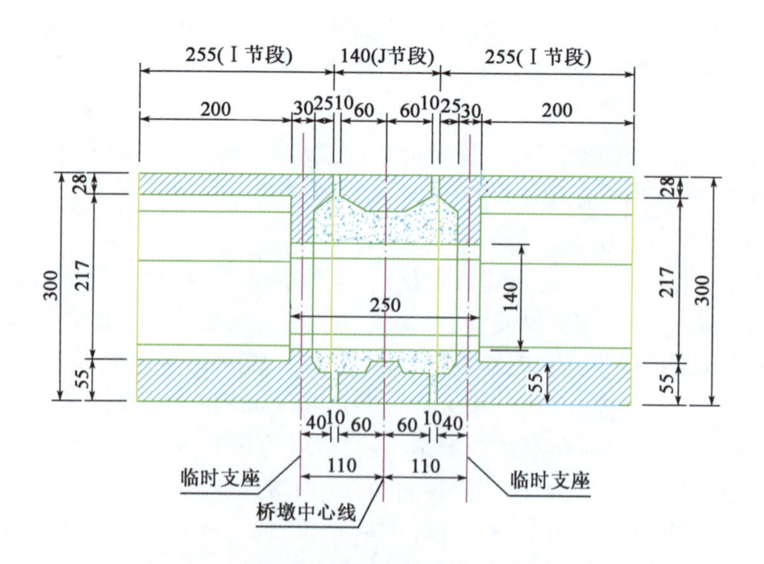

图 2-19　预制外壳墩顶块构造图（尺寸单位：cm）

(4)下部结构

全线非通航孔墩身采用圆柱形双曲面墩身,70m 跨径区域桥墩墩底断面直径为 3.6m,连续墩墩顶断面尺寸为 6.5m×3.6m(横桥向×纵桥向),过渡墩墩顶截面尺寸为 6.5m×5.0m(横桥向×纵桥向)。50m 跨径区域桥墩墩底断面直径为 3.2m,墩顶截面尺寸为 6.5m×4.6m(横桥向×纵桥向)。墩身均采用 C40 海工混凝土。为了提高结构的耐久性,该区域墩身在 +9.0m高程以下均采用硅烷浸渍。

除鱼山海塘内非通航孔桥采用群桩基础外,其他桥跨均采用单桩基础。单桩基础按嵌岩桩设计,桩端持力层为中风化流纹岩和流纹质凝灰岩,桩径 2.2~5m,桩长 15~148.2m,桩径、桩长均创国际同类桩基之最。根据设计,单桩钢筋笼最大质量达 241.3t,单桩永久钢护筒最大质量297.1t,单桩混凝土最大灌注方量为 2001m^3。桩基均采用 C40 海工混凝土。

单桩基础钢护筒在极限风 + 波流力及船撞组合工况下参与受力,钢护筒内径较桩基直径大 0.30m,钢护筒壁厚与内径比在 1/150~1/120 之间,采用 Q345C 钢。钢护筒位于水位变化区和水下区部分均采用加强型双层环氧粉末涂装。

鱼山侧非通航孔桥区域三的单桩基础墩身及基础一般构造图如图 2-15a)所示。钢管复合单桩的详细设计和施工方案详见第 3 章介绍。经分析比较,大直径单桩独柱结构与群桩基础相比,工期缩短 40%,波流力减少 80%,冲刷深度减少 20%,造价节省约 30%。

2.3.4 跨围垦大堤设计

针对鱼山围垦区跨堤段进行了特殊设计,在 113~114 号墩之间,设计采用了 7m 简支板梁,板梁简支于两侧 50m 节段预制拼装箱梁。堤外 112~113 号墩之间,采用一跨 50m 简支箱梁,其余 104~112 号墩区间,采用混凝土连续节段箱梁结构;堤内 115~118 号墩之间,采用 4 跨 50m 预应力混凝土简支箱梁。跨围垦大堤桥梁结构方案如图 2-20 所示。

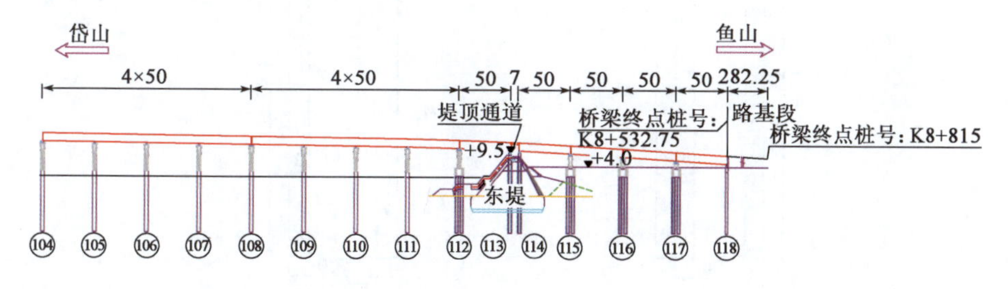

图 2-20 跨围垦大堤桥梁结构方案(尺寸单位:m;高程单位:m)

为防止海塘内后续围垦造成土体水平移动对桥梁桩基的影响,在 112~117 号墩桩基周侧面设置"隔离钢护筒 + RPC(超高韧性混凝土)预制防护套筒"双层隔离护筒,其中 112 号、115~117 号墩隔离钢护筒内径 3m,壁厚 26mm;113 号和 114 号墩隔离钢护筒内径 3.6m,壁厚 26mm。同时在隔离钢护筒外侧加设内径 3.752m,壁厚 10mm 的 RPC 预制防护套筒,形成双层防护隔离层,避免后期海塘填筑对钢护筒造成伤害。此外,在 111 号、112 号和 115 号墩靠近鱼山海塘侧的外部,分别设置 2 根、4 根和 2 根直径为 3.0m 的防护钢管桩,以强化抵御海塘填筑可能造成的土体水平位移的能力,如图 2-21、图 2-22 所示。

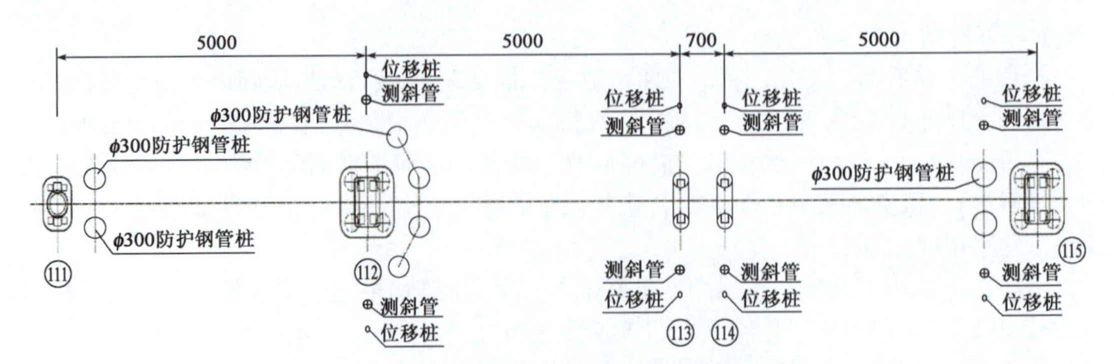

图2-21　围垦区桥梁结构防护布置图(尺寸单位:cm)

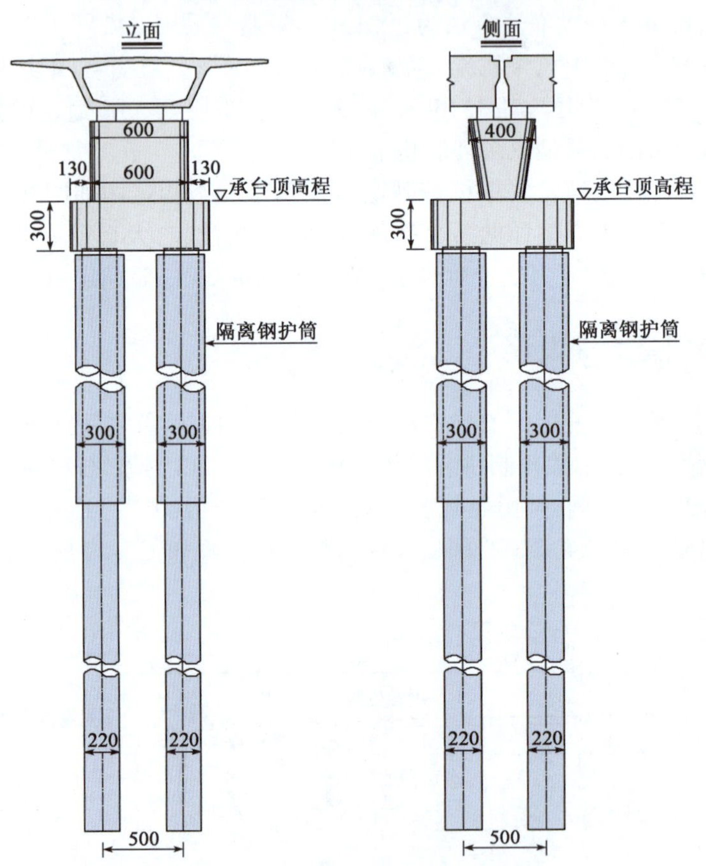

图2-22　围垦区桥梁桩基结构示意图(尺寸单位:cm)

2.3.5　桥梁耐久性设计

根据国内相关规范关于环境类别和作用等级划分的规定,鱼山大桥按Ⅲ类环境设计。

(1)混凝土结构耐久性设计

混凝土结构耐久性设计以《混凝土结构耐久性设计规范》(GB/T 50476—2008)及《公路工程混凝土结构防腐蚀技术规范》(JTG/T B07-01—2006)中的规定为主要原则,并在参考国内外已取得的工程经验的基础上制定合理的耐久性设计原则和措施。

众所周知,混凝土品质是结构耐久性的根本保障,高品质的混凝土能提升混凝土抗氯离子渗透性能。其中,海工耐久性混凝土+提高保护层厚度为最基本且有效的防腐方案。为了增加结构耐久性的可靠程度,提高结构使用年限的保证率,鱼山大桥还采取了附加防腐措施。混凝土主要结构防腐方案见表2-18。

主要结构防腐方案设计 表2-18

结构部位	设计使用年限(年)	环境部位	控制环境作用等级	防腐方案	
桩基础	100	土中区、水下区	Ⅲ-C	—	①海工耐久性混凝土; ②75mm保护层
承台	100	潮汐区、浪溅区	Ⅲ-E/Ⅲ-F	推荐方案	①海工耐久性混凝土; ②45mm保护层; ③侧面和底面不锈钢钢筋网片
				备选方案	①海工耐久性混凝土; ②75mm保护层; ③钢筋阻锈剂
桥墩	100	浪溅区、大气区	Ⅲ-E/Ⅲ-F	推荐方案	①海工耐久性混凝土; ②75mm保护层; ③一次防腐涂层(浪溅区)
				备选方案一	①海工耐久性混凝土; ②60mm保护层; ③钢筋阻锈剂(浪溅区)

(2)钢结构耐久性设计

根据《公路桥梁钢结构防腐涂装技术条件》(JT/T 722—2008)要求,主通航孔桥跨中钢箱梁内、外表面采用相同的重防腐涂装体系方案(表2-19),箱内未设除湿系统,仅腹板设有通气孔。

防腐涂装方案 表2-19

部位	涂装用料	道数	厚度
钢箱梁内、外表面(钢板与混凝土接触面的区域外侧10cm内)	喷砂(Sa3.0级)		
	二次表面处理(Sa2.5级),表面粗糙度Rz:60~100μm		
	电弧喷铝		200μm
	有色金属环氧封闭漆	2道	
	有色金属环氧中间漆	1道	100μm
	氟碳树脂面漆	2道	2×35μm
桥面、与现浇混凝土接触面(钢板与混凝土接触面的区域外侧10cm外)	喷砂(Sa3.0级)		
	二次表面处理(Sa2.5级),表面粗糙度Rz:40~80μm		
	环氧富锌底漆	2道	2×50μm

高强度螺栓接合面采用喷涂无机富锌防锈防滑涂料,喷涂后搁置6个月,其抗滑移系数复验值要求不小于0.50。其施工方法及检验要求按《铁路钢桥保护涂装及涂料供货技术条件》(TB/T 1527—2011)的规定执行。高强度螺栓栓接后的外露铝涂层,经打磨露出新鲜铝涂层及净化处理后,涂刷特制环氧富锌封闭底漆1道,然后进行相应部位后续中间漆与面漆的涂装处理。栓接间隙用密封胶(如聚硫密封胶等)密封。

2.3.6 桥梁防撞设计

鱼山大桥规模较大,海中桥墩数量较多,且路线跨越2000吨级航道,发生船舶碰撞事件的概率较大。目前,业界对于桥梁防撞设施的研究和设计尚处于探索阶段,无成熟设计方案可借鉴。为此,根据桥墩的自身抗撞能力、桥墩的位置、桥墩的外形、水流的速度、水位变化情况、通航船舶的类型及碰撞速度等因素,大桥采用自身抗撞为主 + 墩身表面附加新型固定式钢覆复合材料防撞护舷的组合方案,以实现削减船舶撞击力、保护桥梁结构安全的目标。桥梁结构防撞设计方案如下:

在非通航孔43~47号、56~60号桥墩墩身表面设置新型固定式钢覆复合材料防撞护舷,共设置40套防撞护舷。防撞设施现场安装时,采用螺栓把防撞护舷固定在桥墩墩身表面。由于使用了螺栓连接,当防撞设施需要更换时,只需拧开螺栓进行更换即可。在船撞桥发生时,防撞设施可通过缓冲削减撞击力,卸载撞击能量。钢覆复合材料防撞设施属于柔性防撞设施,能够最大限度地保障桥梁、船舶与船员的安全。

固定式钢覆复合材料防撞护舷平面布置图如图2-23所示。

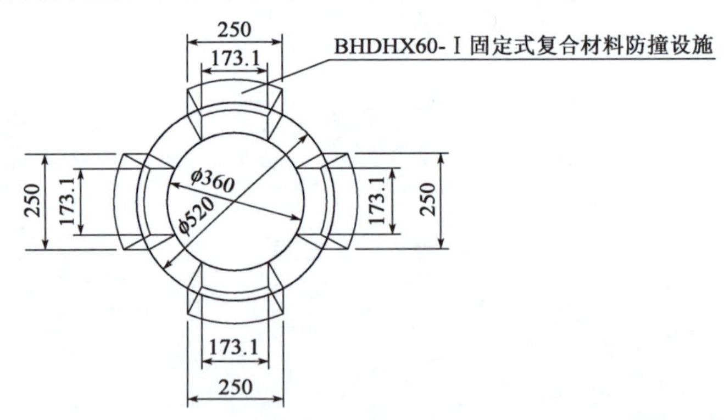

图2-23　固定式钢覆复合材料防撞护舷平面布置图(尺寸单位:cm)

新型固定式钢覆复合材料防撞护舷具有如下设计特点:

(1)能量转移。可在撞击瞬间改变撞击力的方向和船体位移方向,同时利用水流的作用,将船舶推离桥墩,使其沿防撞装置外侧滑走,从而带走船舶的大部分动能,大大降低了“船-桥”撞击过程中的能量交换。

(2)柔性防撞。其内部设置截面为闭孔耗能复合材料,增强了防撞设施的整体防撞能力。复合材料又具有各向异性的特点,能够最大效能发挥变形吸能作用,具有较强的缓冲变形能力。防撞设施因为撞击力压缩变形,一方面将撞击物的动能转化为弹性势能,另一方面延长了撞击物与钢覆复合材料防撞设施的作用时间,最终减少了撞击力。通过变形压溃和撕裂,能有效将撞击力分散,降低撞击力。

(3)性能优异。具有强耐腐蚀性,耐久性、耐撞性及耐疲劳性能优异,且性价比高。与传统钢套箱防撞设施和复合材料防撞设施相比,钢覆复合材料防撞设施不需要做防腐涂装,耐腐蚀性能好,避免了复合材料脆性大、断裂延伸率差的缺点,且经久耐用,使用寿命长达30年,基本不用维护,可承受小船多次撞击,变形后自动恢复。

(4)构件轻型化。防撞护舷单元质量轻,运输、安装及更换方便。防撞体系由各个独立防撞消能单元组成,安装便捷高效,防撞单元损坏后维修更换方便。

(5)可设计性强。可根据具体的桥墩形式,结合通航情况设计出合适的防撞装置;金属覆盖复合材料,可以防盗;绿色环保,外形美观,颜色可起到警示作用。

鱼山大桥非通航孔桥防撞设施实景图如图2-24所示。

图2-24 鱼山大桥非通航孔桥防撞设施实景图

2.4 总体施工

2.4.1 总体施工方案

针对海上有效作业时间短、海上作业风险高、建设工期紧及工程品质要求严的问题,依托桥梁工业化和快速化施工新技术,通过结构、施工方法和管理创新,鱼山大桥总体施工方案的设计贯彻预制化、工厂化、模块化、装配化、平行作业及全域通道化等理念,坚持"少现场、多预制;少串联、多并行;少变化、多统一;少零散、多整体"的四多四少原则,实现桥梁的快速高品质建造。大桥总体施工方案的特点主要体现在以下几个方面:①大标段集约化施工组织;②采用全栈桥施工模式,变海上作业为"陆上"作业;③下部结构模块化、装配化施工;④上部结构工厂化预制、现场拼装施工。大桥施工总平面布置如图2-25所示。

2.4.2 大标段集约化施工组织

将鱼山大桥全桥划分为一个标段,在岱山侧距离项目起点约1.0km的海舟修造船有限公司(紧邻高双线)内,设立了一个占地1.7万m^2的下部结构钢筋加工厂和混凝土拌和站(产能300m^3/h),如图2-26所示;在定海区定海工业园区北港路浙江科鑫重工厂区旁,距离桥址约17.5km,设立了一个占地300亩(1亩=666.6m^2)的上部结构节段梁预制厂,生产区按照钢筋加工厂、钢筋骨架绑扎区、制梁区、修整养护区、存梁区、码头出梁区和混凝土拌和区等进行分区,并实行流水线布局,如图2-27所示。

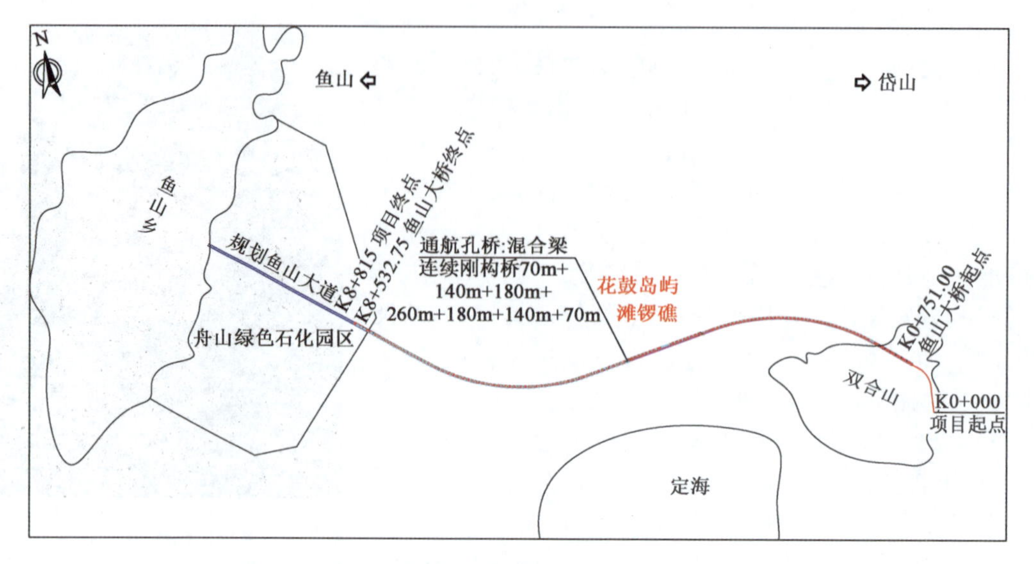

图 2-25　鱼山大桥施工总平面布置示意图

图 2-26　鱼山大桥下部结构钢筋加工厂和混凝土拌和站

图 2-27　鱼山大桥上部结构节段梁预制厂

2.4.3 全栈桥施工

针对季风、大雾、大浪等海上恶劣天气带来的作业条件差、有效作业时间短、可达性差的难题，在国内首次采用长达7.815km全栈桥施工方案，变海上施工为陆上施工，年平均有效作业日由约200d增加至约300d，为海上作业提供了先决条件。本项目也是国内全栈桥施工的第一座跨海大桥。栈桥采用标准化设计，以9m、12m、15m三种跨径为主，通航孔位置由于存在海底电缆，设计了2×65.25m大跨径钢栈桥跨越海底电缆。鱼山大桥钢栈桥全景如图2-28所示。

图2-28 鱼山大桥钢栈桥全景

2.4.4 下部结构模块化、装配化施工

(1)钢栈桥模块化施工

为加快施工效率，长7.8km的栈桥全部采用了模块化施工，施工用时仅3个月。栈桥的钢管桩基础采用"钓鱼法"施工工法，导向装置采用装配式大悬臂导向架，同时可定位双排4根桩。钢管柱之间平联支撑和贝雷片采用后场焊接或组拼成整体，现场整体吊装，如图2-29所示。

通航孔主栈桥上部结构采用定制的钢桁架桥，钢桁架的构件在专业厂家生成，运至后场采用高强度螺栓组将整跨左右桁架片拼成整体，经运输驳船海上运至桥位处，采用大型浮吊进行整体吊装，只需4h即可完成整体安装精确调位。

(2)大直径桩基永久钢护筒模块化制造和打设

工程用永久钢护筒，在工厂内先卷制钢护筒短节，再拼焊成吊装节，钢护筒小节段制作采用直缝法，节段之间采用环焊缝。

根据不同水深区域，永久钢护筒采用了不同的打设方案。浅水区7～16号墩和108～110号墩采用履带式起重机分两节打设，深水区17～26号墩采用浮吊整节打设，其余深水区采用打桩船整节打设，如图2-30所示。

图 2-29　钢栈桥平联支撑和贝雷片装配化施工

图 2-30　永久钢护筒现场打设

(3)大直径桩基钢筋笼胎架长线法分节制作安装

大直径桩基钢筋笼为双层钢筋,最大质量为 241.3t,采用工厂化制作(图 2-31)。钢筋笼制作按照单节 12m 长度进行分节,单节质量高达 30t。钢筋笼在长线台座上使用胎具制造(图 2-32),按照单根钢筋 12m 的定尺长度分节吊装入孔对接,钢筋主筋连接采用直螺纹接头,箍筋与主筋通过焊接进行绑扎,现场采用履带式起重机或浮吊进行分节对接安装,如图 2-33 所示。

(4)主通航孔桥承台防撞钢套箱分块制作组拼成整体吊装

承台防撞套箱设计采用永临结合方式,考虑套箱侧板兼作承台施工模板,采用双壁钢套箱,由内围壁、外围壁、主甲板、平台、纵横舱壁等板架构件组成。钢套箱采用分块设计,分块间采用螺栓连接方式连接。

图 2-31 桩基钢筋笼生产线

图 2-32 桩基钢筋笼胎架法制作

图 2-33 桩基钢筋笼分节安装

主墩防撞钢套箱长 35.1m、宽 22.6m、高 8.3m，分 8 个分段通过高强螺栓连接，如图 2-34 所示；边墩防撞钢套箱长 27.6m、宽 20.6m、高 7.3m，分 6 个分段通过高强螺栓连接；次边墩防撞钢套箱长 27.6m、宽 20.6m、高 6.8m，分 6 个分段通过高强螺栓连接；过渡墩防撞钢套箱长 18.6m、宽 14.6m、高 6.3m，分 4 个分段通过高强度螺栓连接。

根据防撞套箱的结构形式和实际施工条件，甲板、底板、上下平台板、内外侧板、隔板和连接面板均在上胎前制作成板单元，然后上胎组装。防撞套箱放置于专用胎架进行焊接组装，按照“内围壁板拼板→内围壁板加筋板组装→平台板组装→横隔板安装→上下甲板安装→外围壁板组装→承台支撑安装→冲砂油漆→分段拼装→组焊护舷→整体拼装”的顺序，实现立体阶梯式推进，完成组装与焊接，如图 2-35 和图 2-36 所示。

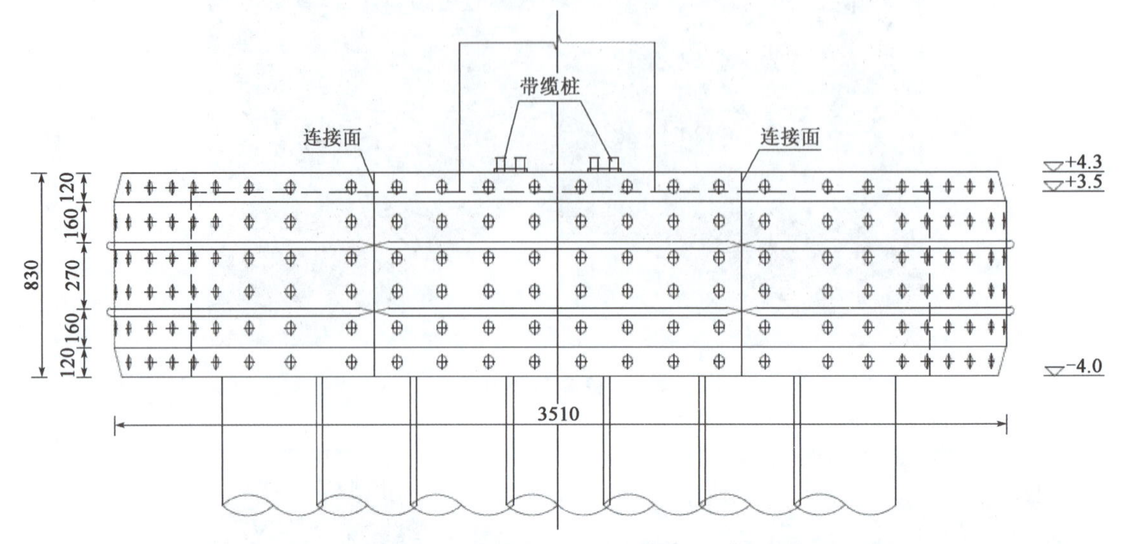

图 2-34　主墩防撞钢套箱结构图（尺寸单位：cm；高程单位：m）

图 2-35　防撞钢套箱分块加工

图 2-36　防撞钢套箱组拼成整体

钢套箱在上海振华南通基地组拼成整体后，通过运输船运至承台处采用 1200t/600t 浮吊整体下放，只需约 1.5h 即可下放到位，如图 2-37 所示。

图 2-37　防撞钢套箱整体吊装下放

(5)引桥双曲面墩钢筋骨架胎架长线法分节预制安装

引桥采用单桩独柱结构,墩身底部为圆柱形,连续墩墩顶6m范围内沿横桥向单向展开,过渡墩墩顶6m范围内沿纵横双向展开,形成了一种双曲面墩墩身。

双曲面墩墩顶展开段受力复杂,钢筋布置复杂。竖向主筋呈纵横双向空间曲线弯曲,墩顶布置了纵横水平拉筋,箍筋布置不规则,与截面形状相同,且钢筋较粗,钢筋骨架绑扎定位精度难以保证。桥位海域气候环境恶劣,冬季季风较大、持续时间长,夏季多台风,现场施工有效作业天数少,施工效率低,安全风险高。为了解决以上难题,双曲面墩钢筋骨架采用了胎架长线法分节预制安装施工技术。对于高墩,钢筋笼分节与浇筑分节保持一致,主筋连接采用直螺纹套筒形式。采用长线法在钢筋加工厂内制作钢筋笼,采用平板车将其运至现场,履带式起重机吊装安装,如图2-38、图2-39所示。

图2-38 双曲面墩钢筋骨架胎架法预制

图2-39 双曲面墩钢筋骨架整体吊装

此技术有效保证了施工质量,提高了施工效率并降低了海上作业风险。其中,复杂的钢筋笼在钢筋加工厂内胎架上整体绑扎可有效提升其尺寸精度,并大幅度提高制作效率,钢筋笼在工厂内施工可避免海上现场环境影响；现场整体吊装可有效保证安装精度和保护层厚度；钢筋笼工厂制作与下部基础施工可同时进行，减少现场作业工序；吊装钢筋笼只需 0.5d 即可完成，相比于 15d 现场绑扎时间，可显著提升施工工效。

2.4.5 上部结构工厂化预制、现场拼装施工

上部结构混凝土节段箱梁采用工厂短线法预制（图 2-40）。钢筋半成品采用高精度的全自动数控剪切、弯曲设备加工，实行超市化存储管理；钢筋骨架在专用定位台架上绑扎；箱梁模板采用高精度、大刚度、液压式模板系统；采用专用养生房内全方位自动喷淋养护，冬天实行蒸汽养护。

图 2-40 混凝土节段梁工厂内预制

通航孔桥跨中 85m 长钢箱梁采取整体制作，为了便于工厂制作，共分为七个梁段，在拼装场地进行匹配制造，先分成小节段制造，再组焊成整体。

节段梁施工采用了多种工艺。通航孔桥为 7 跨连续刚构桥，共 6 个 T 构（图 2-41）。墩顶“0”号块采用现浇，中墩顶处对称的 2 号节段和边墩墩顶 2 个节段采用浮吊安装，其余节段采用桥面吊机安装（图 2-42），钢箱梁采用桥面吊机整体吊装（图 2-43）。非通航孔 50m 跨节段梁采用架桥机逐孔拼装、先简支后连续施工工艺，如图 2-44 所示。非通航孔 70m 跨节段梁采用架桥机对称悬臂拼装工艺（图 2-45）。非通航孔桥共投入 5 台架桥机用于节段梁安装，其中，2 台 50m 跨架桥机和 3 台 70m 跨架桥机。通航孔桥共投入 12 台桥面吊机用于 6 个 T 构节段梁安装。

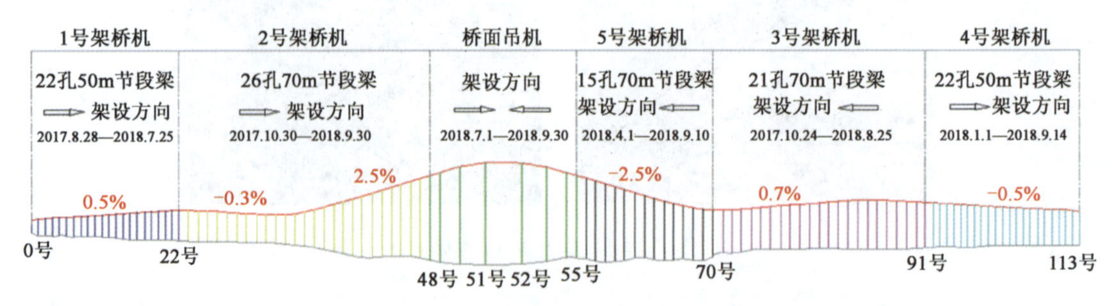

图 2-41 鱼山大桥节段梁安装组织图

图2-42 通航孔节段梁桥面吊机对称悬臂拼装

图2-43 通航孔钢箱梁桥面吊机整节吊装

图2-44 非通航孔50m跨节段梁架桥机逐孔拼装

图2-45 非通航孔70m跨节段梁架桥机对称悬臂拼装

工程实践表明,采用上下部结构并行施工,可大大缩短施工总体工期。其中,50m混凝土箱梁采用节段预制逐孔拼装工法,相比于移动模架整体现浇工法,单孔箱梁现场施工可由15~18d缩短至10~12d,现场最快可达7d;大跨度混凝土箱梁采用节段预制悬臂拼装,相比于挂篮悬浇法,单个节段现场施工可由14d缩短至2d。

鱼山大桥在施工过程中,充分考虑设计特点和海洋环境,设计和施工方案践行"减少海上作业工序,减少海上作业时间,减少海上作业人员”的三减少理念,单桩独柱结构取代群桩基础,大量采用模块化、工厂化、预制化、装配化施工工艺,提升了工程质量,节省了人工,与传统施工工艺相比,鱼山大桥的工业化快速建造理念节约近 27000 工日。

2.5 本章小结

本章对鱼山大桥建设条件、快速建造理念、总体设计及总体施工等情况进行了总结和阐述。

大桥桥区位于东海灰鳖洋,属亚热带季风气候区,季风显著,天气复杂多变,主要灾害性天气有龙卷风、飑线及雷暴。大桥桥址区横跨海底电缆和通航航道,场地条件较为复杂。工程区域海水和地下水对结构混凝土、钢筋及钢结构均有腐蚀性。

为应对气候条件恶劣、水文地质与通航条件复杂等方面带来的挑战,本着有利于行车安全、保护环境、控制投资及便于施工和维护的原则,以上部结构设计标准化、下部结构设计集约化为导向,开展了桥位设计比选工作和总体设计。

(1)主通航孔桥上部结构采用 260m 主跨预制节段连续刚构箱梁,为有效减轻箱梁重量,在跨中设置 90m 钢箱梁。下部结构采用双薄壁墩或矩形实心墩加钻孔灌注群桩基础;上部结构纵向预应力体系采用体内束和体外束混合配束的方式,其中体外束承担所有后期活载,同时可根据运营状态对体外束进行调整。为提高结构抗剪能力,设置了竖向预应力。为减少预应力损失,长度小于 6m 的预应力筋采用了新型中空预应力钢棒;钢混结合段采用部分截面连接承压传剪式结构,钢箱梁采用有格室的后承压板形式,考虑结构刚度和传力的过渡,钢混结合段包含 3m 的混凝土浇筑段和 4.5m 的钢箱梁刚度过渡段,钢混结合段实际梁段长度为 5m。

(2)非通航孔桥是控制整个跨海大桥投资规模和施工工期的关键。本着安全稳妥、技术成熟的原则,选择了宜于大型化、工厂化、装配化、标准化建设的桥型方案,以缩短海上作业时间,降低施工难度和施工风险,同时也易于控制工程质量。其中,邻近主通航孔桥的深水区,非通航孔桥上部结构采用 70m 预应力预制节段连续箱梁,其余区段采用 50m 预应力预制节段连续箱梁;除箱梁墩顶块二次现浇和各湿接缝采用现浇外,其余节段全部采用预制结构。下部结构采用圆柱形双曲面墩加单桩基础的结构形式。

(3)针对鱼山围垦区跨堤段(113 ~ 114 号墩之间),设计采用了 7m 简支板梁,板梁简支于两侧 50m 节段预制拼装箱梁。堤外 112 ~ 113 号墩之间,采用一跨 50m 简支箱梁,其余 104 ~ 112 号墩区间,采用混凝土连续节段箱梁结构;堤内 115 ~ 118 号墩之间,采用 4 跨 50m 预应力混凝土简支箱梁。同时,为防止海塘内后续围垦造成土体水平移动对桥梁桩基产生影响,在 112 ~ 117 号墩桩基周侧面设置“隔离钢护筒 + RPC 预制防护套筒”双层隔离护筒。

(4)混凝土结构采用以“海工耐久性混凝土 + 提高保护层厚度”为主防腐、辅以硅烷浸渍附加防腐的措施,钢结构采用重防腐涂装体系。

(5)通航孔桥采用永临结合双壁钢套箱防船撞系统,邻近通航孔区域的非通航孔桥墩身采用新型固定式钢覆复合材料防撞设施方案。

由于舟山岱山岛孤悬海外,大桥建设支撑条件缺乏。同时,大桥建设规模浩大,建设工期紧迫，业内无案例经验可借鉴。为快速、高质量完成建设任务，确定了施工构件预制化、模块化及装配化，施工组织平行化，施工通道全域栈桥化、过程管控信息化的快速化施工理念。

（1）选址桥区附近建设了占地300亩的节段梁预制工厂，搭建了先进的标准化节段预制生产流水线。

（2）通航孔桥节段梁采用桥面吊机悬拼，主跨跨中钢箱梁采用桥面吊机整节吊装。非通航孔桥70m跨采用架桥机悬拼。非通航孔桥50m跨采用架桥机整孔拼装。

（3）栈桥、桩基及墩身均采用模块化施工技术，上下部结构均设若干工作面平行作业，在保证安全和质量的同时，大幅度缩短了工期，提高了施工效率。

基于鱼山大桥工程实践，形成了以设计集约化、标准化，施工构件预制化、模块化、装配化，施工组织平行化，海上全域通道化、管控信息化为特征的海上长桥快速施工技术，这些综合技术的集成运用，确保了鱼山大桥高品质快速建造目标，并创造了中国跨海桥梁建设速度的新纪录。

第3章

CHAPTER 3

海洋环境混凝土连续箱梁长桥快速建造

鱼山大桥非通航桥梁总长6.741km,其中岱山侧桥长约2.920km,鱼山侧桥长约3.821km,长度占全桥长度的比例为86.63%。下部结构采用超长超大直径钢管复合桩,单桩独柱形式,总计182根。上部结构采用50m、70m跨径预制节段拼装混凝土连续箱梁,总计2131榀节段梁。非通航孔桥作为全桥控制工程,面临施工时间紧与施工有效作业时间短的矛盾。因此,从设计与施工方案出发,摸索复杂海洋环境条件下的快速建造技术成为项目建设首要面对的重大问题。本章主要介绍非通航孔桥超长超大直径钢管复合桩施工技术、双曲面墩身施工技术、主梁施工技术及结构性能分析等海洋环境下预制节段拼装混凝土箱梁长桥快速建造的创新技术。

3.1 非通航孔桥超长超大直径钢管复合桩施工技术

3.1.1 复合桩基础设计

(1)单桩基础的受力特性

对比群桩与单桩基础形式,群桩基础受力控制点在承台底部和土中约$1/\alpha$(α为桩侧土变形系数)的位置,而承台底部往往位于浪溅区或水位变动区,耐久性条件差,且承台底部浇筑质量难以保证,因此桩基的耐久性问题较为突出。而单桩基础受力控制点在土中,且避免了承台施工,耐久性条件优良。此外,结合本项目工程地质和水文条件,与传统的群桩承台基础相比,单桩基础波流力仅相当于相应群桩基础的18%,同时冲刷深度减少约20%,结构受力得到了明显优化。具体比较数据见表3-1。

单桩基础与群桩基础波流力比较 表3-1

类　别	单桩基础	群桩基础	对　比
单桩纯波浪力(kN)	704.4	134.8	—
单桩水流力(kN)	35.1	17.5	—
承台总力(kN)	—	3265.9	—
承台底部浮托力(kN)	—	3853.9	—
基础合计波流力(kN)	739.5	4179.7	17.7%
承台占单根桩的波流力比例(%)	0	78.1	—

(2)单桩基础的总体布置

除围垦区影响范围内桥梁下部结构采用群桩基础外,区域一至区域五的下部结构均采用大直径单桩基础,其中桩基均采用钢管复合桩。根据区域不同,桩基分别采用ϕ3.8~5.0m、ϕ3.8~4.5m、ϕ3.0~4.0m、ϕ3.0~3.8m、ϕ2.5~3.4m的变径桩。非通航孔桥区域标准化设计见表3-2。

非通航孔桥区域标准化设计总表

表3-2

区域编号	桩基直径(m)	桩基类型	最大墩高(m)	平均桩长(m)
一	3.8~5.0	钢管复合桩	28.135	108.8
二	3.8~4.5	钢管复合桩	19.385	109.5
三	3.0~4.0	钢管复合桩	10.771	124.3
四	3.0~3.8	钢管复合桩	14.292	118.0
五	1~11联:ϕ3.4 其他:ϕ2.5~3.4	岱山侧1~3联:钻孔灌注桩 其他:钢管复合桩	13.541	54.9(岱山侧) 135.8(鱼山侧)

(3)超大直径钢管复合单桩基础的结构设计

根据受力不同,钢管复合桩分为有钢管段和无钢管段两部分,有钢管段的桩径、长度以及钢管的壁厚,根据地质条件、结构受力、沉桩能力、施工期承载等综合确定。无钢管段桩径主要根据单桩竖向承载力确定。本项目全部采用嵌岩桩,桩端位于中风化基岩。超大直径钢管复合单桩基础典型构造如图3-1所示。

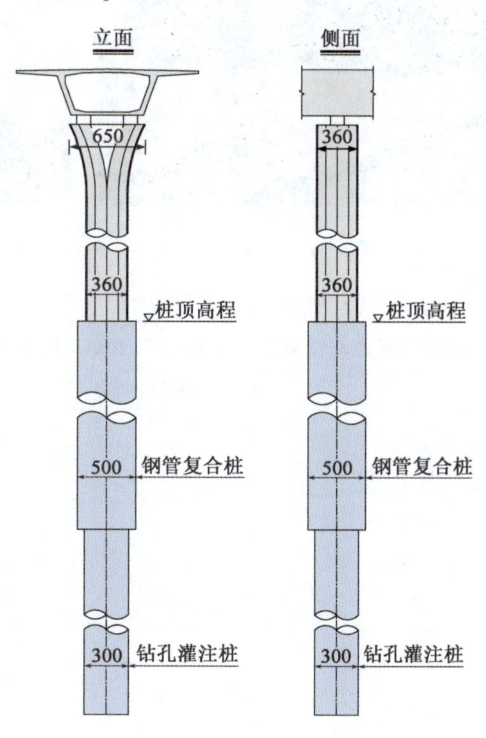

图3-1 ϕ5m钢管复合单桩基础构造示意图(尺寸单位:cm)

钢管通过设置剪力环以及足够的腐蚀余量来保证与内部混凝土的共同受力。钢管主要采用腐蚀余量来满足耐久性要求;位于水位变动区和浪溅区的部分,外部采用“预留腐蚀余量+防腐涂装”的方式来满足使用要求。

桩身配筋采用普通钢筋,纵向主筋采用ϕ40mm或ϕ36mm的HRB400钢筋,箍筋采用ϕ16mm的HRB400钢筋。根据受力需要,桩基局部设置双层钢筋笼,为保证钢筋笼刚度,内外

钢筋笼之间采用 $\delta=25$mm 的钢板进行连接，其他区段加强筋采用热轧槽钢。

(4)超大直径钢管复合单桩基础的施工

单桩基础钢管最大长度 65m，最大质量 300t，采用雄程 1 号打桩船一次沉放到位，钢管平面偏差 <3cm，倾斜度 <1/220。为保证结构受力，在设计时考虑了桩顶 10cm 的附加偏位。单桩钢筋笼全部采用长线法制作，最大质量 241t，最大长度 148m。采用具备 5m 桩径成孔能力的全液压回旋钻成孔，桩基最大浇筑方量 2001m^3，通过栈桥运输混凝土在 12h 内不间断浇筑成孔。施工过程如图 3-2、图 3-3 所示。

图 3-2　φ5m 钢管桩

图 3-3　钢筋笼下放

超大直径单桩基础与常规群桩基础的施工工期及造价比较见表 3-3。

超大直径单桩基础与常规群桩基础施工工期及造价对比表　　表 3-3

<table>
<tr><th colspan="2" rowspan="2">项　目</th><th colspan="2">基础类型</th></tr>
<tr><th>1-φ3.8～5.0m</th><th>5-φ2.2～2.5m</th></tr>
<tr><td rowspan="7">工期</td><td>钢护筒运输打设</td><td>1d</td><td>1.5d</td></tr>
<tr><td>搭设施工平台</td><td>10d</td><td>15d</td></tr>
<tr><td>钢筋笼制作</td><td>7d(与钻孔时间同步)</td><td>3d 完成 1 根，共需要 15d(与钻孔时间同步)</td></tr>
<tr><td>钻孔</td><td>25d</td><td>2 台钻机同时钻孔，15d 完成 2 根，考虑钻机安拆时间，5 根大约需要 37.5d 时间</td></tr>
<tr><td>钢筋笼安装</td><td>6d</td><td>单根安装需要 2d</td></tr>
<tr><td>混凝土浇筑</td><td>二次清孔浇筑混凝土 1.5d</td><td>2 根二次清孔浇筑混凝土 1d，5 根需要 3.0d</td></tr>
<tr><td>合计</td><td>单桩施工周期以钢护筒打设 + 施工平台打设 + 钻孔 + 钢筋笼安装 + 混凝土浇筑的时间为主。共 43.5d</td><td>桩基钻孔，同时进行已完成钻孔的桩基钢筋笼安装和混凝土浇筑。群桩施工周期以钢护筒打设 + 施工平台打设 + 5 根桩基成孔 + 1 根钢筋笼安装混凝土浇筑计算。共 59d + 承台施工约 15d</td></tr>
<tr><td colspan="2">造价</td><td>560 万元</td><td>600 万元 + 180 万元(承台) = 780 万元</td></tr>
</table>

3.1.2 永久钢护筒施工技术

(1)永久钢护筒制造

钢护筒主要参数见表3-4。桩基钢护筒材质为Q345C钢材,钢板厚度不小于设计规定厚度。钢护筒制作采用直缝法。直缝法施工先进行3m标准段卷板制作,然后由标准段预拼焊接至整根。钢护筒制作的主要流程为材料定制、采购→划线、号料和切割→接缝处磨光整平→卷制钢护筒短节→拼缝开V形坡口→将短节组焊成长节段。钢护筒的主要参数见表3-4,制造过程如图3-4、图3-5所示。

钢护筒主要参数 表3-4

区　域	墩　号	直径(m)	壁厚(mm)
一	43～47;56～60	5.0	38
二	38～42;61～70	4.5	36
三	34～37;71～75	4.0	32
四	22～33;76～91	3.8	30
五	1～21;92～110	3.4	26

图3-4 管节卷制与拼装

图3-5 管节拼焊

为了保证结构外观和提高结构的耐久性，永久性钢护筒要进行防腐处理（图3-6、图3-7）。钢护筒顶部内侧与桩基之间采用硫化型橡胶密封剂进行密封。外壁防腐采用“预留腐蚀余量+防腐涂装”方法。防腐使用寿命在20年以上。4.5m的钢护筒防腐采用环氧重防腐涂料进行涂装，4m以下含（4m）的钢护筒采用熔融结合环氧粉末进行涂装，满足《海港工程钢结构防腐蚀技术规范》（JTS 153-3—2007）要求，涂层干膜厚度≥1100μm。护筒成型后，将涂装区（自桩顶高程往下12m的区域）进行抛丸除锈后，对涂装区进行中频加热，然后将环氧粉末喷涂在涂装区。涂装完成后进行外观、附着力、涂层厚度等的检测。

图3-6 涂装区抛丸除锈、防腐喷涂

图3-7 防腐涂装

钢护筒加工完成后应对管节外形、相邻管节的管径、钢管桩外形尺寸等进行验收。

（2）永久钢护筒施工

1～12号墩及108～110号墩由于现场施工环境的制约，钢护筒先采用平板船运输至深水栈桥附近再吊装至平板车上进行运输，其他墩采用平板船直接将钢护筒运输至桩位处。

永久钢护筒基本都是分为两个大节段制作加工，采用焊接方式进行接长。根据钢护筒在现场打设设备的不同，焊接接长分为工厂室内焊接和现场室外焊接两种方式。其中8～16号桩基的钢护筒采用履带式起重机打设，由于受吊重大小的限制，采用现场焊接接长方式；其余桩基的钢护筒采用浮吊或者打桩船打设，采用在工厂内进行室内焊接接长方式。履带式起重机分节打设钢护筒工艺流程如图 3-8 所示。钢管桩焊缝要求熔透。钢管桩的环缝和纵缝均为一级焊缝。在钢管桩施焊前应进行焊接工艺评定试验,并根据焊接工艺试验报告制定焊接工艺,试验所用母材及焊材应和产品相符合。

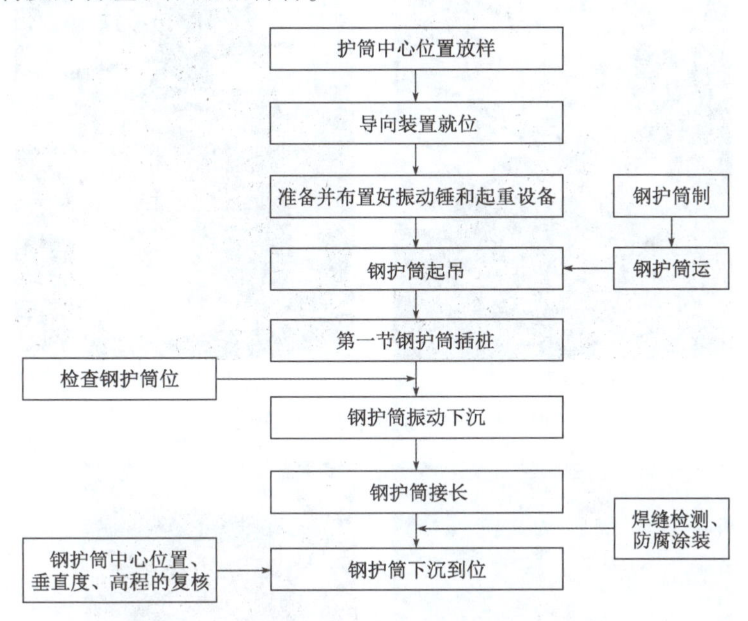

图 3-8 履带式起重机分节打设钢护筒工艺流程

对于船舶及浮吊无法进入的浅水区域,8 ~ 16 号墩钢护筒在平台下放时采用 2 台 100t 履带式起重机进行抬吊。当钢护筒采用船舶运输时,采用浮吊进行吊装。钢护筒采用大型液压振动锤振动下放,如图 3-9 所示。

深水区 17 ~ 26 号墩区域受潮汐影响较大,无法采用打桩船打设钢护筒,因此该区域采用 300t 浮吊进行整节钢护筒打设,采用双层导向架进行精确定位,如图 3-10 所示。

a)钢护筒下放

b)钢护筒对接

图 3-9

c)钢护筒防腐涂装

d)钢护筒振动下放

图 3-9　履带式起重机分节打设钢护筒

a)钢护筒起吊

b)钢护筒导向架定位

c)钢护筒下放

d)钢护筒振动打设

图 3-10　浮吊整节打设钢护筒

钢护筒下沉注意事项：

①钢护筒下沉选择在有利的潮位进行，首节钢护筒下沉入土深度应能满足钢护筒自身稳定要求，即钢护筒入土后自身即可保持稳定，避免钢护筒在水流作用下对平台产生过大的水平荷载，确保钻孔平台安全。

②钢护筒插打要连续进行，施工过程中停顿时间应尽可能短，尤其是控制钢护筒焊接作业时间，以防止因停顿时间过长使钢护筒周围土壤恢复，造成插打困难。

③由于钢护筒对接作业时间长，因此必须考虑阴雨及大风天气对施工的影响。钢护筒吊装及对接作业时应选择良好天气，同时采取有效预防措施，确保施工安全。

④当钢护筒遇到紧密坚硬地层不再下沉，或下沉极慢；振幅增大，甚至跳动；振动锤达到最大功率钢护筒仍不能继续下沉时，则说明阻力已大到无法使钢护筒振动下沉。此时必须采取吸泥措施以降低护筒内的土塞厚度（淤泥、饱和黏土等黏着力较大的土壤在护筒内与护筒黏在一起，成为一个整体共同振动，将会大大减小振幅，使下沉速度变慢）。若经过吸泥下沉等多种措施仍无法使钢护筒下沉，则说明已达到振动锤的极限，应采取其他方法，如钻孔护筒跟进等。

⑤如沉桩完成，测量后发现偏位过大，可以采用压力顶升法顶升钢护筒，拔起后重新下沉，保证每根钢护筒沉放满足精度要求。

（3）永久钢护筒定位测量方法

采用履带式起重机和浮吊打设钢护筒时，为了确保钢护筒打设精度，采用沉管导向架进行永久钢护筒打设精确定位，采用常规测量方式进行定位测量。采用打桩船打设时，若采用导向架进行定位，永久钢护筒下沉到一定深度后，由于沉管导向架的高度阻碍了打桩船施打操作，打桩船需先解除永久钢护筒，将沉管导向架拔出移走，再归位继续施打永久钢护筒到位，工序多，效率较低。为提高施工效率，缩短施工周期，在打桩船打设区域，取消了导向架定位方案，提出一种“T 形定位法”，以保证钢护筒打设精度。

“T 形定位法”是指采用打桩船打设钢护筒，在桩位的左、右侧和前方（以打桩船的前进方向为前方）三侧设置 A、B、C 测点进行水平定位测量，如图 3-11 所示，以 A、C 点的距离测量来确定水平两个方向的精确调整值，以 B、C 两点切线定好目标竖直线，通过观测钢护筒外壁与两条目标竖直线是否重合来确定钢护筒调整是否到位。

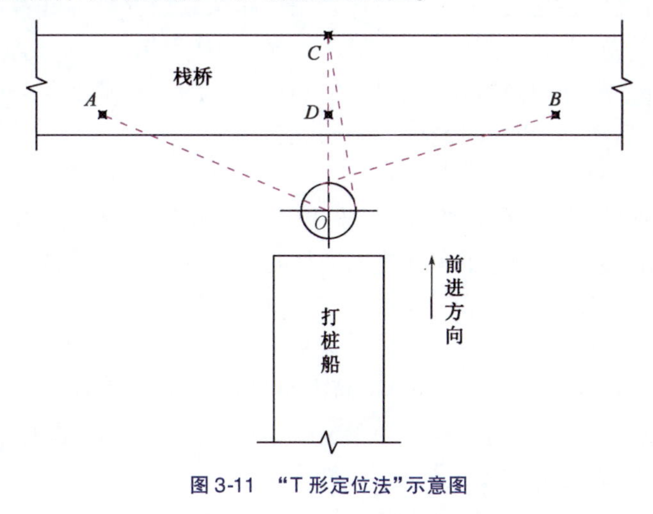

图 3-11 “T 形定位法”示意图

栈桥平面控制点和仪器布置示意图如图 3-12 所示。

图 3-12　栈桥平面控制点和仪器布置示意图

3.1.3　超长超大直径变截面桩钻孔技术

基于桩基受力和经济性考虑，非通航孔桥采用了超大直径变径桩基，桩基上部永久钢护筒范围桩径较大，钢护筒范围以下桩径缩小。以 45 号墩桩基为例，上部分含有钢护筒 65m 长度的桩径为 5.0m，下部分出钢护筒后 61m 长度的桩径为 3.8m。桩基施工采用回旋钻孔方法，桩基上部大直径桩成孔后再换成小直径钻头钻至孔底。

（1）钻机就位

钻机事先组装，如图 3-13 所示，然后根据桩位中心在底座平台上标出钻机定位标志，对深水区采用浮吊起吊钻机就位；对浮吊无法进入的浅水区采用履带式起重机 + 平板车运输安装就位。

（2）钻进成孔

护筒内钻进采用气举反循环工艺。钢护筒内钻进选用大直径刮刀钻头，钻头上口和钻杆处安装钢丝刷，可以实现边钻孔边扫孔。为避免护筒底部出现漏浆、塌孔事故，当钻进至护筒底口以上 2m 时应降低钻进速度。

图 3-13 回旋钻机组装

护筒内泥浆指标满足要求后可向下钻进成孔，钻进到护筒底口部位时（底口上下各 2m 左右），采用气举反循环，小气量、轻压、慢转钻进成孔，需特别注意不要让钻头碰刷护筒底口。如钻进过程中发现钻头摩擦护筒，不得强行钻进，可根据护筒倾斜情况适当调整钻机位置。待钻头整体钻到护筒，更换小钻头钻至护筒底口 2m 左右位置后，开始正常钻进成孔。

钻头钻出护筒后，更换小直径刮刀钻头，根据地层情况选择钻进参数。特别是各地层交接层部位要注意控制进尺，小气量、轻压、慢转钻进成孔，并且每钻进一层都要进行扫孔，以保证钻孔直径满足要求；要随时检测和控制泥浆性能指标，以确保孔壁的安全。

（3）清孔

钻孔达到设计高程后，对成孔情况进行检测，检测孔深、孔径、垂直度等各项指标，验收通过后立即进行清孔。

钻孔施工中需注意以下问题：

①为了保证钻孔的垂直度，在钻头上部加设配重，使钻具在重力作用下始终垂直向下；为确保钻机转盘始终保持水平，每加 1 ~2 节钻杆，检查一次钻机水平度和钻杆垂直度情况。出护筒钻进时在刮刀钻头上增加扶正器，保证出护筒时上下孔同心圆，保证钻孔的垂直度。钻头的配重和扶正器如图 3-14 所示。

图 3-14 钻头的配重和扶正器

②对于圆砾层及卵石层的钻进,采用单护圈、锥角呈90°的六翼刮刀钻头,在进入上述地层后,需及时调控泥浆性能指标,加大空压机的供风压力,提高泥浆的携带能力和除砂工效,减压钻进,控制进尺慢速通过。

③钻进过程中注意往孔内及时补充泥浆量,维持护筒内的水头高度,护筒内泥浆面的高度应始终高于孔外水位及潮水位加浪高1.5~2.0m,以保证孔壁稳定。

④加接钻杆时,应先停止钻进,将钻具提离孔底8~10cm,维持泥浆循环5min以上,以清除孔底沉渣并将管道内的钻渣排净,然后加接钻杆。加接钻杆时,连接螺栓应拧紧上牢,认真检查密封圈,以防钻杆接头漏水漏气,使反循环无法正常工作。

3.1.4 钢筋笼预制安装和混凝土浇筑技术

(1)钢筋笼起吊

钢筋笼制作按照单节12m长度进行分节,单节质量达30t,起吊运输时容易发生变形;对接完成后,整根钢筋笼起吊和悬挂质量大,钢筋笼整体刚度要求高。为了防止钢筋笼在运输、吊装过程中发生变形,在钢筋笼内侧每隔一段距离设置一道加强圈,加强圈采用劲性骨架,如图3-15所示,为防止水下混凝土浇筑时加强圈处发生死角孔洞,在加强圈板上开孔,使混凝土通过孔洞上升。

图3-15 劲性骨架实物图

(2)钢筋笼安装

为解决海上深水区超长超大吨位的钢筋笼安装难题,提出一种履带式起重机转浮吊的施工工艺,即先采用履带式起重机起吊单节进行对接,对接完成后,再转用浮吊整节起吊下放。具体而言,钢筋笼顶端设置4条供履带式起重机起吊的短钢丝绳和4条供浮吊起吊的长钢丝绳,单节钢筋笼对接完成后,解除履带式起重机吊具,工人在平台上将4条长钢丝绳采用卸扣与浮吊的吊具连接,起吊整节钢筋笼进行下放,如图3-16所示。

(3)钢筋笼预制安装工艺流程

①钢筋笼制作

钢筋笼在长线台座上使用胎具制造(图3-17),按照单根钢筋12m的定尺长度分节吊装入孔对接,钢筋主筋连接采用直螺纹接头,箍筋与主筋采用非金属材料(尼龙绑扎带)进行绑扎。钢筋笼每隔两米设置一组非金属定位措施。制作时在平台一头设置8mm钢板挡板,挡板上标示主筋设计位置,并用型钢支撑牢固,使钢筋笼一端主筋齐平。钢筋笼加工时要确保主筋位置准确,钢筋笼制作过程中须严格控制钢筋笼接头安装质量,且钢筋接头必须错开布置,接头数不超过该断面钢筋总根数的50%。钢筋笼制作时,在加强圈位置设置支撑,避免钢筋笼堆放及起吊时变形。

图 3-16 履带式起重机与浮吊转换吊具实物图

图 3-17 钢筋笼长线法制作胎架

②钢筋笼安装

安装施工工艺流程为:钢筋笼吊装→钢筋笼对接→声测管安装→钢筋笼下放→钢筋笼定位,如图 3-18 所示。

钢筋加工厂内采用平吊方式将钢筋笼吊至平板车上,起吊不另外设置吊耳,采用四点吊,吊点的位置在两端头第二道加劲箍和主筋连接位置,为了防止起吊时钢筋笼变形,吊点位置尽量靠近加强圈的位置。单节钢筋笼运至现场后,在钢筋笼顶端的 4 个吊耳处分别安装 4 根短钢丝绳供履带式起重机使用,以及 4 个长钢丝绳供浮吊使用。将 4 根短钢丝绳挂至履带式起重机的吊钩上,同时使用汽车式起重机辅助起吊底部吊点,缓慢地将钢筋笼吊离平板后,履带式起重机升顶部吊耳,底部吊点不动,使钢筋笼由平卧变为斜吊,慢慢起吊到 90°后,拆除底部吊点,垂直起吊钢筋笼,移至桩基孔位处,与下方支撑在悬挂环上的钢筋笼采用直螺纹套筒进行对接。

单节钢筋笼对接完成后,首先将履带式起重机的吊钩脱钩,解除 4 根短钢丝绳的起吊,然后,施工人员在平台上将 4 条长钢丝绳采用卸扣与浮吊的专用吊具连接,慢慢将吊具升高,钢丝绳拉直,钢筋笼重力转至浮吊。最后,将悬挂环上的活动卡板打开,起吊整节钢筋笼下放。钢筋笼顶端第一个加强圈上焊接 8 个箱形钢架,并与主筋相连,中间开设孔洞,以便精轧螺纹钢穿过。整个钢筋笼采用 8 根 ϕ40mm 精轧螺纹钢筋作为吊杆悬挂在内环吊具上,内环吊具置于外环悬挂环上。精轧螺纹钢的悬挂长度则根据下放固定平台至钢筋笼顶面的高度计算确定。下放时应对精轧螺纹钢的悬挂长度进行调整保证,四边受力均匀。

a)单节钢筋笼起吊

b)单节钢筋笼对接

c)整节钢筋笼下放

d)钢筋笼悬挂

图3-18　钢筋笼安装

(4)海工混凝土配制

工程地处复杂海洋环境,桩基施工采用钻孔灌注桩工艺,混凝土配合比设计在保证强度前提下应同时突出水下混凝土的工作性要求和海工混凝土的耐久性要求。

对于超长超大桩基施工,为保证混凝土顺利通过超过100m长的导管进行水下浇筑且一次性浇筑成型,混凝土需要有较大的坍落度和拓展度及保坍特性,以保证浇筑过程中不堵管。为保证混凝土在水下顺利凝结,需要混凝土具有水下不分离性、自密实性、低泌水性等特性。一次性浇筑成型则需要混凝土具有缓凝特性。

通过仅改变减水剂掺量的配合比对比试验,研究混凝土工作性能的变化以得到最佳减水剂掺量。

海工混凝土的耐久性主要受到氯离子和硫酸根离子的限制。试验结果表明,阻锈剂用量的增加对泌水率比和28d抗压强度比影响不大;对坍落度和氯离子扩散系数的影响较大。随着阻锈剂用量的增加,坍落度逐渐减小,氯离子扩散系数降低。其中,掺量为5%、6%、7%的配合比均符合设计要求。但考虑到现场施工条件较差,混凝土密实程度比实验室低,掺量为5%的混凝土无法保证现场芯样氯离子扩散系数符合要求;掺量为7%的混凝土坍落度较小,混凝土运送至现场后易产生因坍落度不够而影响施工的状况。最终推荐采用阻锈剂用量为6%的配合比作为实验室配合比。

(5)超大方量水下混凝土浇筑技术

采用内径为40cm、壁厚12mm的快速卡口垂直提升导管。导管采用无缝钢管制作而成,快速螺纹接头,导管接头处设2道密封圈,保证接头的密封性。底节长度6m,中间节长度3m,调整节长度1.0m、0.5m,总长度300m。混凝土安装前必须对导管进行水密试验,由于桩长较长,连接导管数较多,还需对导管接头做抗拉试验。

首批混凝土的方量应能满足导管初次埋置深度大于或等于1.0m和导管底部间隙的需要,根据《公路桥涵施工技术规范》(JTG/T F50—2011),首灌混凝土的最大用量为27.1m^3。

根据计算,首灌混凝土需要配置大料斗和正常灌注小料斗各1个。灌注混凝土前需在导管内放置隔水球。大料斗由拖泵进行供料,小料斗由大料斗供料,待大料斗和正常灌注小料斗储满混凝土后,割断隔水球吊绳进行水下混凝土灌注,混凝土要连续灌注,不得停顿,保证整桩在混凝土初凝前灌注完成,混凝土的缓凝时间不少于30h。首封成功后即可正常灌注混凝土。定制首灌料斗和桩基混凝土浇筑如图3-19所示。

图3-19 定制首灌料斗和桩基混凝土浇筑

3.2 非通航孔桥双曲面墩身施工技术

(1)墩身设计和总体流程

非通航孔桥(1~47号墩,56~110号墩)采用圆柱形墩身。其中,区域一~区域四(70m跨径区域)连续墩墩顶横桥向展开,过渡墩墩顶纵横向展开;50m跨径区域连续墩和过渡墩墩顶均纵横向展开,呈双曲面形。70m跨径区域桥墩墩底断面直径尺寸为3.6m,连续墩墩顶断面尺寸为6.5m×3.6m(横桥向×纵桥向),过渡墩墩顶截面尺寸为6.5m×5.0m(横桥向×纵桥向)。50m跨径区域桥墩墩底断面直径为3.2m,墩顶截面尺寸为6.5m×4.6m(横桥向×纵桥向)。墩身构造图如图3-20、图3-21所示。墩身均采用C40海工混凝土。为了提高结构的耐久性,该区域墩身在+9.0m高程以下均采用硅烷浸渍。非通航孔桥双曲面墩施工流程如图3-22所示。

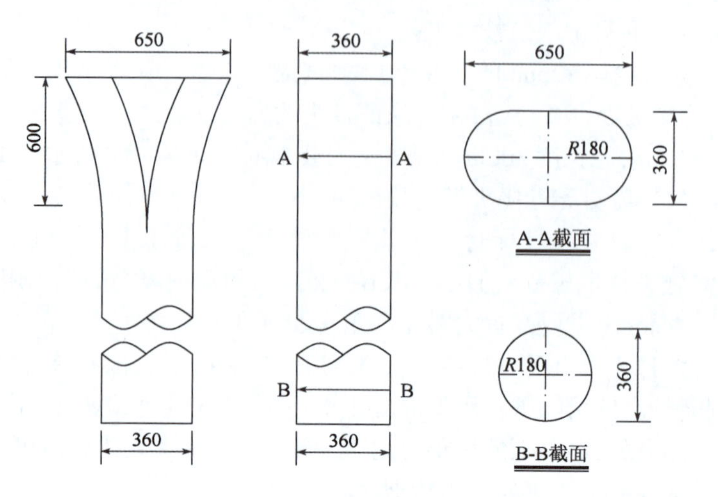

图3-20 区域一~区域四连续墩、制动墩墩身构造图(尺寸单位:cm)

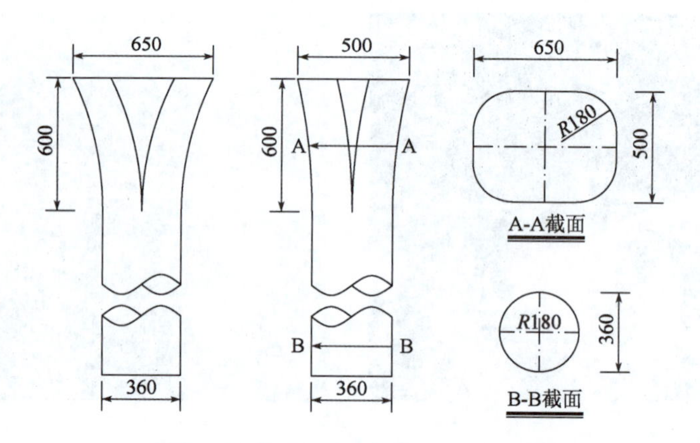

图3-21 区域一~区域四过渡墩(除22号墩、91号墩)墩身构造图(尺寸单位:cm)

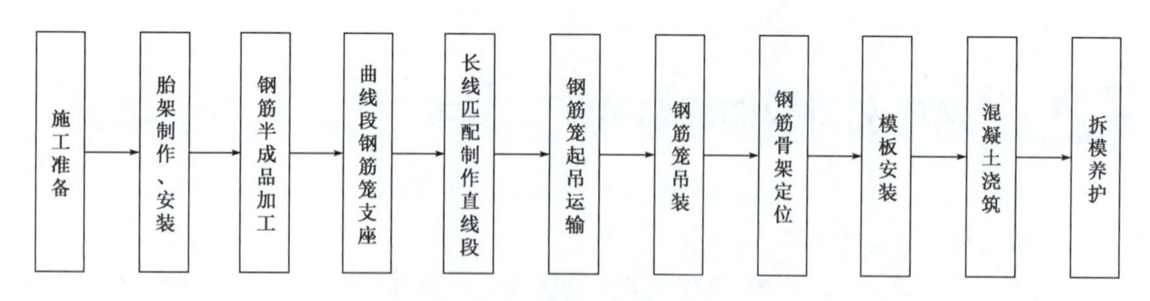

图3-22 非通航孔桥双曲面墩施工流程

(2)钢筋骨架预制

矩形墩胎模基础纵向和横向采用H200型钢制作,竖向骨架采用[18a型钢制作,沿钢筋骨架纵向每2.4m布置一道。变截面墩身钢筋骨架使用特定胎模制作。圆柱墩胎模采用弧形定位齿板,齿板上焊接ϕ20mm圆钢作为主筋定位齿,齿板沿钢筋骨架纵向每2.5m布置一道。

齿板之间采用[10 型钢进行连接。墩身胎架构造图如图 3-23 所示。

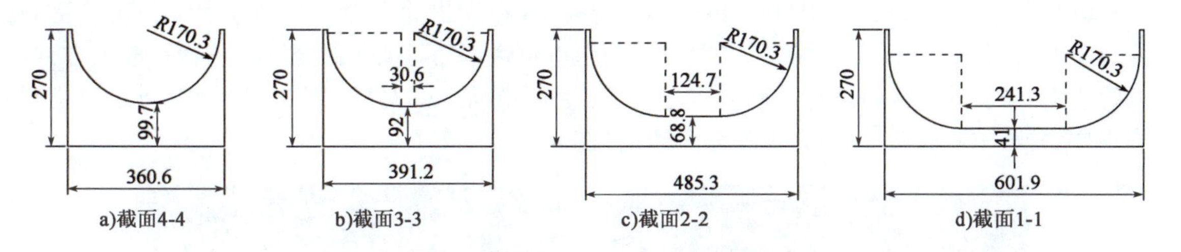

图 3-23 墩身胎架构造图(尺寸单位:cm)

钢筋骨架在钢筋胎模上加工,墩身骨架分节与浇筑分节一致,直线段最大分节长度 12m(主墩最大分节长度为 6m),通过胎架长线法匹配施工分节钢筋笼,采用直螺纹套筒进行连接。曲线段钢筋笼制作时根据胎膜架上的定位销,先将胎架上的主筋定位放置好,一端顶牢钢挡板对齐,保证垂直度。钢筋接头必须错开布置,保证同一断面钢筋接头数不超过钢筋数量的 50%。所有主筋放置到位后,也即完成了钢筋笼一半截面的主筋安装,在每道胎架位置处的主筋内侧焊接 ϕ32mm 钢筋制作的劲性骨架,在劲性骨架的上半部分与胎架定位销对称标记主筋的位置,然后对钢筋笼上半部分的主筋劲性定位焊接。所有主筋在劲性骨架上安装完成后,再安装箍筋。曲线段骨架加工及钢筋骨架成品如图 3-24 所示。

图 3-24 曲线段骨架加工及钢筋骨架成品

(3)钢筋骨架安装

对于单桩独柱的圆柱墩,预埋钢筋通过接桩预埋。桩基质量检测合格后,凿除桩头至设计桩顶高程下 3m。清除混凝土碎渣，调直桩基钢筋并绑扎桩基箍筋。测量人员在桩基顶精确放出桥墩的中心点和水平纵桥向和横桥向轴线位置，并在钢护筒上沿墩身轴线焊 4 条定位钢筋进行定位。钢筋骨架运至现场后，采用履带式起重机将钢筋骨架起吊至墩身预埋钢筋上方，对正后缓慢下放，边下放边调整钢筋笼水平位置，保证主筋准确对接（图 3-25）。钢筋笼位置调节到位后，对称依次转动套筒，进行套筒连接（图 3-26）。

图 3-25　低墩钢筋骨架安装

图 3-26　高墩钢筋骨架分段机械连接

套筒接头检验合格后，绑扎搭接段的箍筋等钢筋和混凝土垫块。混凝土垫块采用与墩身混凝土等强度的矩形保护层垫块，垫块相互错开、分散布置，每平方米不少于 3 个，可根据实际需要适当加密。

（4）模板制作

圆柱墩身模板按照墩身截面形式分成 1/4 圆、高度分节设计，总体结构形式为加劲面板背檩,模板直径有360cm和320cm两种规格,高度有标准3m段和非标准调节段。曲线段模板结构形式与直线段相同,高度方向按3m分节。墩身模板设计考虑的主要参数有:混凝土浇筑高度、混凝土初凝时间、混凝土浇筑温度以及浇筑持续时间。

施工过程中需密切监视施工场址附近地区的天气预报,对需要增设抗风缆绳的工况,提前落实抗风缆绳的墩身及地锚固结点。抗风缆绳一旦安装,必须张拉到位。位于风速大于35m/s的强风区、高度大于30m的高桥墩,需重点做好墩模抗风措施。为确保混凝土浇筑的连贯性,可在模板顶部段增设适当的"井"形或"田"形平联,既可增加墩模刚度,又可对混凝土的养护起到一定的保护作用。

非通航孔墩身共投入5套模板。其中,50m连续墩墩身1套,50m过渡墩墩身1套,70m连续墩墩身2套,70m过渡墩墩身1套。非通航孔墩身模板节段可分为曲线段3m(分2段),直线段3m、1m、50cm、25cm、20cm、10cm多个调配节段,根据墩身设计高程现场进行合适地调配(图3-27)。

a)低墩模板整体安装

b)高墩模板分段安装

图3-27 模板安装

(5)混凝土浇筑

非通航孔桥双曲面墩身采用C40海工耐久性混凝土。每一标准节墩身(6m)混凝土用量最大为68.28m³,计划浇筑时间为4~5h,浇筑速度为10~20m³/h。严格控制混凝土的坍落度,确保混凝土可泵性强、和易性好,并保证混凝土表面颜色一致。

混凝土强度达到2.5MPa后即可拆模。模板拆除后,首先检查混凝土表面是否存在外观质量问题,外观检查完毕后,采取喷淋养护,保证墩身保湿养护不少于15d。

优化混凝土配合比以降低水化热反应,同时各拌和楼配置水冷螺杆式冷水机组(冷冻水温0~5℃,流量30m³/h),将混凝土入模温度控制在25℃以下。

墩柱高程+9.0m以下采用硅烷涂装(图3-28)。为最大限度地渗透到基底,应在干燥表面施工,等到基材表面干燥后再进行硅烷施工。下雨或有强风或强烈阳光直射时不得涂喷硅烷。硅烷检测及验收评定参照《海港工程混凝土结构防腐蚀技术规范》(JTJ 275—2000)。

图 3-28　墩身硅烷浸渍施工

3.3 非通航孔桥主梁施工技术

非通航孔桥采用中等跨径连续梁桥,可选择施工方案通常有整孔预制整孔吊装、节段预制拼装、移动模架逐孔现浇、挂篮对称悬浇等。整孔预制整孔吊装方案对预制场地和施工设备要求均较高,需要采用大吨位浮吊吊装主梁,适用于水深条件好、非通航孔桥长度大的情况。岱山侧非通航孔桥长约 2.92km,水深在 5m 以内,不具备大吨位浮吊作业的水深条件,无法采用整孔吊装施工方案。如仅深水区采用整孔吊装方案,则设备利用率低,单片梁施工成本高且不利于全桥施工组织。因此,综合考虑工程规模、建设条件和施工组织等因素,非通航孔桥不考虑采用整孔预制整孔吊装方案。

就建设条件而言,节段预制拼装方案、移动模架逐跨现浇方案和挂篮对称悬浇方案均具有可行性。对以上三个方案的优缺点进行综合比较,见表 3-5。

非通航孔桥施工方案综合比较表　　表 3-5

项　目	施工方案		
	节段预制拼装	移动模架逐跨现浇	挂篮对称悬浇
适用跨径(m)	40 ~ 80	30 ~ 55	50 ~ 80
预应力体系	可采用体内、体外相结合的预应力体系,可以减小主梁断面尺寸,降低上部结构自重	采用体内预应力,主梁断面尺寸相对较大	采用体内预应力,主梁断面尺寸相对较大

续上表

项　目	施工方案		
	节段预制拼装	移动模架逐跨现浇	挂篮对称悬浇
施工质量	箱梁节段在预制厂内预制，现场施工机械化程度高，受天气干扰因素少，可有效保证施工质量	主梁为现浇施工，所有施工工序均在移动模架内完成，天气干扰因素相对较少，施工质量容易保证	主梁依托挂篮逐段悬臂现浇，施工工序多，在海洋环境下，施工质量不易控制
施工设备	该工法在国内已广泛采用，现有施工设备多，设备加工及采购方便	该工法在国内已广泛采用，现有施工设备多，设备加工及采购方便	该工法在国内已广泛采用，对施工设备的要求低，设备加工及采购方便
施工难度	施工方法成熟，难度小	施工方法成熟，难度小	施工方法成熟，但边跨需搭设水中施工支架，施工难度相对较大
施工风险	装配化施工，现场施工时间短，现场施工组织管理方便，施工风险小	机械化施工，但现场施工时间长，现场施工组织管理有一定难度，施工风险相对较大	施工机械化程度低，现场施工时间长，必须多点同步施工，现场施工组织管理难度大，施工风险大
施工速度	单跨施工时间10～12d，施工速度快，施工工期易于保证	单跨施工时间15～18d，需增加施工设备数量方能满足工期要求	单跨施工时间最长，必须多点同步施工方能满足工期要求
对建设条件的适应性	桥位处水运条件好，预制梁段运输方便，对建设条件的适应性好	大量的施工材料、水、电均需通过栈桥运输，大型临时设施投入大，对建设条件的适应性一般	大量的施工材料、水、电均需通过栈桥运输，边跨必须在水中搭设施工支架，大型临时设施投入量最大，对建设条件的适应性较差
结构耐久性	采用全预制安装，避免了海上混凝土的浇筑和养护，结构耐久性好	现浇施工，受海上自然条件影响较大，结构耐久性良好	现浇施工，挂篮受海上自然条件影响大，结构耐久性较好
比较结论	推荐方案	比较方案	比较方案

通过对比可见，节段预制拼装方案在施工质量、施工速度、施工风险、对建设条件的适应性等方面明显具有优势。同时，节段预制拼装结构具有更好的耐久性，更加适应海上施工、安装和运营。因此推荐采用节段预制拼装方案。

50m节段梁预制拼装施工典型工序为：

①在预制场内进行主梁节段预制，梁段预制完成后要求在预制场内存放3个月以上。

②安装架桥机，架桥机中支腿撑于墩侧托架。

③安装主梁支座。

④选择水深满足全天候运梁区段，依托栈桥设置提梁站，浅水及滩涂区梁段船舶水运至提梁站后利用门式起重机提升至已架设好的主梁顶面，采用梁上运梁方式运送至架桥机工作面处。

⑤吊装箱梁预制节段，在节段接缝处涂上环氧树脂。

⑥节段安装到位，进行临时预应力张拉，重复上述步骤至本联首跨施工完成(此时相邻墩顶的节段均已安装)。

⑦张拉简支状态下的体内预应力，将已张拉完毕的本跨箱梁放置到支座上，完成本跨箱梁简支状态梁段拼装。

⑧移动架桥机至下一桥跨，重复上述步骤进行施工，直至本联各跨箱梁的拼装施工及墩顶浇筑。

⑨将架桥机移动至下一联,张拉本联体外束,完成本联箱梁施工。

70m 节段梁预制拼装施工典型工序为:

①安装主桥支座和临时支座,用浮吊安装墩顶块,与桥墩临时锚固。

②安装架桥机,架桥机支腿支撑在墩顶块上。

③T 构对称的两个节段通过船舶运输至架桥机下,架桥机天车起吊对称的两个节段,在节段接缝处涂上环氧树脂。

④节段安装到位,进行临时预应力张拉,环氧树脂强度达到设计要求后,张拉悬拼预应力束,重复上述步骤至本 T 构悬臂施工完成。

⑤移动架桥机至下一桥墩,重复上述步骤进行 T 构悬臂拼装施工。

⑥前跨 T 构施工完成后,起吊合龙段,用劲性骨架进行固定,张拉临时预应力,浇筑湿接缝。

⑦边跨将剩余节段按顺序由天车逐一吊起并悬挂在吊挂吊具上,在节段接缝处涂上环氧树脂。

⑧节段安装到位,进行临时预应力张,安装跨间湿接缝模板并进行混凝土浇筑。

⑨当湿接缝混凝土强度达到设计要求时,拆除模板,张拉边跨预应力束。

⑩当一联箱梁安装完成,同时现浇部分混凝土达到设计要求强度后,张拉本联体外束。

3.3.1 节段梁工业化预制技术

目前,节段梁预制技术日趋成熟,在我国桥梁工程中获得了广泛应用。本项目在借鉴已有经验基础上,结合项目自身特点和需求,对公路桥梁节段梁预制技术进行了系统性提升,取得了明显的工程实效。其中,50m 主梁安装合龙最大误差为 9mm,70m 跨最大合龙误差为 10mm;墩身保护层(误差 0 ~ +5mm)合格率为 90%,节段梁保护层合格率为 97.8%。

(1)节段梁短线匹配法线形控制体系

节段预制拼装的连续梁桥或连续刚构在梁段浇筑完成后出现的误差,除张拉预备预应力索和增加三角形楔形块进行调整外,基本没有调整的余地,只能针对已有误差在下节段的理论高程上进行必要的调整。为此,建立了短线施工全过程数字化几何控制体系,即在前期分析、梁段预制和梁段拼装各施工控制阶段中,始终坚持在保证安全的前提下,以几何控制为主、内力控制为辅的原则进行线形控制。

在前期分析阶段,开展深入细致的结构分析。首先计算构件无应力长度,再通过施工全过程反复计算,得到每个施工阶段的理想状态,确定安装线形。

在预制阶段,严格控制制造精度,并按照无应力线形进行梁段试拼,调整结合断面的角度。同时将实际测量得到的梁段制造几何参数及其误差输入施工控制数据库中,并根据这些数据对匹配预制及施工控制计算模型进行修正,以防止由于误差积累对后续实时控制产生较大影响。

在拼装阶段,根据实测安装几何线形并结合梁段的制造情况,对桥梁的成桥几何线形进行预测,以达到对梁段安装的调整进行决策的目的。在短线法节段预制过程中,为便于测量待浇梁段及配合梁段的测点坐标,每一预制梁段须设置 6 个控制测点,如图 3-29 所示。

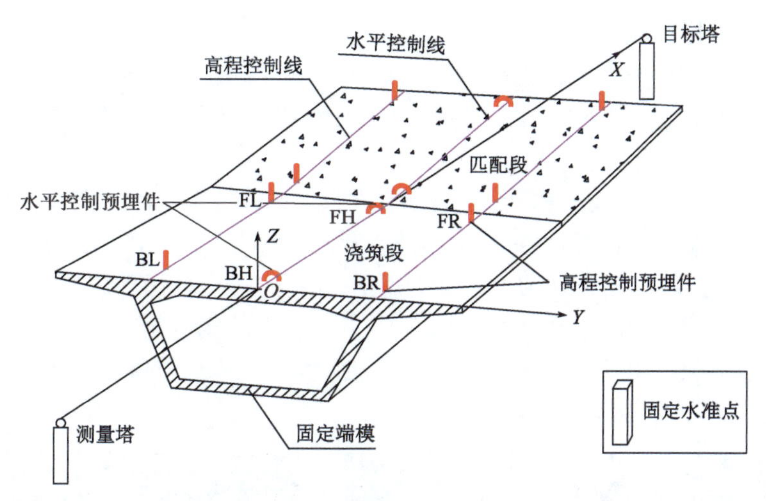

图3-29 预制阶段控制点及控制线的布设

(2)测量控制点

鱼山大桥测量控制点采用专业测量构件,在梁顶面和侧面设置高精度的预埋件(图3-30)为梁段拼装提供准确的数据保障。采用该技术测点更加稳固、规范,浇筑前即可安装定位,不用等到混凝土凝固时再插入测量钉;同时以构件为参照物,可快速完成节段梁的初拼,且与高精度水准仪测量一起对梁段预制进行有效双控。

图3-30 端模、匹配梁段测量控制点预埋件

(3)钢筋精加工控制技术

预制厂采用了工业化生产流水线布局,从预制内部到靠海码头按照节段梁预制生产工艺顺序,依次设置钢筋半成品加工厂、钢筋骨架胎架法绑扎区、制梁台座区、节段梁养护区、存梁区及出梁码头。每个生产区的功能区域、安全通道、防护、标识等都进行标准化管理。

钢筋在专用加工厂制作成半成品,编号分类堆存。采用全自动数控钢筋剪切下料中心及钢筋弯曲中心,加工精度达到 ±1.5mm/m,角度偏差为 ±1°。同时可以将钢筋细部图通过二维码扫描输入数控弯曲中心(图 3-31),在保证生产效率的同时,也能够有效地保证施工质量。每台设备操作人员只需 2 人,生产产量可达 2.0t/h。半成品实行超市仓储化管理(图 3-32),不同规格尺寸放置于不同的货架,并设置货架信息牌及二维码信息牌。按照统一配送制度,钢筋骨架绑扎工人按需求领取不同种类的钢筋。

图 3-31 数控设备钢筋加工

图 3-32 钢筋半成品超市化存储

(4)体外索预埋件精度控制技术

体外索预埋件定位胎具摒弃传统的拉线定位的方法,将以往的拉线定位等“柔性”定位法,转换成了“刚性”定位法。定位胎具主要由 3 个定位基座和 1 个定位标尺组成,定位基座用于控制预埋件的 Z 坐标,定位标尺用于控制预埋件的 X、Y 坐标。首先根据体外索预埋件位置参数坐标设计和加工好定位基座和定位标尺,并将定位刻度尺准确粘贴在定位标尺上。然后根据需预埋转向器的定位坐标组装定位胎具系统。组装时先将定位基座定位在原有钢筋绑扎胎具上,然后根据节段梁的中心线放置定位标尺。胎具系统组装完成后,即可直接根据标尺读数定位转向器,如图 3-33、图 3-34 所示。

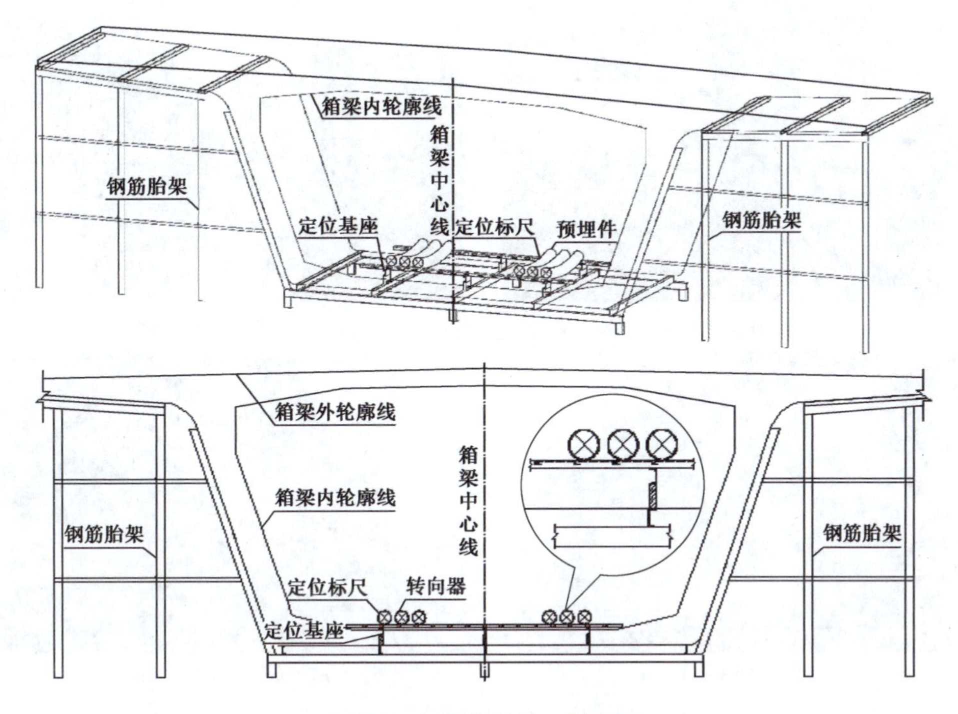

图3-33 专用定位胎具工艺原理图

图3-34 专用定位胎具

(5)预应力管道充气橡胶棒成孔技术

橡胶棒采用氯丁橡胶、天然橡胶与锦纶布先期合成，后用硫化工艺制成，既有很好的抗胀强度，又具有弹性和柔韧性，抗高温并有良好的脱离性。利用橡胶棒的高分子特性与高强度纤维布硫化而成的一种可膨胀、收缩的特性，将橡胶棒作为预应力波纹管管道的内衬管，防止波纹管受外部压力变形扭曲或破损后堵塞管道。首先计算橡胶棒长度，将橡胶棒通入波纹管内，接着打开橡胶充气气囊阀门充气到规定压力，使橡胶棒膨胀与波纹管完全密贴，然后浇筑混凝土，待混凝土初凝后，打开阀门放气，抽出橡胶棒即可，如图3-35所示。

a)充气橡胶棒插入

b)充气橡胶棒充气

c)充气橡胶棒使用中

d)充气橡胶棒放气拔出

图 3-35　充气橡胶棒施工过程图

(6)节段梁预制尺寸精度控制技术

节段梁模板采用了高精度、大刚度、液压式模板系统,由模板厂家制造。短线法箱梁节段预制的模板系统分为底模系统、外侧模系统、端模系统、内模系统,如图 3-36 所示。底模系统由 (6+2)mm 不锈钢复合钢板底模面板、型钢支架、底模台车和轨道组成,底模台车可在轨道上高精度定位底模的位置,确保匹配精度,如图 3-37 所示。外侧模系统由(6+2)mm 不锈钢复合钢板面板、型钢背支架和螺杆伸缩系统,通过液压油缸系统推动螺杆伸缩使外侧模开合,实现高精度调整外侧模的安装,确保节段梁的尺寸精确和腹板的保护层厚度,如图 3-38 所示。端模系统由 12mm 钢板和高刚度型钢支架组成,高刚度型钢支架系统牢固支撑端模板防止其变形,确保节段横断面尺寸的精确,为下一个节段提供高精度的匹配面,如图 3-39 所示。内模系统由 8mm 厚钢板、加强背檩板、型钢支架和螺杆伸缩系统,通过液压油缸系统推动螺杆伸缩使内模开合,实现高精度调整内模的安装,如图 3-40 所示。

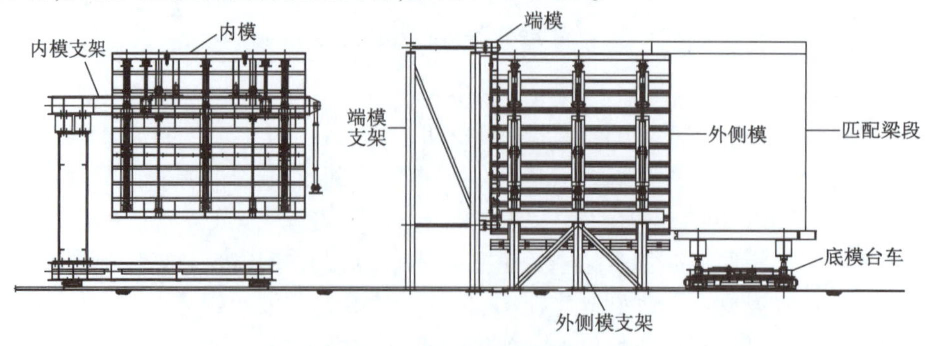

图 3-36　非通航孔模板系统示意图

图 3-37　底模系统

图 3-38　外侧模系统

图 3-39　固定端模系统

图 3-40　内模系统

(7)节段梁“毫米级”精度控制技术

节段梁施工的关键在于精度控制,为实现毫米级精度控制的目标,项目将毫米级精度理念、智慧型管理深入节段梁预制安装的每一道工序当中。从工艺方法、设备选型、原材料控制、质量管控等方面对每道工序进行“精度再升级”。主要采取以下措施:

①利用有限元分析软件对台座受力特性进行分析,模拟台座实际受力情况,并对台座预压消除其非弹性形变。

②对测量塔及台座基础、液压模板、存梁基础等关键性部位,进行定期和不定期的全过程沉降监测。

③采用德国进口徕卡 0.5″级高精度全站仪以及徕卡 LS15 型 0.5mm 级电子水准仪;优化测量预埋件,为监控测量提供恒定点位和稳定数据,同时采用“六点法”测量方法,提高测量精度。

④配置高精度钢筋加工数控设备。钢筋半成品采用意大利进口迈普(MEP)钢筋加工数控设备(图 3-41),加工精度为 ±1.5mm/m,角度偏差为 ±1°。

⑤钢筋安装时全部使用定位胎具,对底板、腹板和顶板处钢筋安装进行限位,误差可控制在 2mm 内,另辅以拉线、靠尺等辅助手段进行定位(图 3-42)。

图 3-41 MEP 钢筋数控加工、专用检测大样

图 3-42 节段梁保护层入模前、后专项检查

⑥为了将各类预留埋件准确定位,编制了专用清单和图册由专职检验人员负责逐项落实,并制作预埋限位胎具,将预埋精度控制在 3～5mm 内。

⑦针对腹板箍筋半成品加工质量,研制了专检平台,可快速地检测不同腹板厚度对应的箍筋尺寸和角度,并辅以数显角度尺进行复核;梁体的钢筋骨架入模前由专职检验人员检测,入模后使用潜望镜进行专项检测,合格率均需达到 100%。

⑧混凝土浇筑顶面高程采用水平靠尺依据模板高度进行抹平。

⑨利用建筑信息模型(Building Information Modeling,BIM)技术,对钢筋加工下料、管道碰撞、节段预制线形进行模拟,指导施工。

(8)节段梁混凝土养护技术

针对传统养护棚罩温湿度不稳定及抗风效果差、养护不能连续进行以及施工效率和质量难以保证的缺点,研制了一种自行式双层叠合屋盖养生房(图 3-43、图 3-44)。养生房除了由常规的基础、梁柱系统、支撑系统和屋盖系统组成外,主要设置了滑移系统、抗风装置、限位装置和电气系统。通过搭设自行式双层叠合屋盖养生房,既可保证养生房内温湿度稳定,又能满足梁体吊装便捷进出养生房的要求。

(9)节段梁运输施工技术

鱼山大桥栈桥外边线与主桥的翼缘板投影线距离仅为 2m,受限于栈桥和船舶移动空间有限,架桥机仅能吊起位于船头的 2 榀梁段(图 3-45)。为解决节段梁起吊空间不足和单艘船舶运输能力偏低的问题,运用了节段梁滑移起吊的施工技术,其原理为通过滑移装置的牵引和滑移系统，将船尾的 C/D 梁段滑移至原船头的 A/B 梁段位置进行起吊和安装，解决了船舶运输和吊装空间不足的问题。

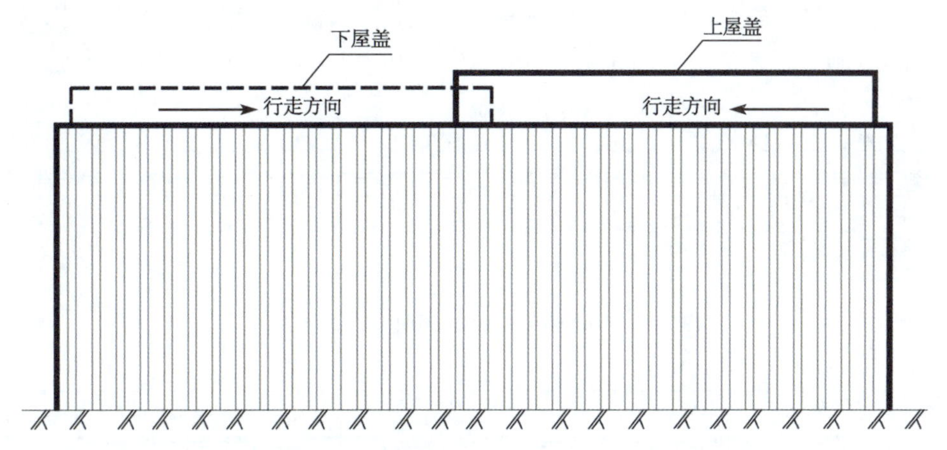

图 3-43 自行式双层叠合屋盖养生房设计图

图 3-44 自行式双层叠合屋盖养生房使用及节段吊装照片

图 3-45 节段梁运输滑移系统

3.3.2 节段梁装配化拼装技术

(1)50m 跨节段梁逐孔拼装

岱山侧非通航孔桥 50m 跨径布置为 3m ×(4 ×50)m +2 ×(5 ×50)m，鱼山侧非通航孔桥跨径布置为5×50m+3×(4×50)m+2×50m，均为连续梁体系。标准跨结构形式如图3-46、图3-47所示。其中，边跨分为B1～B16共16个节段，中跨分为Z1～Z15共15个节段，中墩墩顶为DD节段，单节段最大长度3.5m，墩顶预制段长度1.4m。采用节段逐孔拼装，先简支后连续施工工艺，施工工艺流程如图3-48所示。图3-49为50m跨节段梁安装步骤。

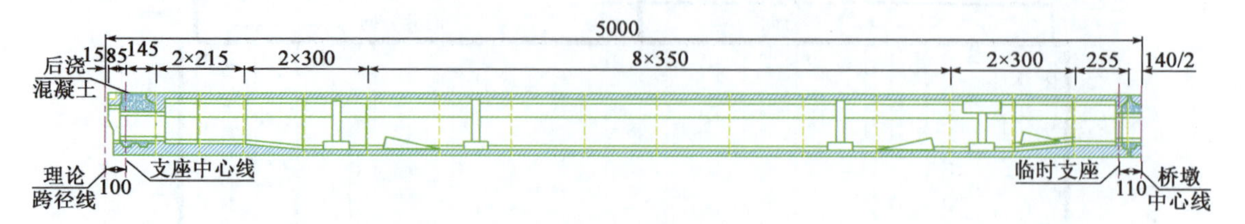

图3-46　50m标准跨边跨立面图(尺寸单位:cm)

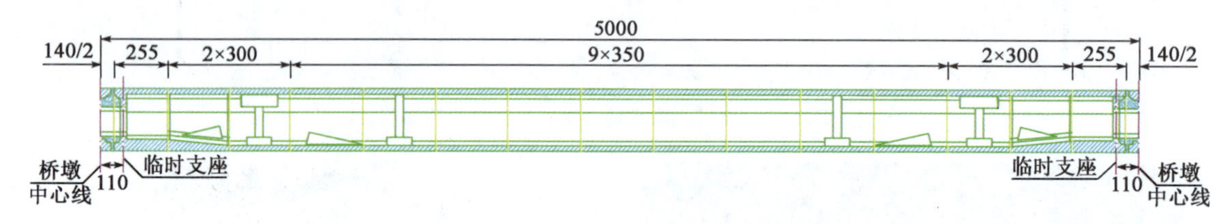

图3-47　50m标准跨中跨立面图(尺寸单位:cm)

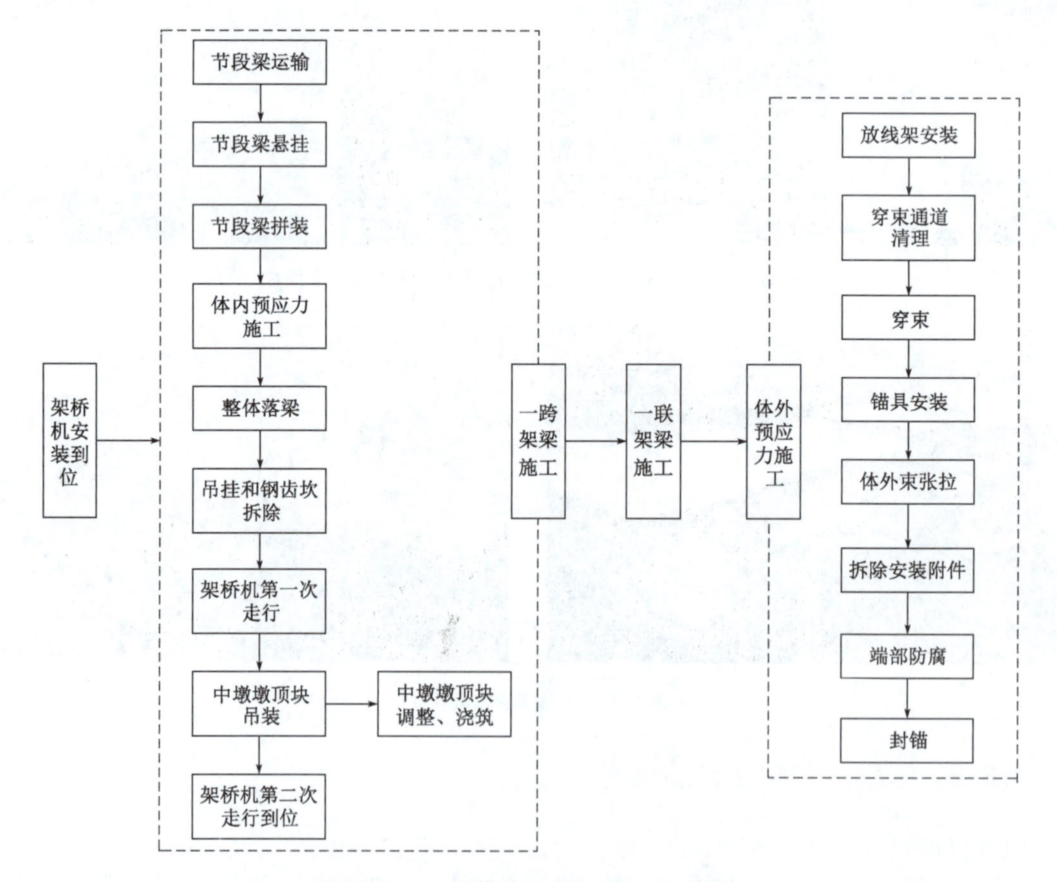

图3-48　50m跨节段梁安装主要工艺流程图

a)节段梁悬挂

b)节段梁拼装

c)体内预应力施工

d)整体落梁

e)拆除吊挂和钢齿坎

图 3-49

f)架桥机过孔

g)中墩墩顶块施工

h)体外预应力施工

i)体系转换

图 3-49 50m 跨节段梁安装步骤

对于 50m 跨径先简支后连续的节段预制拼装施工工艺，在以往的简支变连续施工中，墩顶块均采用现浇工艺，由于现场施工和养护条件制约，且现浇混凝土与预制混凝土存在龄期的差异，墩顶块极易出现裂缝，一方面影响了结构耐久性，另一方面削弱了墩顶块的力学性能。为解决上述问题，创新性地采用了墩顶块外壳预制、内部现浇的方案。

(2)70m 跨节段梁对称悬拼节段

非通航孔桥靠近主通航孔桥两侧深水区采用 70m 跨径，标准联长为 5 跨一联，局部为 4 跨一联。岱山侧非通航孔桥跨径布置为 4×(4×70)m+2×(5×70)m，鱼山侧非通航孔桥跨径布置为 4×(5×70)m+3×(4×70)m+(3×70+64.75)m，如图 3-50、图 3-51 所示。施工采用架桥机对称悬拼施工工艺，施工工艺流程如图 3-52 所示。图 3-53 为 70m 跨节段梁安装步骤。

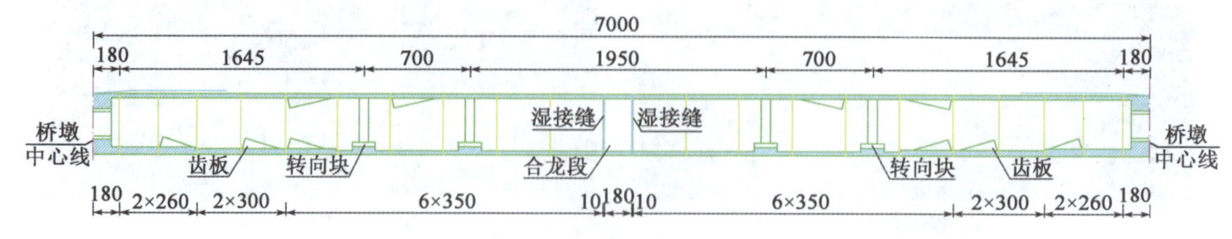

图 3-50 70m 标准跨中跨立面图(尺寸单位:cm)

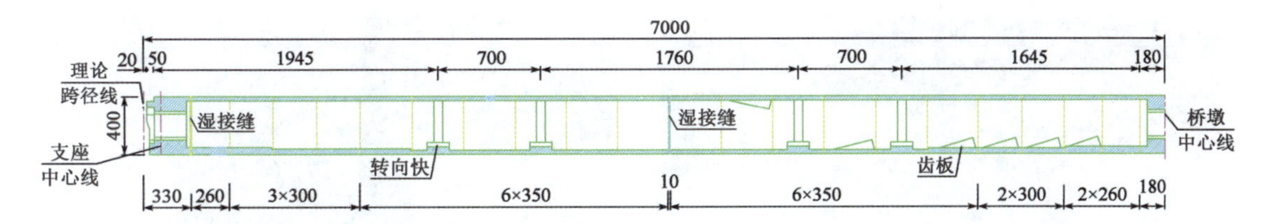

图 3-51 70m 边跨立面图(尺寸单位:cm)

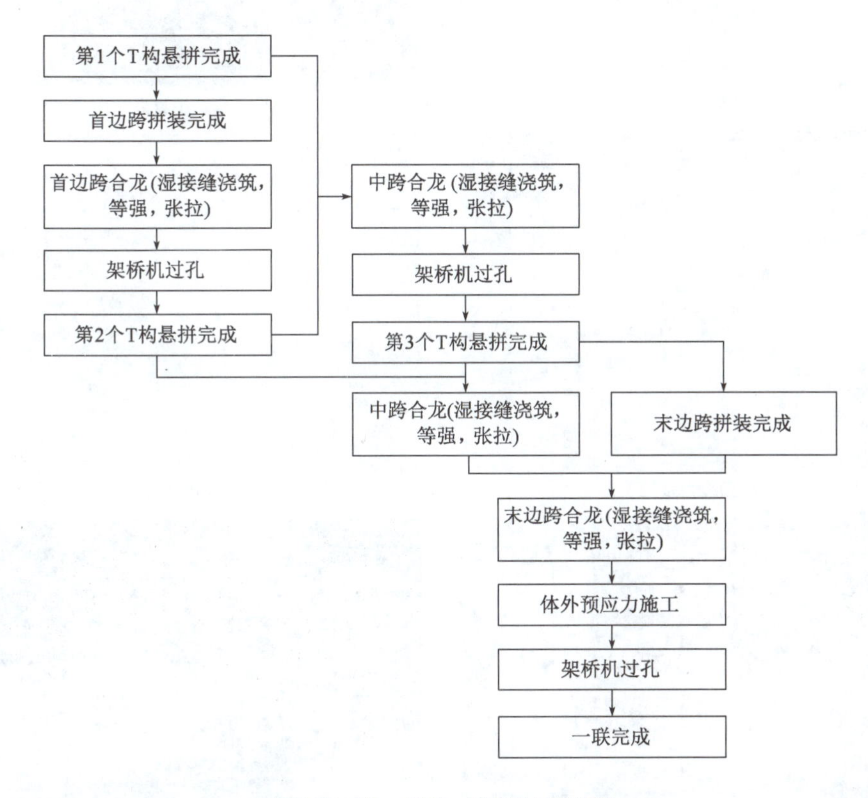

图 3-52 70m 四跨一联施工工艺流程

a)墩顶块安装

b)节段梁起吊

图 3-53

c)吊装试拼　d)胶拼

e)临时预应力张拉　f)体内预应力施工

g)边跨施工　h)合龙段施工

i)体外预应力施工

图 3-53　70m 跨节段梁安装步骤

(3)架桥机过孔安全控制措施

架桥机过孔走行作业无疑是海上节段梁拼装施工过程的最不利安全状态。所谓架桥机过孔是指架桥机由已完成节段梁架设跨位前行至待架跨位的作业过程。过孔时,通过插拔销轴,调整伸缩支腿长度使后辅助支腿及后主支腿脱空,起吊小车将后主支腿倒运到前方墩顶安装好(图3-54),4台起吊天车退至主梁最前端作为配重,同步调整好架桥机的纵向姿态,2个主支腿纵移油缸顶推使主梁前移,前辅助支腿到达前方墩顶并支撑,纵移架桥机主梁到位(图3-55)。

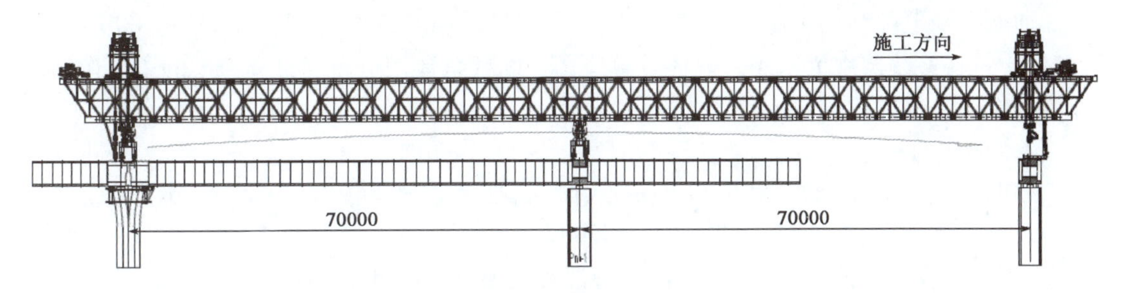

图3-54 后主支腿前移(尺寸单位:mm)

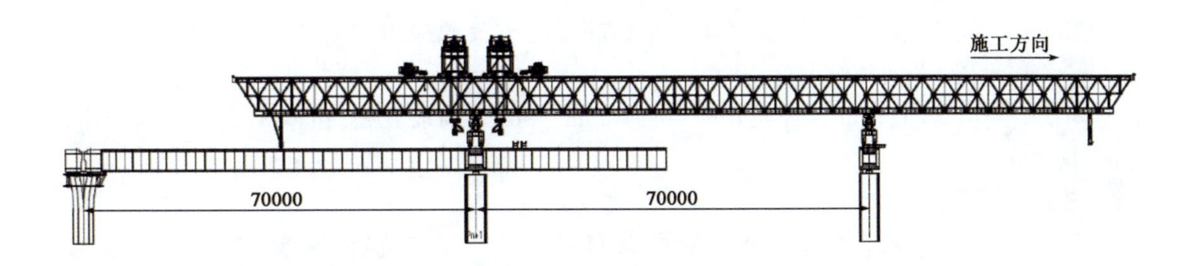

图3-55 架桥机过孔(尺寸单位:mm)

架桥机行走时,4个油缸伸长不同步将会导致桥墩受到很大推力而发生偏移。偏移过大时桥墩底部易损伤。再加上销轴的直径大、长度长、质量大,同时受高空作业和操作空间狭小等条件约束,往往只能由单人操作完成,因此安全隐患问题较为突出。为解决架梁工效和安全隐患的焦点问题,通过改进同步顶推系统,由电气总控台集中控制对应的4台液压泵站子站,采用计算机进行实时监控,使四个油缸的退回和插拔销轴分离,各处人员独立且同步操作,将不同步控制精度在2mm内。按照4点位移同步的原则,根据对应摩擦力的大小调整各点顶推力的大小,从源头上消除水平力对墩身的影响,确保了架桥机安全过孔。

为确保架桥机的安全管理,配备了集传感器、测距仪、风速仪和摄像头为一体的安全监测系统,对架桥机的天车、吊具、主梁挠度和支腿垂直度等构件的安全和技术参数实时监控。该系统实现了临界危险报警和极值主动中断危险操作等功能,并将信息同步发送至相关管理人员。同时,具备了施工现场视频显示和数据保存功能,可远程观察和视频回放,为节段梁架设施工的应用、研究和优化提供借鉴和参考。

3.4 结构性能分析

3.4.1 总体静力分析

非通航孔桥上部结构采用C55海工混凝土，墩身采用C40海工混凝土，桩基采用C40水下混凝土，材料参数按规范取用。总体计算应用空间杆系模型进行。计算考虑的主要作用、取用原则及作用组合如下：

(1)永久作用

①一期恒载：钢材重度为78.5kN/m^3，钢筋混凝土重度为26kN/m^3。按实际断面计算重量。

②二期恒载：桥面铺装近期按10cm沥青混凝土厚度计算重量，远期单侧加厚至13cm；防撞护栏以及其他附属设施(水管、通信管道)按实际重量计算。

③预应力：按实际预应力布置输入。

④混凝土收缩及徐变作用：按照《公路钢筋混凝土及预应力混凝土桥涵设计规范》(JTG D62—2004)计算，平均相对湿度为80%。

⑤基础变位作用：70m非通航孔桥：沉降2cm；50m非通航孔桥：沉降1.5cm；各墩不同时沉降，应取最不利不均匀沉降。

(2)可变作用

①汽车荷载：汽车荷载按公路-Ⅰ级荷载布载；非通航孔桥横向偏载系数通过分析均取1.15。

②汽车冲击力：按《公路桥梁设计通用规范》(JTG D60—2015)规定的方法计算。

③汽车制动力：按《公路桥梁设计通用规范》(JTG D60—2015)规定的方法计算，取值为3.66kN/m。

④温度(均匀温度和梯度温度)作用：混凝土结构体系升温20℃，降温-20℃；混凝土梁梁截面温差效应按《公路桥涵设计通用规范》(JTG D60—2015)第4.3.10条计算，考虑10cm桥面铺装厚度，$T_1=14℃$，$T_2=5.5℃$，负温差按正温差0.5倍考虑；墩柱左右侧线性温差取±5℃。

⑤风荷载：运营阶段设计重现期100年；施工阶段设计重现期20年；成桥状态，基本风速$V_{10}=44.35$m/s；与活载组合时，桥面基准风速按25m/s考虑；施工状态，根据规范采用的风速$V_{10}=44.35\times0.88=39.028$m/s；地表类别为A类，地表粗糙度系数取0.12；静阵风系数G_v均按照《公路桥梁抗风设计规范》(JTG/T D60-01—2004)取值。桥梁基本构件的阻力系数根据《公路桥梁抗风设计规范》(JTG/T D60-01—2004)取值。

⑥支座摩阻力：支座摩阻系数取0.05。

⑦波流力：以《岱山县鱼山大桥工程桥墩局部冲刷与波流力试验研究报告》专题单位提供的鱼山大桥引桥桥墩1/100波流力计算结果为基准，采用多项式拟合来确定不同桩基长度时

的波流力数值。同时,根据该专题成果的规律来确定不同桩径下的波流力。波流力加载情况如图 3-56 所示,加载位置为海面以下至海底。

⑧船撞力:按按船舶撞击力专题研究成果取用。

(3)作用组合

①上部结构

组合 1:恒载 + 汽车。

组合 2:恒载 + 沉降 + 汽车 + 体系升温 + 顶底板正温差 + 运营横风。

组合 3:恒载 + 沉降 + 汽车 + 体系降温 + 顶底板负温差 + 运营横风。

②下部结构

a. 承载能力极限状态

根据《公路桥涵设计通用规范》(JTG D60—2015),承载能力极限状态考虑以下情况(汽车考虑冲击系数):

组合 1:恒载 +0.5 沉降 +1.4 × 主力荷载 +0.75 ×1.4 ×(除船撞和主力荷载外的各项荷载)。

组合 2:恒载 +0.5 沉降 +1.1 × 极限风 +0.75 ×1.4 ×(波流力 +0.5 × 整体温度 +0.5 × 梯度温度)。

船撞组合 1:恒载 + 沉降 + 船撞荷载 +0.7 × 汽车 +0.75 × 有车风 +0.75 × 波流力 +0.8 × 梯度温度 +1.0 ×(整体温度 + 制动力)。

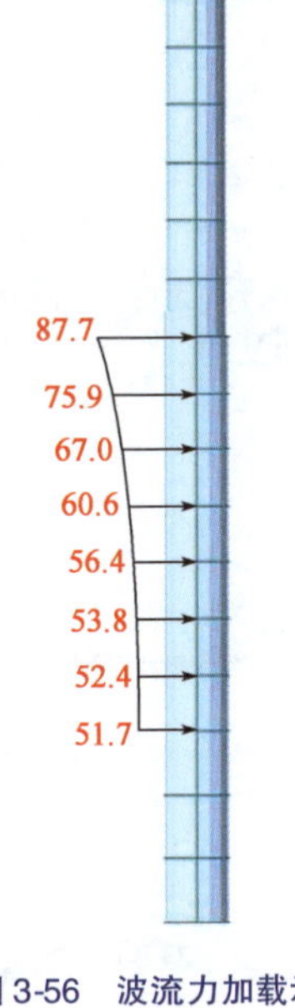

图 3-56 波流力加载示意
(单位:kN/m)

此外,参照美国规范[AASHTO LRFD 2007 SI(4th Edition)]表 3.4.1-1,加入以下船撞组合:

船撞组合 2:恒载 + 沉降 + 船撞荷载 +0.7 × 汽车 +0.5 ×(有车风 + 制动力 + 波流力 + 整体温度 + 梯度温度)。

船撞组合 3:恒载 + 沉降 + 船撞荷载 +0.7 × 汽车 +0.5 ×(波流力 + 有车风)。

考虑到可能的防撞措施,在上述船撞组合基础上将船撞荷载乘以 0.85 的系数。

在计算时,组合 1 和组合 2 的重要性系数取 1.1,船撞各组合的重要性系数取 1.0。

注:组合 1 中的"主力荷载"系指效应最大的作用。

b. 正常使用极限状态

考虑钢护筒的作用,钢护筒内部的桩基不计算裂缝,墩身裂缝按如下组合考虑(汽车不考虑冲击系数,沉降的影响已考虑在恒载组合中):

裂缝组合:恒载 +0.7 × 汽车 +0.75 × 波流力 +0.8 × 梯度温度 +1.0 × 整体温度 +0.75 × 风荷载 +1.0 × 制动力。

3.4.2 总体静力计算

(1)50m 跨径连续梁

主梁结构按照全预应力构件设计并验算,选取标准联 4 跨一联进行结构分析。计算采用 midas 有限元软件,结构的有限元模型如图 3-57 所示,对应于施工过程及构造需要,主梁共离散划分为 70 个单元。边界条件如下:墩 2 与主梁铰接;其余桥墩与主梁采用竖向和横向约束、纵向活动。计算表明结构刚度、正常使用节段抗裂、持久状况应力、承载能力等均满足规范要求。计算结果如图3-58～图3-67所示。

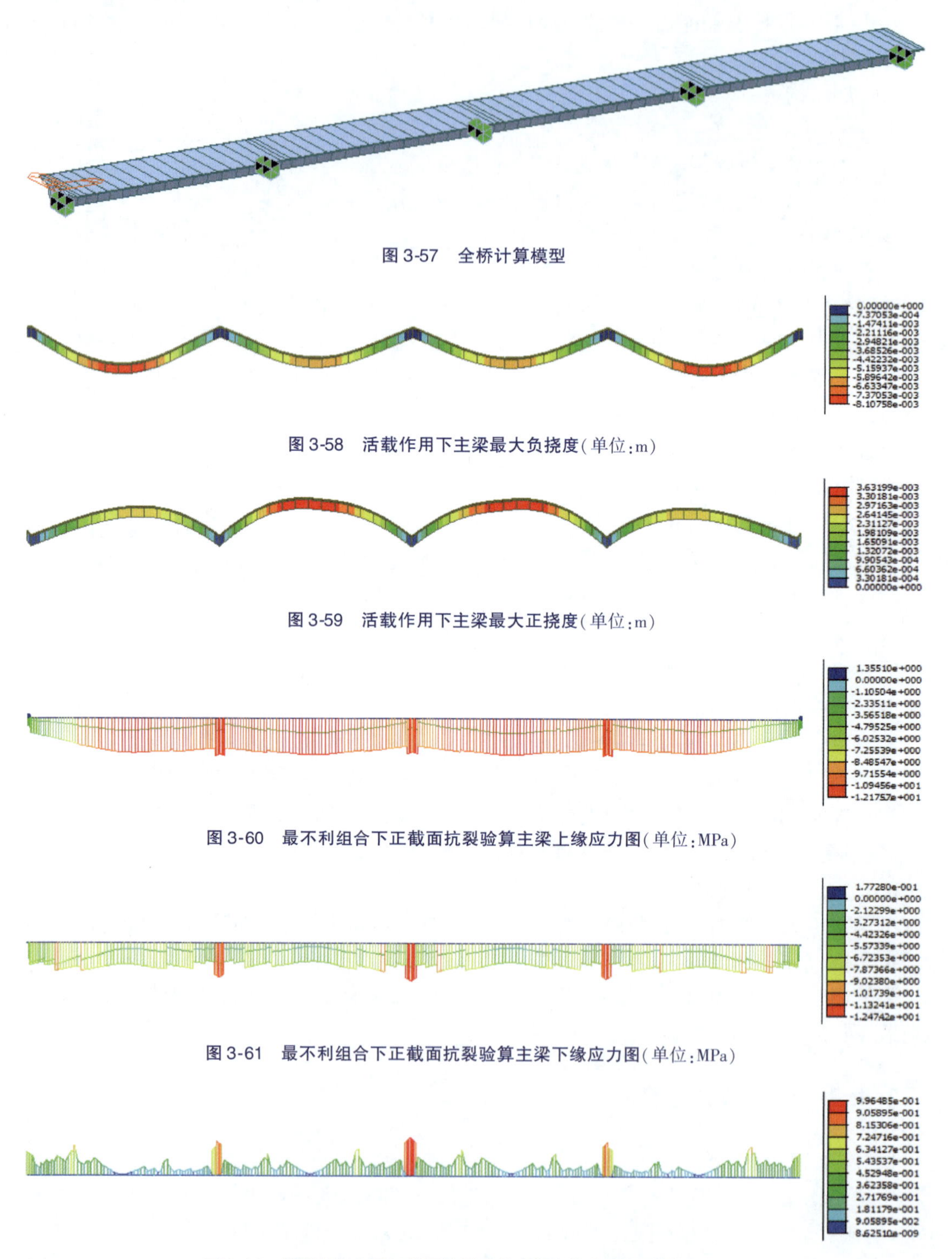

图3-57　全桥计算模型

图3-58　活载作用下主梁最大负挠度(单位:m)

图3-59　活载作用下主梁最大正挠度(单位:m)

图3-60　最不利组合下正截面抗裂验算主梁上缘应力图(单位:MPa)

图3-61　最不利组合下正截面抗裂验算主梁下缘应力图(单位:MPa)

图3-62　最不利组合下斜截面抗裂验算主梁主拉应力图(单位:MPa)

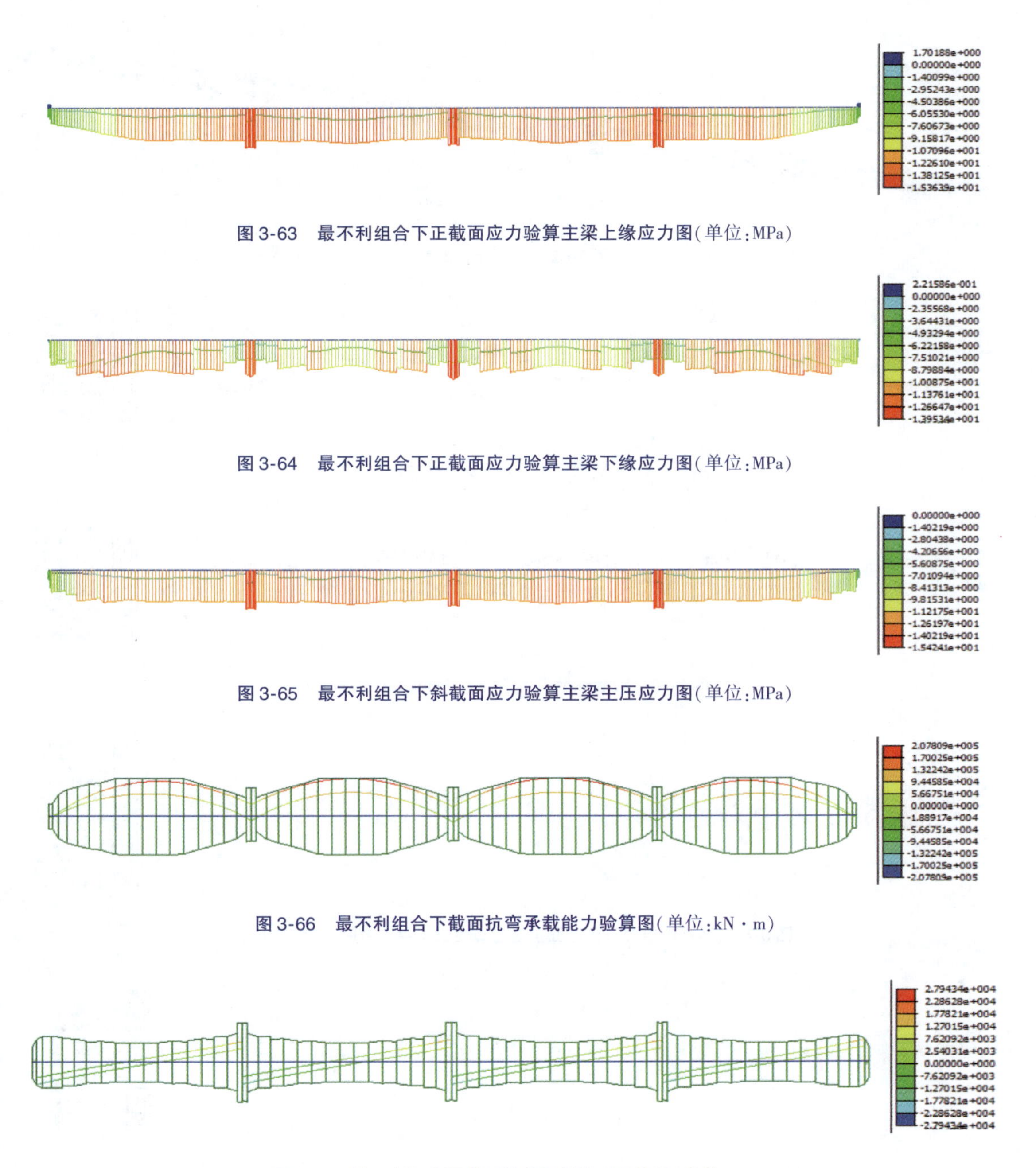

图 3-63　最不利组合下正截面应力验算主梁上缘应力图(单位:MPa)

图 3-64　最不利组合下正截面应力验算主梁下缘应力图(单位:MPa)

图 3-65　最不利组合下斜截面应力验算主梁主压应力图(单位:MPa)

图 3-66　最不利组合下截面抗弯承载能力验算图(单位:kN·m)

图 3-67　最不利组合下截面抗剪承载能力验算图(单位:kN)

(2)70m 跨径连续梁

主梁结构按照全预应力构件设计并验算,选取标准联 5 跨一联进行结构分析。计算采用 midas 有限元软件,结构的有限元模型如图 3-68 所示,对应于施工过程及构造需要,主梁共离散划分为 107 个单元。边界条件如下:墩 2 与主梁铰接;其余桥墩与主梁采用竖向和横向约束、纵向活动。计算表明结构刚度、正常使用节段抗裂、持久状况应力、承载能力等均满足规范要求。计算结果如图 3-69 ~ 图 3-78 所示。

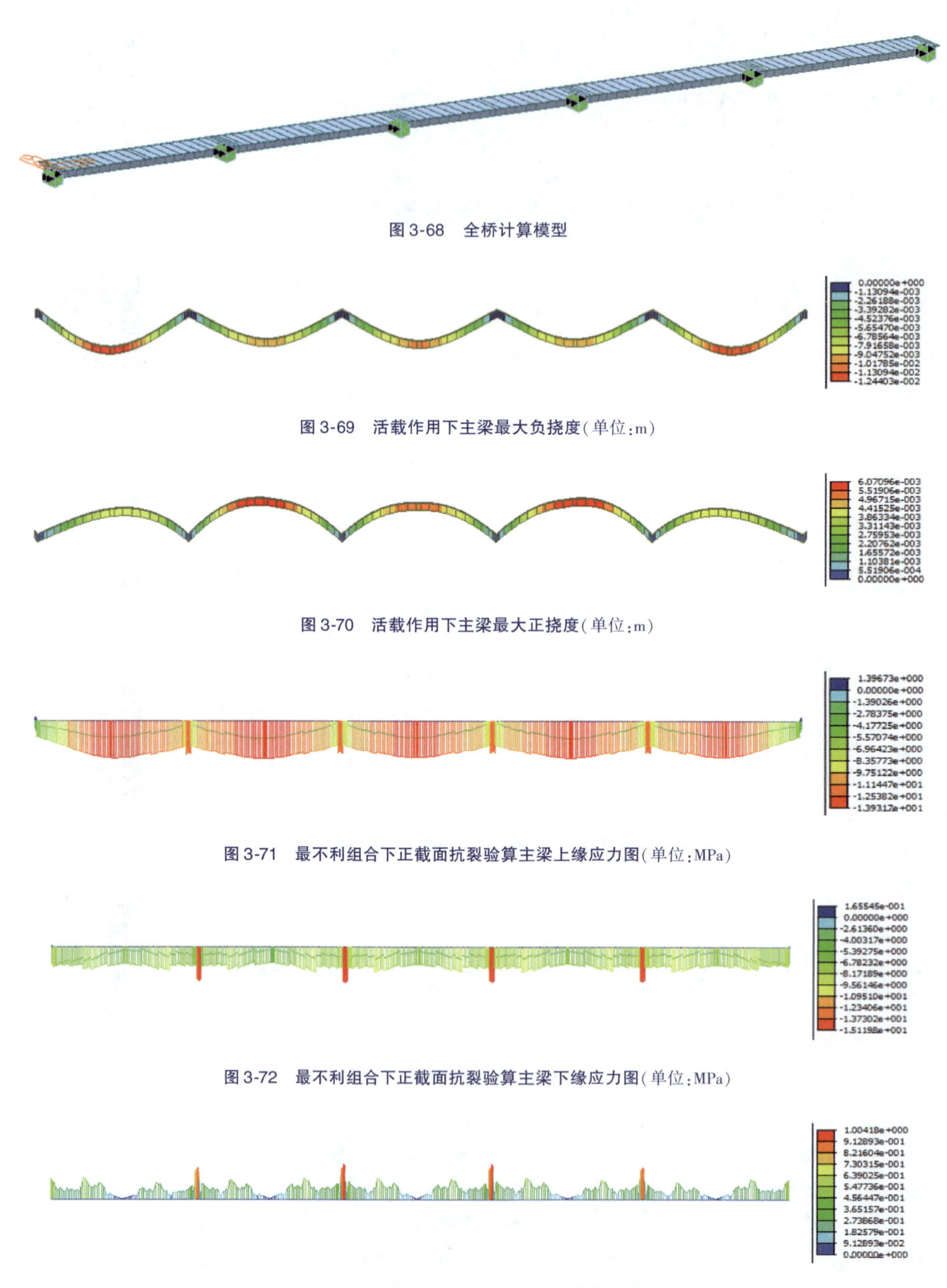

图 3-68 全桥计算模型

图 3-69 活载作用下主梁最大负挠度(单位:m)

图 3-70 活载作用下主梁最大正挠度(单位:m)

图 3-71 最不利组合下正截面抗裂验算主梁上缘应力图(单位:MPa)

图 3-72 最不利组合下正截面抗裂验算主梁下缘应力图(单位:MPa)

图 3-73 最不利组合下斜截面抗裂验算主梁主拉应力图(单位:MPa)

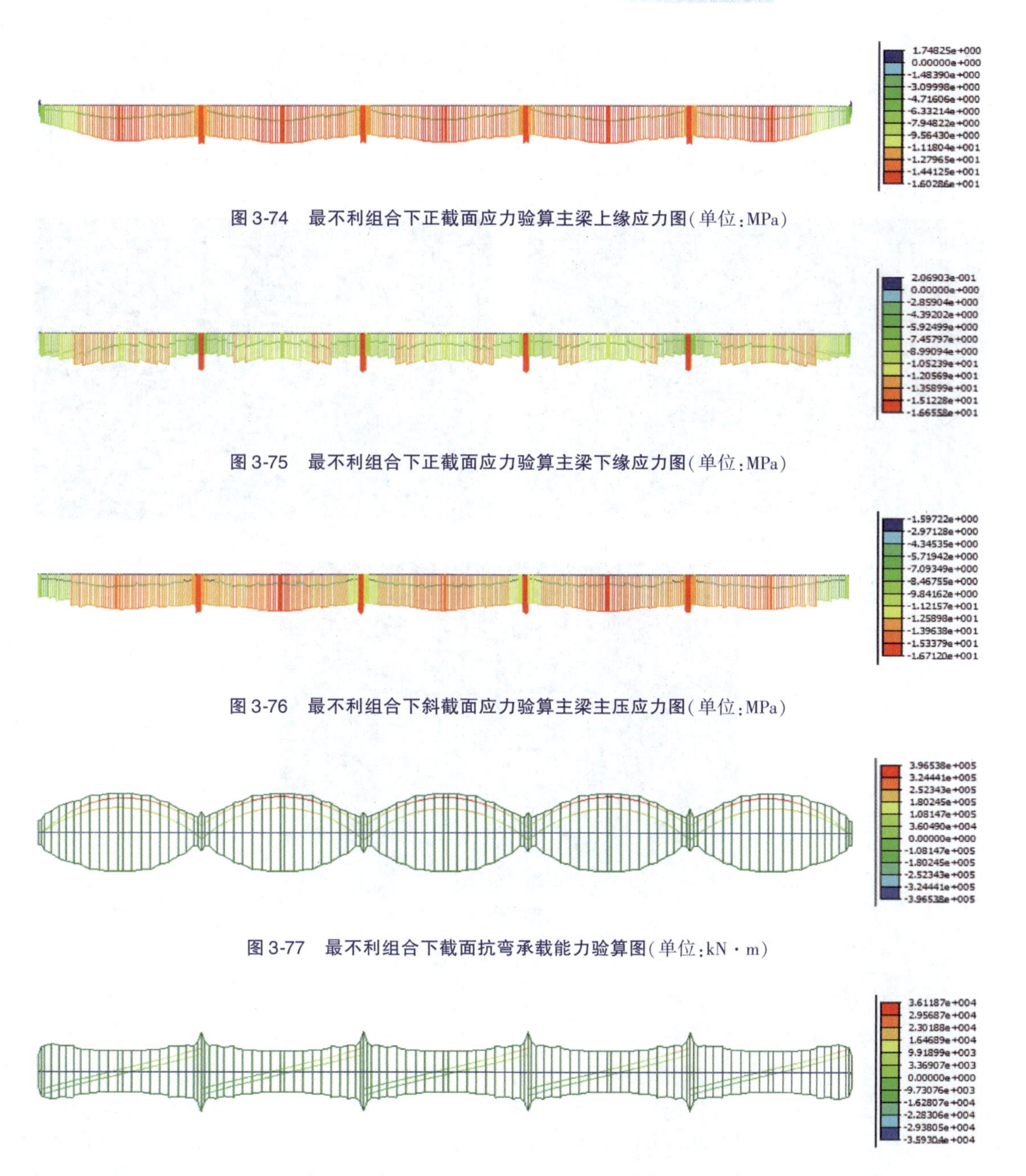

图 3-74　最不利组合下正截面应力验算主梁上缘应力图(单位:MPa)

图 3-75　最不利组合下正截面应力验算主梁下缘应力图(单位:MPa)

图 3-76　最不利组合下斜截面应力验算主梁主压应力图(单位:MPa)

图 3-77　最不利组合下截面抗弯承载能力验算图(单位:kN・m)

图 3-78　最不利组合下截面抗剪承载能力验算图(单位:kN)

3.4.3　超长超大直径钢管复合桩承载特性分析

(1)有限元模型建立

以37号桩为例,建立有限元模型(图3-79)。37号桩采用钢管复合桩,整个桩身分为两部分,上部4m直径有钢管段及下部3m直径无钢管段,桩基总长128m。其中,上部大直径桩段长52m,52m位置处桩基直径由4m突变为3m。钢管内径4m,壁厚3.2cm,钢管材质为

Q345C，桩身混凝土材料为 C40 海工混凝土，桩身配普通钢筋，纵向主筋采用 ϕ40mm 的 HRB400 钢筋，箍筋采用 ϕ16mm 的 HRB400 钢筋。桩侧土体取 25 倍桩直径，即 100m；桩底土体取 1.5 倍桩长，即 192m。根据实际工程，在距桩底 3m 处断开桩体，同时施加向上和向下的荷载，以模拟自平衡试桩法的施载条件。

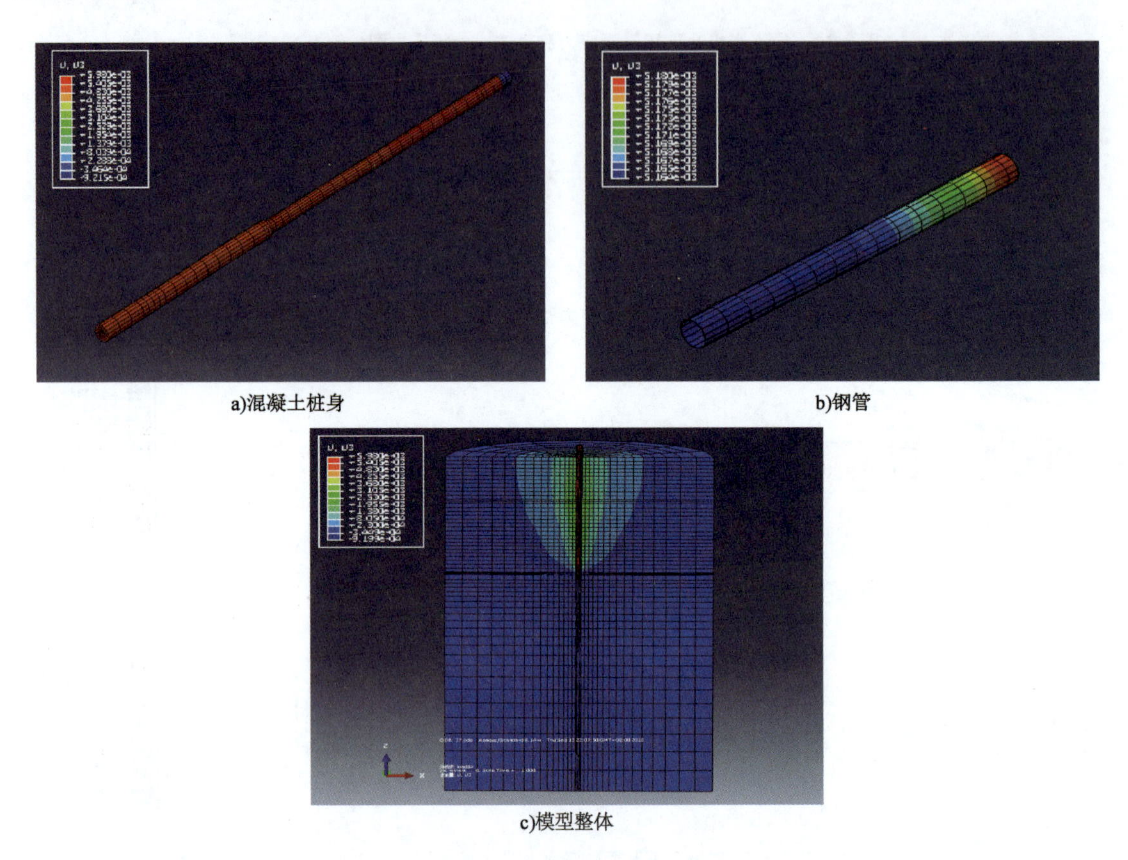

图 3-79 模型竖向位移云图

(2)试桩对比验证

①自平衡试验验证

对 37 号桩施加荷载，测试桩身位移。采用连接荷载箱的压力表测定油压，根据荷载箱率定曲线换算荷载。桩身位移分为桩顶位移、荷载箱上方位移、荷载箱下方位移等测试项目。其中桩顶位移通过电子位移计测试桩顶主筋位移；荷载箱下方位移通过荷载箱下部的位移丝测试；荷载箱上方位移采用伸出桩顶的位移丝 + 电子位移计测量，桩顶位移直接采用电子位移计测量。

图 3-80 ~ 图 3-82 分别是自平衡试验基准桩和基准梁、荷载箱、电子位移计图片。

由加载阶段数值模拟与实测荷载-位移(Q-s)对比曲线可知，荷载箱上、下位移及桩顶的位移数值模拟值与实测值趋势一致，最终位移值相差不多。桩顶位移实测值是 0.35mm，数值模拟值为 0.54mm，相差 0.19mm，如图 3-83 所示；荷载箱上部位移实测值为 5.27mm，数值模拟值为 6.23mm，数值模拟值比实测值大 0.96mm；荷载箱下部位移实测值为 7.58mm，数值模拟值为 7.69mm，两者相差 0.11mm，如图 3-84 所示。自平衡试验与数值模拟反映出的桩基上、下段桩变形均很小，曲线上无陡降拐点，总体来说数值模拟的结果与实测接近，说明建模过程中本构模型选取合理，土层参数、接触模型及计算参数等均较为合理，能够较好地模拟自平衡试验情况。

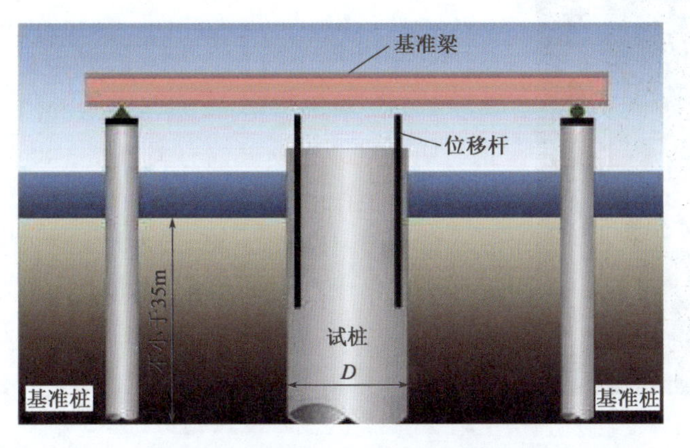

图 3-80　基准桩和基准梁布置示意图

图 3-81　荷载箱图

图 3-82　测量位移用电子位移计

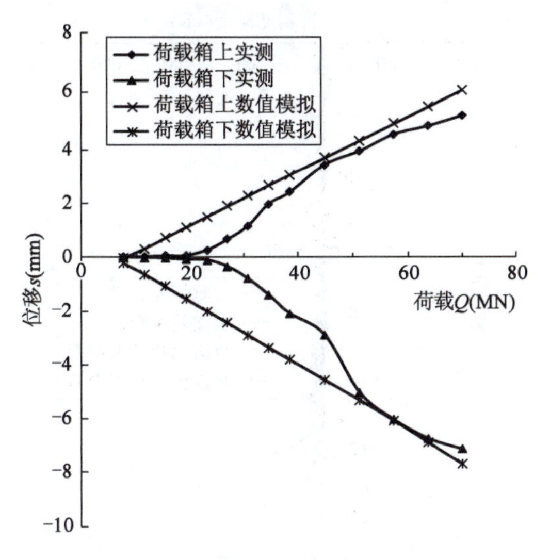

图 3-83　荷载箱上下荷载-位移曲线

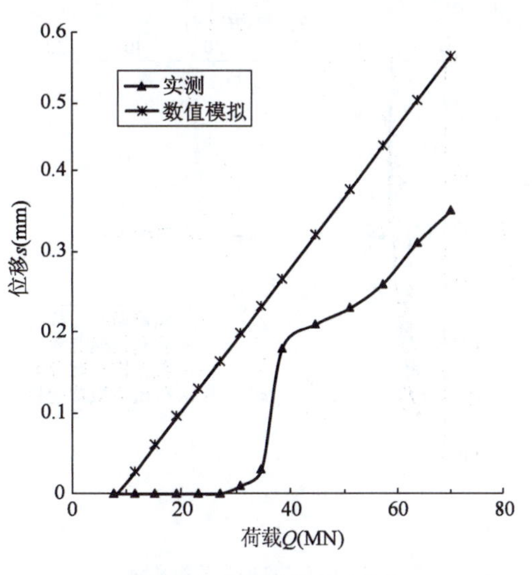

图 3-84　桩顶荷载-位移曲线

图 3-85　光纤绑扎

②光纤监测验证

采用基于布里渊散射光频域分析的分布式光纤感测技术-BOFDA（Brillouin Optical Frequency Domain Analysis）。BOFDA 技术是通过测试复杂的基带来输送运算过程从而推算布里渊散射光频移，该基带函数和沿光纤相向传输的泵浦光与斯托克斯光的振幅有关。图 3-85 ~ 图 3-87 为桩基采用光纤监测实图。

如图 3-88、图 3-89 所示，实测曲线与数值模拟曲线有较好的一致性，数值模拟曲线较为平滑，实测曲线有较多波动，但总体来说所呈现的规律一致，说明数值模拟模型方法正确、参数选取合适，能够很好地模拟桩身实际情况。

图 3-86　光缆预留

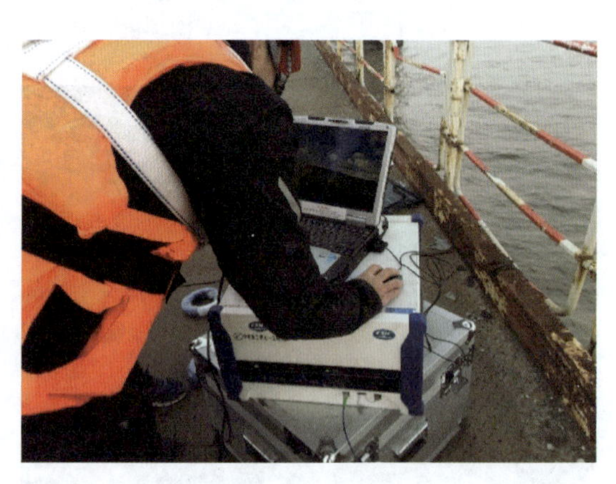

图 3-87　现场监测

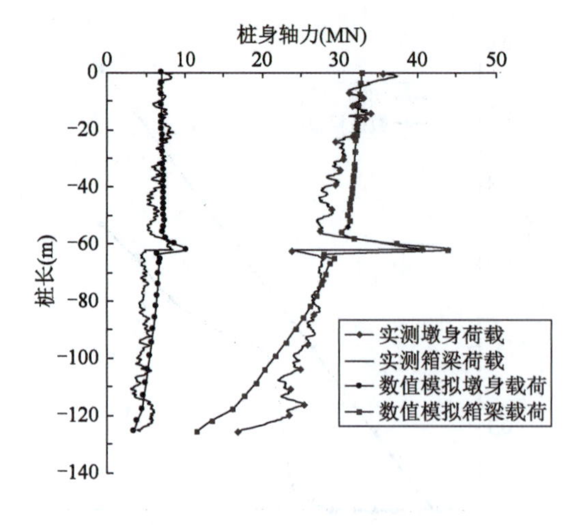

图 3-88　桩身轴力分布曲线

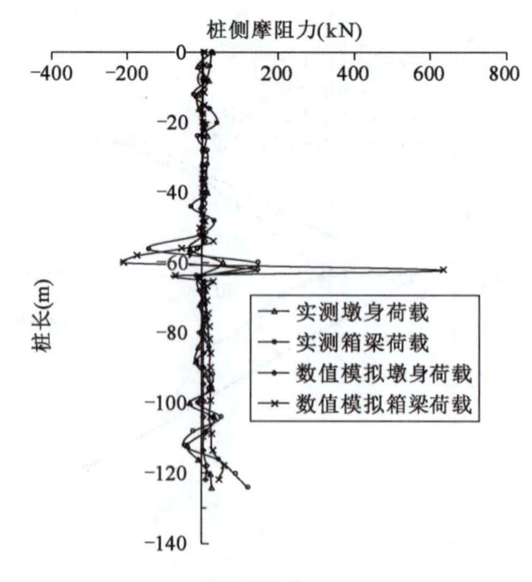

图 3-89　桩侧摩阻力曲线

(3)桩身参数的模拟分析

①变截面位置的影响

变截面位置选取1.5:1、1:1、1:1.5三种情况及3.8m直径等截面桩,其各自模型几何参数见表3-6。

变截面位置变化模型几何参数表　　表3-6

变截面位置	变截面上部长度(m)	变截面下部长度(m)	变截面上部直径(m)	变截面下部直径(m)	钢管壁厚(m)
1.5:1	75.6	50.4	5	3.8	0.038
1:1	62	64	5	3.8	0.038
1:1.5	50.4	75.6	5	3.8	0.038
等截面	—	—	—	3.8	0.038

施加荷载后结构位移如图3-90、图3-91所示。

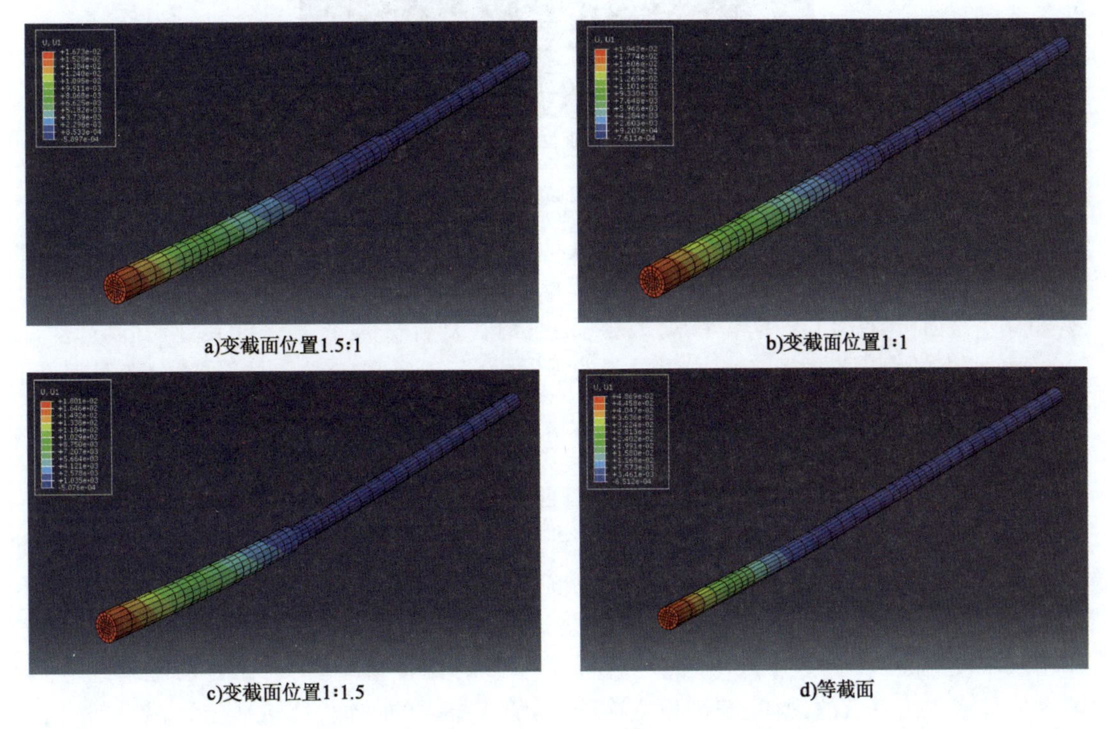

a)变截面位置1.5:1　b)变截面位置1:1

c)变截面位置1:1.5　d)等截面

图3-90　桩身顺桥向位移云图

由模型位移云图来看,各变截面位置不同的情况下,桩身位移的规律呈现出一致性,即桩身位移从桩顶到桩端依次减小,变截面以下桩身位移减小趋势比变截面以上快。

在相同荷载条件下,等截面桩的竖向位移最大,变截面位置不同时,竖向位移也不相同。变截面桩的桩身竖向位移表现出一致的规律,即变截面以下位置桩身位移减小较变截面以上快,说明设置变截面之后,变截面处桩身荷载有一部分传递到了周围土体,可以有效地减小桩身下部位移。

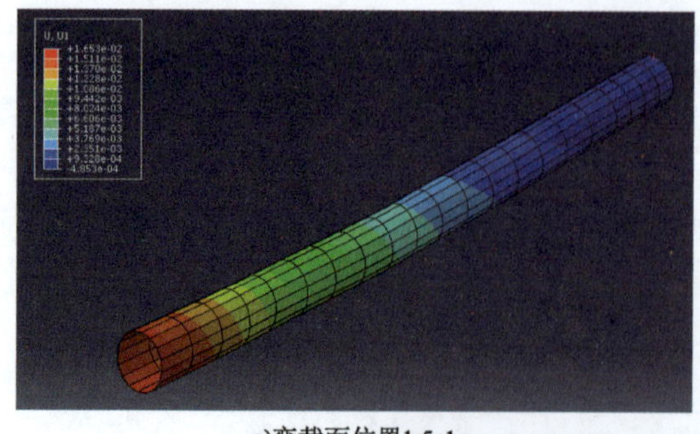

a)变截面位置1.5:1

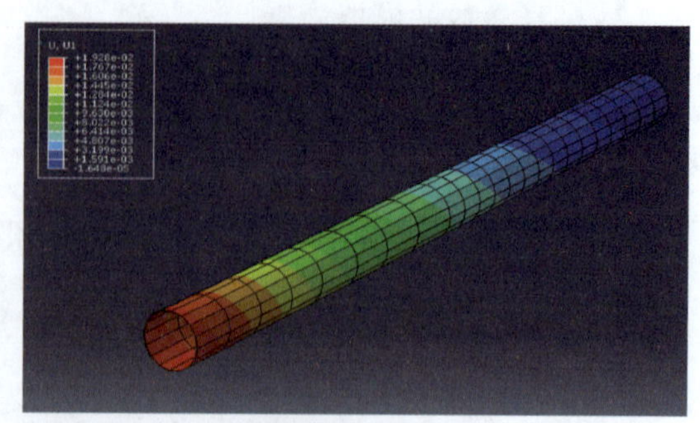

b)变截面位置1:1

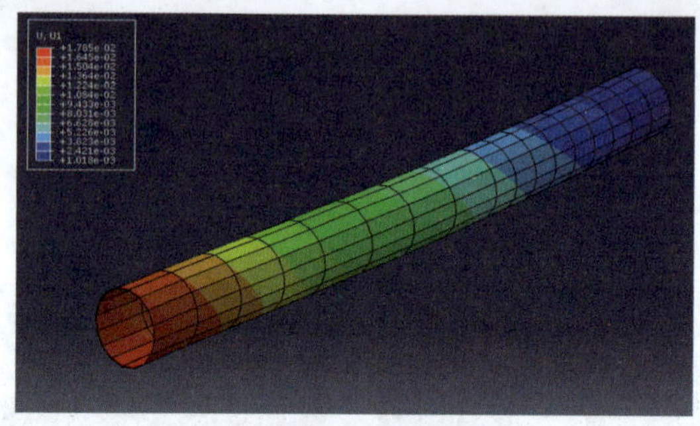

c)变截面位置1:1.5

图 3-91 钢管顺桥向位移云图

等截面桩水平位移远大于其他桩,这是因为等截面桩未设置钢护筒,而其他模型中变截面以上桩段均设置有钢护筒,钢护筒的存在可以增加桩的刚度,减小桩身水平变形。

桩身变截面位置 1:1 各向位移均最小,说明钢管复合桩并不是桩身大直径部分越长越好,变截面位置的合理设置不仅能增强桩基的承载性能,而且也能避免材料的浪费,达到最优效果。

②钢管壁厚的影响

选取钢管壁厚 10cm、5cm、3.8cm 及无钢管四种情况进行模拟研究。

在水平荷载以及弯矩等的作用下,混凝土桩身一侧受拉一侧受压,从水平压力相对应方向的水平应力云图来看,压力和拉力均在混凝土桩身能承受的范围内,混凝土桩身未发生破坏。且随着桩深的增加,其水平应力与水平位移均减小。

由水平位移曲线(图 3-92)可知,不论有无钢管或者钢管壁厚多少,在复杂荷载作用下桩身水平位移表现出一致的规律,即桩顶位移较大,随着桩深的增加,其水平位移减小。无钢管桩较有钢管桩水平位移大,远大于有钢管桩的位移。这是因为钢管能够增加桩的水平刚度,减小桩身水平方向的变形。

不同钢管壁厚下桩顶位移均呈现钢管壁厚越大、位移越小的规律。但是实际生产中不应盲目地追求最小位移,要根据位移控制标准并结合材料用量选择合适的钢管壁厚,在安全的前提下达到最优效果。

③剪力环间距的影响

剪力环间距设置 10m 间距、5m 间距、2.5m 间距及无剪力环四种情况。

如图 3-93 所示，在不同剪力环间距下，各桩身在荷载作用下位移变化趋势均相同，都是在桩顶处水平位移较大，越往下水平位移越小，在桩身下部水平位移接近于零。

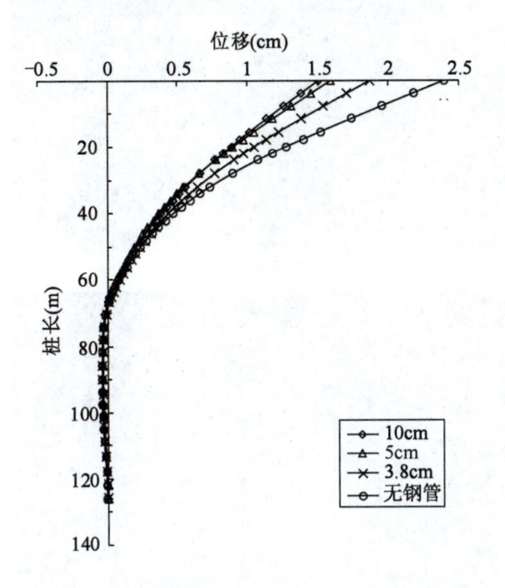

图 3-92 不同钢管厚度下桩身顺桥向水平位移图

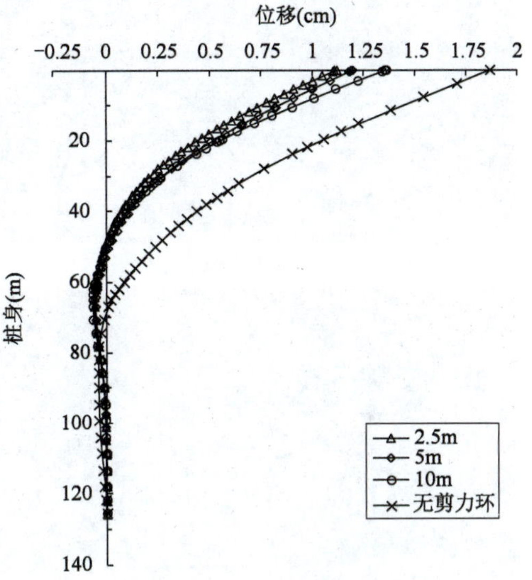

图 3-93 桩身顺桥向水平位移曲线

剪力环间距越大，桩顶水平位移也越大，说明剪力环间距变大则钢管的抗弯刚度增强作用变小，剪力环间距越密对于钢管约束作用越强。

(4)复合荷载作用下承载特性分析

考虑成桥后的各种因素，在 45 号桩基模型上施加表 3-7 中荷载合力进行运算。

压弯剪扭荷载作用表 表 3-7

荷载	轴向(kN)	剪力 - y (kN)	剪力 - x (kN)	扭矩(kN·m)	弯矩 - y (kN·m)	弯矩 - x (kN·m)
整体温度	9.35	0	78.35	0	2684.73	0
极限风	3.23	1686.79	484.67	541.71	12578.22	53280.49
制动力	4.19	0	321.2	0	11001.75	0
波流力	0.71	1.35	1.23	12.46	1555.61	1361.02
船撞力	29.5	576.95	229.1	1761.13	7843.45	11072.41
梯度温度	29.26	0.18	3.82	1.08	276.95	194.7
成桥荷载	-36038.79	0	-32.05	0	3767.17	0.01
合力	-35962.55	2265.27	1086.32	2316.38	39707.88	65908.63

复合荷载作用下混凝土桩身、钢管、剪力环以及模型整体的水平、竖向应力及位移云图如图 3-94 ~ 图 3-98 所示。

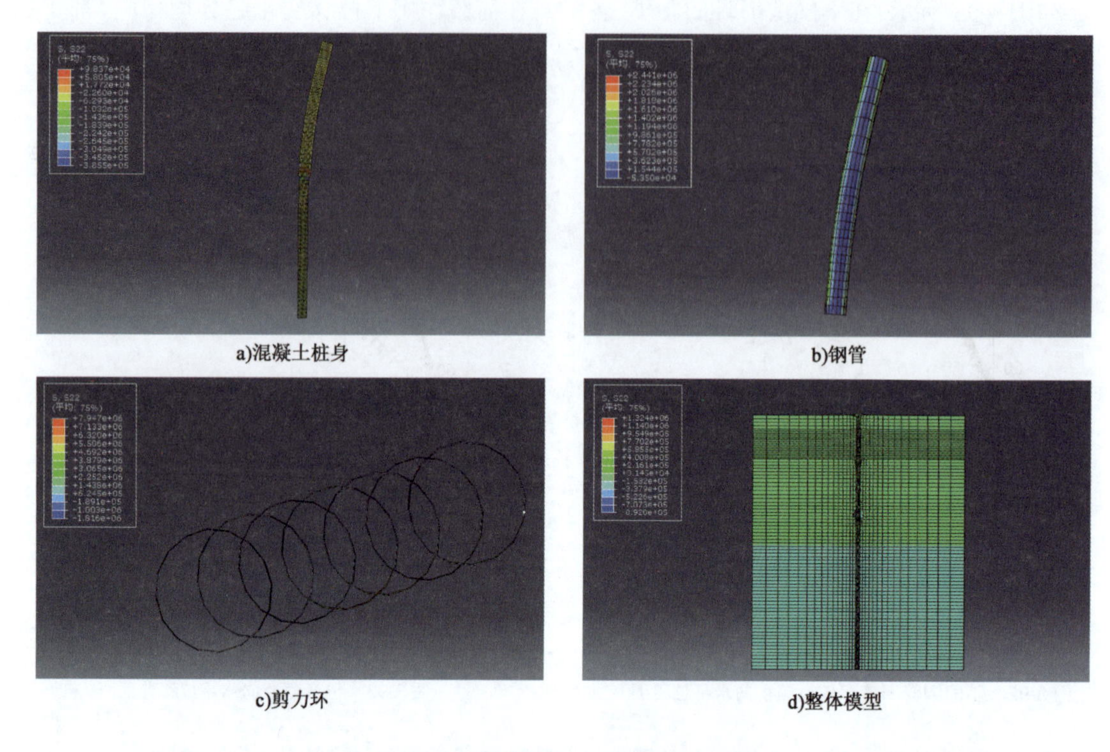
a)混凝土桩身　b)钢管

c)剪力环　d)整体模型

图 3-94　复合荷载作用下模型水平应力云图

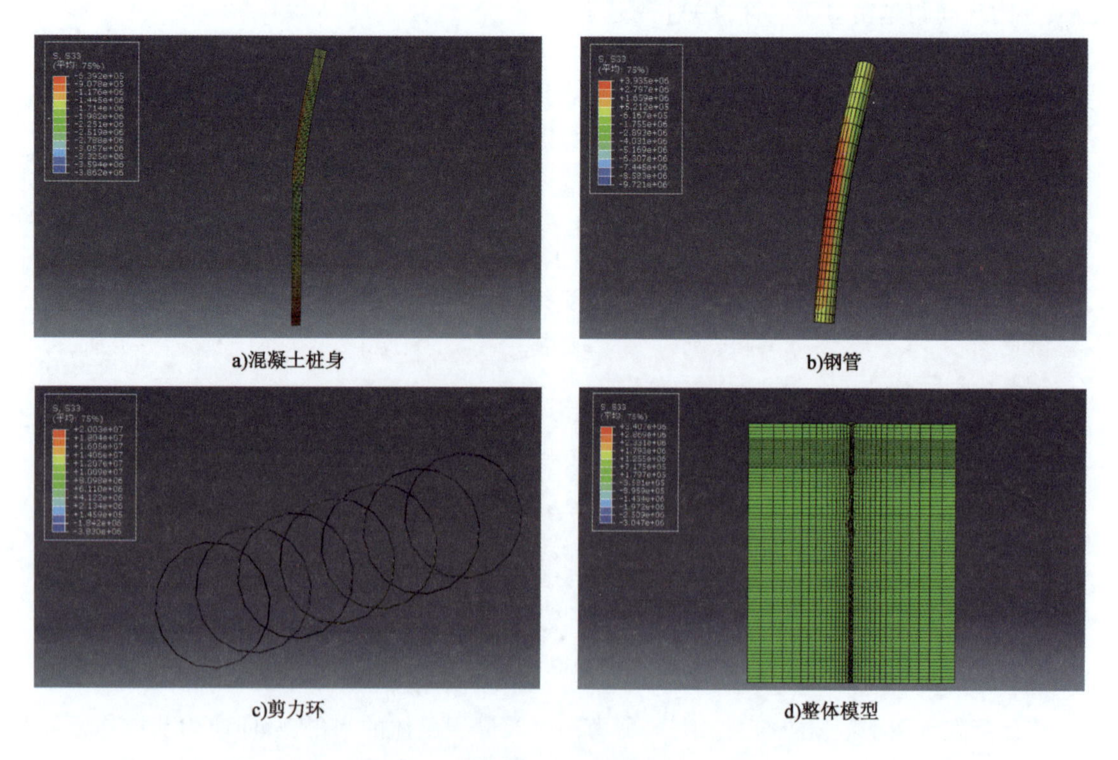
a)混凝土桩身　b)钢管

c)剪力环　d)整体模型

图 3-95　复合荷载作用下模型竖向应力云图

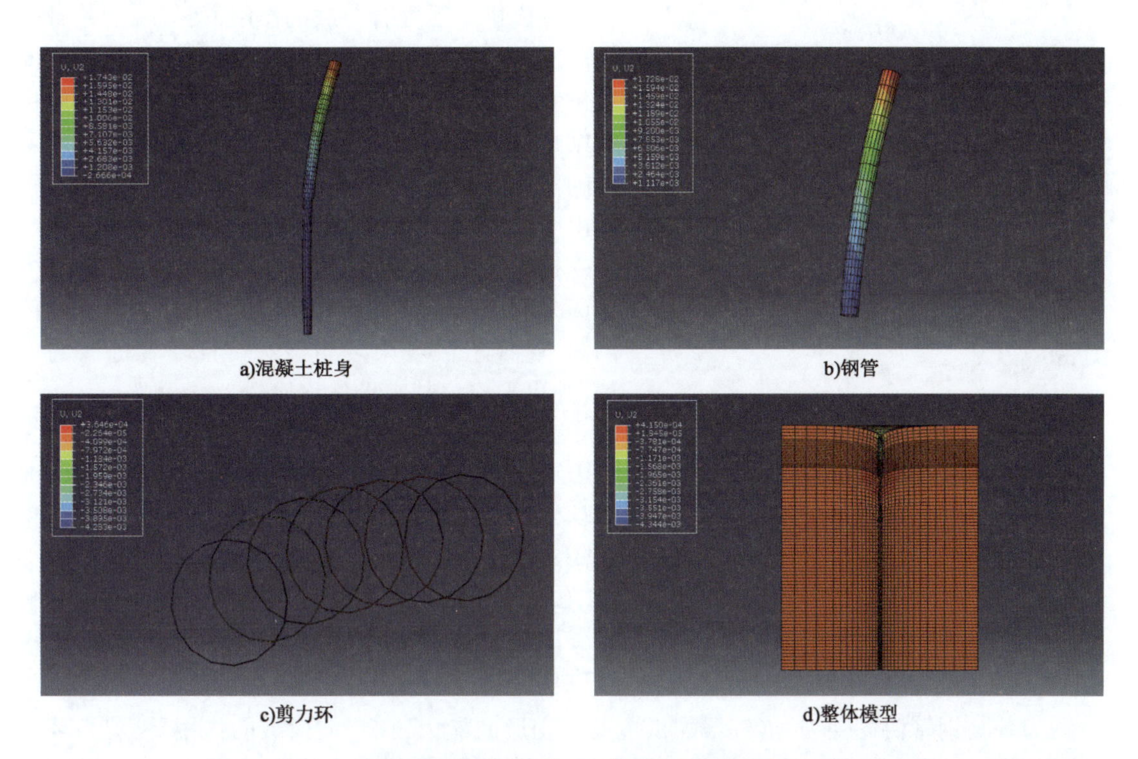

a)混凝土桩身　b)钢管

c)剪力环　d)整体模型

图 3-96　复合荷载作用下模型水平位移云图

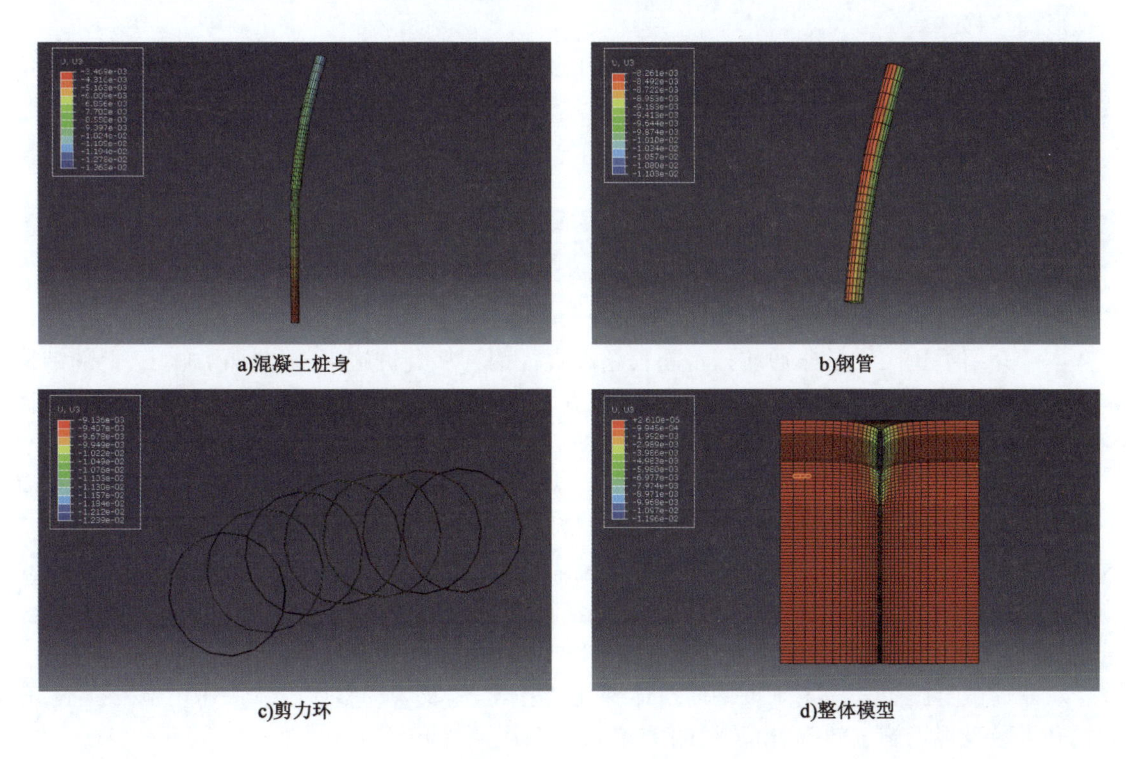

a)混凝土桩身　b)钢管

c)剪力环　d)整体模型

图 3-97　复合荷载作用下模型竖向位移云图

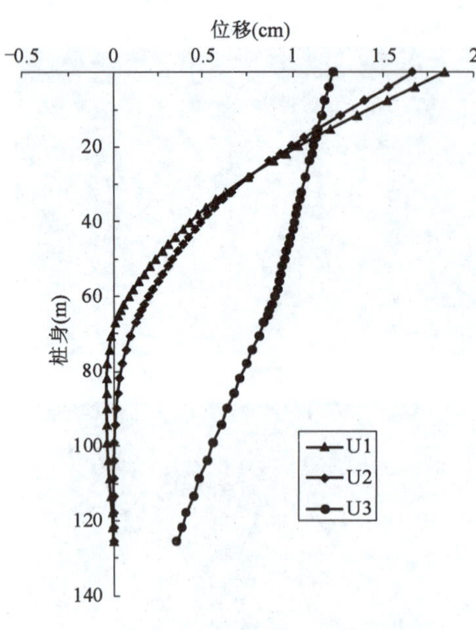

图 3-98　复合荷载作用下桩身位移图

在成桥之后复合荷载的作用下，混凝土桩身的竖向应力从桩顶到桩端呈减小趋势，但是在变截面的位置处突然变大，之后往下又逐渐减小。竖向位移则是从桩顶到桩端逐渐减小。在水平荷载及弯矩的作用下，混凝土桩身上部受影响较大，尤其是露出土层那一部分桩身，桩身一侧受拉一侧受压，所受拉力和压力均未超过其屈服强度，从水平应力云图来看，压力和拉力均在混凝土桩身能承受的范围内，混凝土桩身未发生破坏。且随着桩深的增加，其水平应力与水平位移均减小。

而钢管在成桥复合荷载的作用下，竖向应力先增大再减小，最大应力发生在钢管中部，钢管竖向位移从桩顶到桩底逐渐减小。在水平荷载及弯矩等水平向力的作用下，钢管也是一侧受拉一侧受压，其水平位移在钢管上部比较大，在钢管下部较小。由于剪力环的约束作用，钢管的抗弯刚度增大，避免或延缓了局部屈曲的发生。

剪力环与钢管协同受力，能够增加抵抗横向变形的能力，在竖向荷载的作用下，剪力环的存在也能够增加混凝土桩身和钢管的摩擦力，使之整体性更好，能够更好地承受竖向荷载，减小变形与位移。

由图 3-98 分析可知，复合荷载作用下桩身水平最大位移发生在桩顶处，桩身竖向最大位移也发生在桩顶。由此可见，即使考虑所有最不利荷载共同作用，桩基的变形也较小。

3.5　本章小结

本章介绍了鱼山大桥非通航孔桥超长超大直径钢管复合桩施工、双曲面墩施工、上部结构施工等海洋环境下快速建造运用的创新技术，并对非通航孔桥总体静力性能和超长超大直径钢管复合桩承载特性进行了有限元数值分析。

基于充分发挥国产钻机性能，通过系列工艺革新，成功解决了超长超大直径钻孔灌注桩海上施工成桩困难的难题。其间，提出了一种履带式起重机转浮吊的施工工艺，解决了海上深水区超长超大吨位的钢筋笼安装安全性和质量控制难题，提出了“T 形定位法”解决永久钢护筒测量定位精度难题，通过混凝土配合比优化及灌注工艺改进，解决了超大方量混凝土桩基灌注难题，取得了 170 根超大超长桩一次成孔率 100%、I 类桩 100% 的显著效果。

双曲面墩身施工采用了工厂钢筋整体绑扎、整体运输及现场整体吊装快速化施工技术，有效提升了墩身现场施工效率，由传统的 15d/墩施工周期提升到 0.5d/墩。

通过多方案比选，综合考虑技术经济性和施工组织等因素，非通航孔桥连续箱梁采用节段预制拼装法施工。在借鉴已有节段箱梁预制技术基础上，系统性提升了节段箱梁预制工艺，预制拼装精度取得了实效。其中，50m 主梁安装合龙最大误差为 9mm，70m 跨最大合龙误差为 10mm；墩身保护层（误差 0 ~ +5mm）合格率为 90%，节段梁保护层合格率为 97.8%。

结构性能分析结果表明，主梁结构刚度、正常使用节段抗裂、持久状况应力、承载能力等均满足规范要求；通过理论分析与现场试验验证，钢管复合桩的桩身水平和竖向最大位移均发生在桩顶处，即使考虑所有最不利荷载共同作用，桩基的变形也较小。

第4章

CHAPTER 4

海洋环境大跨径混合梁连续刚构桥品质建造

为了破解大跨混凝土连续刚构桥运营期跨中持续下挠难题，鱼山大桥主通航孔桥采用了大跨径节段拼装混凝土箱梁与钢箱梁混合的连续刚构桥。本章从设计创新、施工方案比选、关键施工技术、结构性能分析等方面，阐述了海洋环境下大跨径混合梁连续刚构桥品质建造的技术特点与工程经验。

4.1 设计创新

(1)钢箱梁与预制节段混凝土箱梁的连接方案

如前所述，考虑结构刚度和传力过渡，钢-混凝土结合面混凝土侧设置3m钢混结合段和5m混凝土过渡段，结合面钢箱梁侧设置4.5m钢箱梁刚度过渡段，钢混结合段实际梁段长度5m。

钢混结合段采用有格室的后承压板形式。将钢箱梁端部的顶、底板和腹板做成双壁板，在双壁板内部设PBL剪力板和剪力钉，形成钢格室。在钢格室内填充混凝土，并通过预应力短束使钢箱梁与混凝土箱梁紧密结合。钢混结合段构件众多，混凝土浇筑困难，要求在工厂预制，以提高结合段质量。具体施工顺序为：在预制场竖向浇筑钢混结合段内部混凝土，待混凝土过渡段节段安装完成之后，桥面设置吊机起吊钢混结合段(转回平放状态)，校核误差后，固定钢混结合段与混凝土过渡段的相对位置，浇筑两者之间的90cm现浇接头，完成钢混结合段的安装。工程现场施工表明，钢箱梁合龙轴线偏差7mm，高程误差仅8mm，实现了毫米级合龙控制精度。钢箱梁吊装如图4-1所示，钢混结合段钢箱梁部分如图4-2所示。

图4-1　钢箱梁吊装

图4-2　钢混结合段钢箱梁部分

(2)正交异性钢桥面板厚边U肋方案

为解决正交异性钢桥面板U肋焊缝疲劳开裂难题，设计了厚边U肋加劲体系。厚边U肋系在常规等厚U肋($\delta=8$mm)基础上，将上端边缘局部加厚至11mm，焊缝未焊接部分厚度为2mm，焊缝熔透率由75%提升到了85%，焊缝计算厚度由6mm增加到了10mm，如图4-3、图4-4所示。根据计算分析，以名义应力幅对比时，厚边U肋平均等效疲劳强度较等厚U肋高约17%；以热点应力幅对比时，厚边U肋平均等效疲劳强度较等厚U肋高约23%。根据疲劳试验，以名义应力幅对比时，厚边U肋试件疲劳强度均高于FAT100(Eurocode 3，下同)，而常规U肋试件中仅有1个试件高于此强度；以热点应力幅进行对比时，厚边U肋试件疲劳强度均高于FAT130，而所有等厚U肋试件均低于此强度。

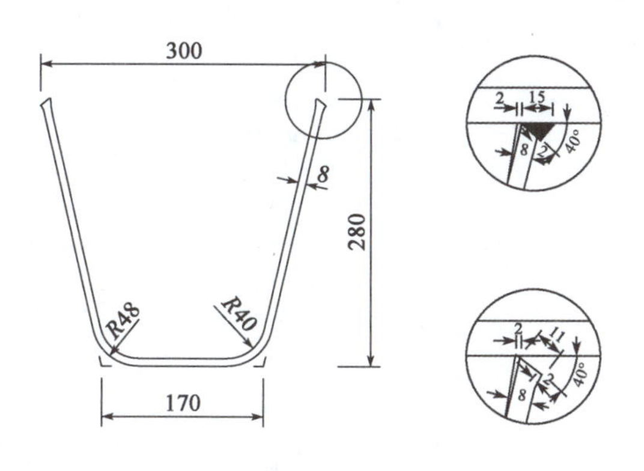

图4-3 厚边U肋构造及焊接大样(尺寸单位:mm)

图4-4 厚边U肋成品

(3)高韧性混凝土+SMA钢桥面铺装方案

主通航孔跨中钢箱梁铺装采用了轻型组合结构桥面，结构形式为4cm高韧性混凝土+4cm SMA-13。高韧性水泥基复合材料具有极限拉伸应变2%以上、拉伸应变硬化特征和优良的裂缝分散能力。通过焊接ϕ10mm×30mm剪力钉使铺装层与钢桥面形成组合结构，增强铺装与钢桥面板的连接性能。剪力钉标准间距150mm×150mm，高韧性混凝土内设置直径6mm HRB400的纵、横向钢筋网，钢筋标准间距为50mm×50mm，钢筋网纵向钢筋在下，横向钢筋在上，剪力钉和钢筋净保护层厚度为10mm。高韧性混凝土层与SMA-13沥青混凝土层之间采用环氧黏结材料，保证层间黏结强度，避免功能层剥离、滑移。高韧性混凝土性能指标见表4-1。

高韧性混凝土性能指标 表4-1

项　　目	性能指标
抗压强度(MPa)(28d标准养护)	≥45
弹性模量(GPa)(28d标准养护)	≥15
28d抗折强度(MPa)	≥12
28d弯曲强度(MPa)	≥8
极限抗拉强度(MPa)	≥3
极限拉伸应变(%)	≥2

4.2 施工方案比选

针对通航孔桥采用混合梁变截面连续刚构桥形式，开展了施工方案比选。结合同类桥型施工工艺水平，重点对节段预制拼装与常规挂篮悬浇两个方案进行对比分析，见表4-2。

通航孔桥上部结构施工方案对比 表 4-2

施工方案	节段预制拼装	挂篮对称悬浇
预应力体系	可采用体内、体外相结合的预应力体系,可以减小主梁断面尺寸,降低上部结构自重	采用体内预应力,主梁断面尺寸相对较大
施工质量	箱梁节段在预制厂内预制,现场施工机械化程度高,受天气干扰因素少,可有效保证施工质量	主梁依托挂篮逐段悬臂现浇,施工工序多,在海洋环境下,施工质量不易控制
施工设备	该工法在国内已广泛采用,现有施工设备多,设备加工及采购方便	对施工设备的要求低,设备加工及采购方便
施工难度	施工方法成熟、施工难度小	施工方法成熟,边跨需搭设水中施工支架,施工难度相对较大
施工风险	装配化施工,现场施工时间短,现场施工组织管理方便,施工风险小	施工机械化程度低,现场施工时间长,必须多点同步施工,现场施工组织管理难度大,施工风险大
施工速度	单跨施工时间 10 ~ 12d	单跨施工时间 15 ~ 18d
对建设条件件适应性	桥位处水运条件好,预制梁段运输方便,对建设条件适应性好	大量的施工材料、水、电均需通过栈桥运输,边跨须在水中搭设施工支架,大临设施投入量最大,对建设条件的适应性较差
结构耐久性	采用全预制安装,避免了海上混凝土的浇筑和养护,结构耐久性好	现浇施工,受海上自然条件影响大,结构耐久性不佳
比较结论	推荐方案	比较方案

由上表中内容可知,节段预制拼装方案在施工质量、施工速度、施工风险、对建设条件的适应性等方面优势更大。同时,节段预制拼装结构具有更好的耐久性,更符合海域高品质快速建造的需求。因此,推荐采用节段预制拼装方案。通航孔桥施工方案如下:

(1)下部结构

通航孔桥主墩(51 号、52 号墩)采用空心双薄壁墩,纵桥向宽 2.5m,横桥向宽 7.6m,墩身均采用 C55 海工混凝土;边墩(50 号、53 号墩)、次边墩(49 号、54 号墩)采用矩形实心墩,纵桥向宽 4.0m,横桥向宽 7.6m,墩身均采用 C40 海工混凝土。

主墩承台(51 号、52 号墩)采用带倒角的六边形,下设 10 根 ϕ(3.0 ~ 4.0)m 大直径变径钢管复合桩基础,钢护筒直径 4m,壁厚 26mm,材质为 Q345C。边墩(50 号、53 号墩)、次边墩(49 号、54 号墩)结构形式与主墩类似,承台下设 7 根钢管复合桩。过渡墩承台为 48 号墩及 55 号墩,采用带圆角的矩形承台,下设 4 根 ϕ(3.0 ~ 4.0)m 的大直径变径钢管复合桩基础,钢护筒直径 4m,壁厚 26mm,材质为 Q345C。承台施工采用有底双壁防撞钢套箱兼作模板,钢套箱在厂内整体制造,海上运输至桥位,采用浮吊整体下放。

桩基施工在永久钢护筒沉放就位后,采用回旋钻机钻孔至持力层设计深度,下放钢筋笼并浇筑 C35 海工混凝土。

(2)上部结构

各墩墩顶 0 号段采用支架现浇施工,各墩顶 2 号梁段及过渡墩顶附近梁段采用浮吊安装施工,0 号梁段及 2 号预制梁之间采用设置 80cm 后浇段施工,其余混凝土节段均采用桥面吊机悬臂拼装,钢混结合段以钢外壳为模板在预制厂内填充部分混凝土,然后采用桥面吊机吊装,现场施工 90cm 的湿接缝。钢箱梁整体制造,采用两台桥面吊机抬吊安装。施工工艺流程如图 4-5、图 4-6 所示。

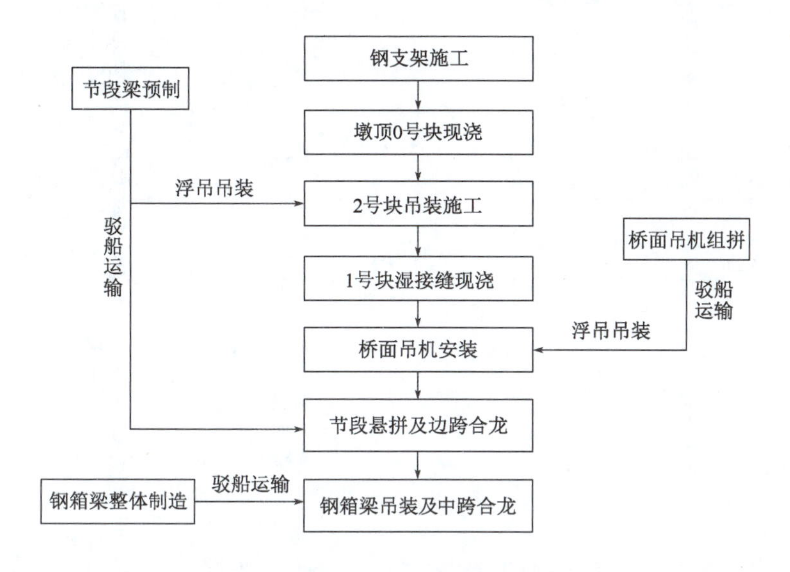

图 4-5 鱼山大桥通航孔桥施工流程

步骤一:

①下部结构施工,预制梁段工厂化预制,存梁时间至少满足 6 个月。

②搭设 49 ~ 54 号墩旁托架,完成 0 号块浇筑。

步骤二:

利用浮吊依次安装墩顶 2 号梁段,精确调位匹配临时锁定,现浇 1 号块。

步骤三:

①安装桥面吊机。

②3 号块驳运至桥位,利用桥面吊机对称起吊,涂抹拼接面环氧树脂,张拉临时预应力,保证接缝间压力不小于 0.3MPa 至环氧树脂固化,张拉对应悬臂束,并及时灌浆,然后统一张拉 0、1、2 梁段横向束及竖向预应力。

③前移吊机。

④重复上一步骤,对称悬拼 49 号、54 号墩和 50 号、53 号墩,使其先后达到最大双悬臂;同时 51 号、52 号墩继续对称悬拼,直至 22 号块。

⑤横向及竖向预应力张拉均比纵向悬臂束滞后 2 个梁段进行,节段间临时预应力滞后 5 个梁段拆除。

步骤四:

①施加 70m 跨悬臂端压重,利用桥面吊机起吊边跨合龙块,安装合龙临时锁定装置,现浇边跨合龙湿接缝,张拉边跨合龙束并及时压浆。

②拆除边跨临时锁定,并卸除压重。

③按上述步骤完成 140m 跨合龙。

④拆除 49 号、54 号墩左右侧 4 台吊机。

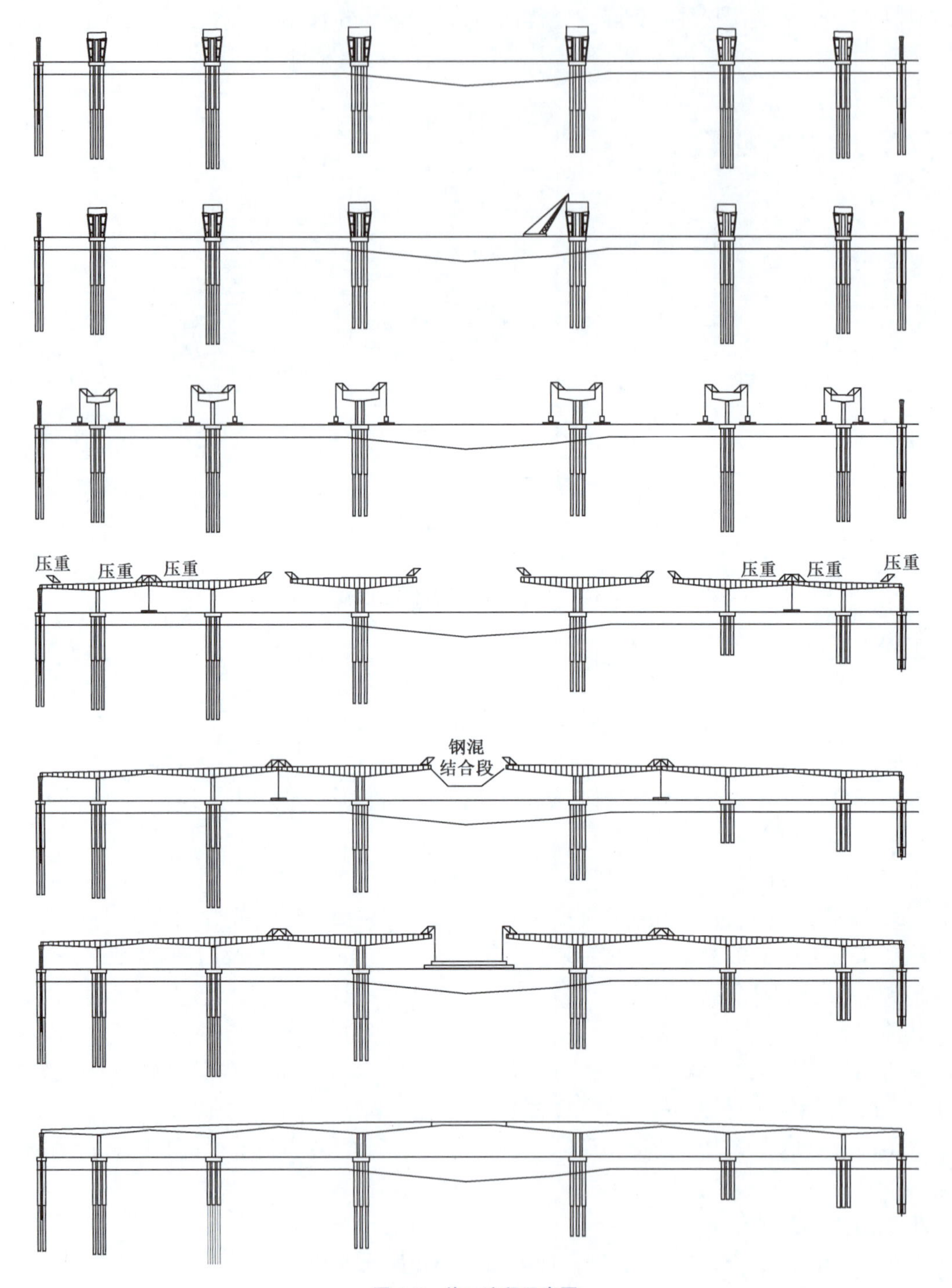

图4-6 施工流程示意图

步骤五：

①起吊180m跨23号块及260m跨钢混结合段，精确定位后，张拉临时预应力，待环氧树脂固化后，张拉对应悬臂束并及时灌浆。

②180m 跨吊机前移,依次安装 24 号块、25 号块,起吊边跨合龙块,安装临时锁定装置,现浇合龙段湿接缝,张拉合龙束并及时压浆。

③拆除临时预应力及临时锁定。

步骤六:

①主跨吊机前移至钢混结合段位置。

②85m 钢箱梁采用工厂分段制造,焊接形成整体,利用运梁船运至桥位。

③中跨桥面吊机同步起吊 85m 钢箱梁,达到要求高程后进行临时锁定,与钢混结合段完成栓接,完成嵌补段焊接。

步骤七:

①拆除墩旁托架及剩余桥面吊机。

②张拉全桥体外预应力束。

③进行桥面系等附属设施施工。

4.3 关键施工技术

通航孔桥跨径布置为 70m + 140m + 180m + 260m + 180m + 140m + 70m,总长 1040m,其中 260m 主跨中间段采用钢箱梁结构。通航孔主桥 6 个 T 构的 0 号、1 号节段采用现浇,过渡墩墩顶节段采用预制,横隔梁采用后浇形式。混凝土主梁采用单箱单室直腹板截面形式。预应力混凝土段箱梁采用变截面连续箱梁,梁高及底板厚度按 1.6 次抛物线变化。70m 边跨共划分 17 个预制节段,单个 140m 中跨划分 35 个预制节段,单个 180m 中跨划分 45 个预制节段,单个 260m 中跨划分 42 个预制节段,全桥共 238 个预制节段。预制节段单节段最大长度 4.5m,预制节段利用桥面吊机最大吊重 263.2t,利用浮吊最大吊重 271.3t。

通航孔桥首次采用了大跨径预制节段与钢箱梁混合变截面连续刚构结构,施工上面临超高尺寸预制节段箱梁的预制、运输及安装问题、钢混结合段节段预制安装及钢箱梁合龙精度控制等诸多难题。

4.3.1 超高节段预制、运输与安装

目前,超高变截面节段的预制和拼装问题在国内外都鲜有工程实践。本节主要介绍超高节段箱梁模板设计与安装、钢筋骨架绑扎、混凝土浇筑与养护、成品储存、运输与安装等关键工艺。

通航孔预制节段混凝土箱梁采用单箱单室直腹板截面,箱梁宽度 15.60m,箱梁悬臂长度 4.0m,底板宽 7.60m;箱梁跨中和梁端高 4.0m,主墩根部高 12.8m,边墩根部高 10.0m,次边墩根部高 8.0m,混凝土梁梁高按 1.6 次抛物线变化。底板采用变厚度布置,由支点向跨中逐渐减少,支点处底板厚分别为 1.3m、1.1m、0.9m,跨中厚均为 0.3m,箱室顶板厚 0.3m,翼缘板端部厚为 0.2m,根部厚分别为 0.8m、0.7m、0.6m,腹板厚度由支点处渐变至跨中,厚度变化为 0.9 ~0.5m(主墩)、0.8 ~0.5m(边墩)、0.8 ~0.5m(次边墩),如图 4-7 所示。

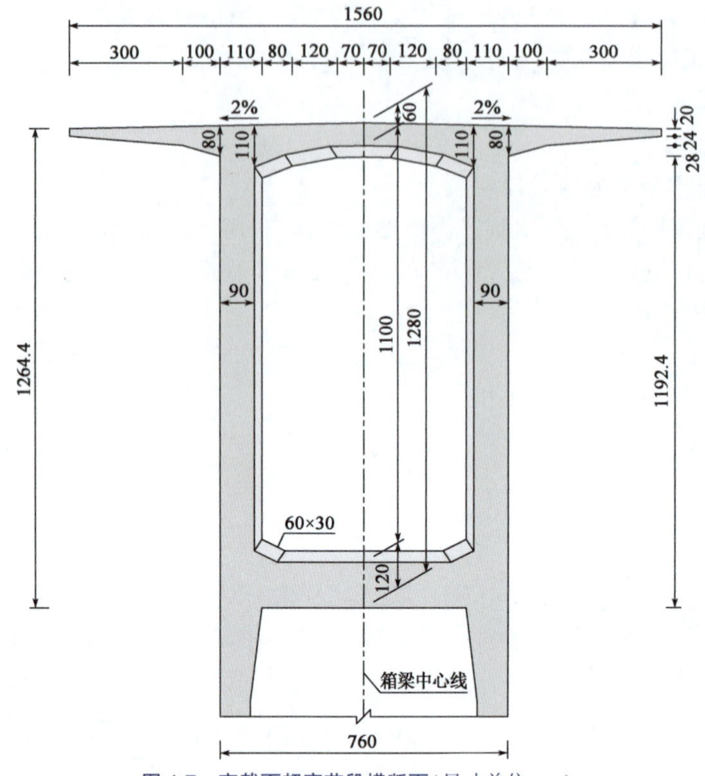

图 4-7　变截面超高节段横断面(尺寸单位:cm)

(1)超高变截面可调节模板设计及安装

超高变截面节段梁模板采用高精度、大刚度、液压式模板系统。模板设计时根据梁段结构尺寸,考虑其模板使用的通用性和更换的便捷性。模板系统主要由固定端模及支架、活动端模、外侧模及支架、内模及移动支架、底模及底模台车、液压系统及抗滑移系统等几部分组成,如图 4-8 所示。其中侧模、内模、端模的调节主要通过增减活动块来适应梁段尺寸的变化。底模高度调节则由两部分完成:一是固定调节,即通过在标准底模上增减固定高度模数的桁架来调节底模的高度;二是微调,即在桁架调节完成后,通过底板下的螺栓丝杆来调节剩余高度,底模系统如图 4-9 所示。

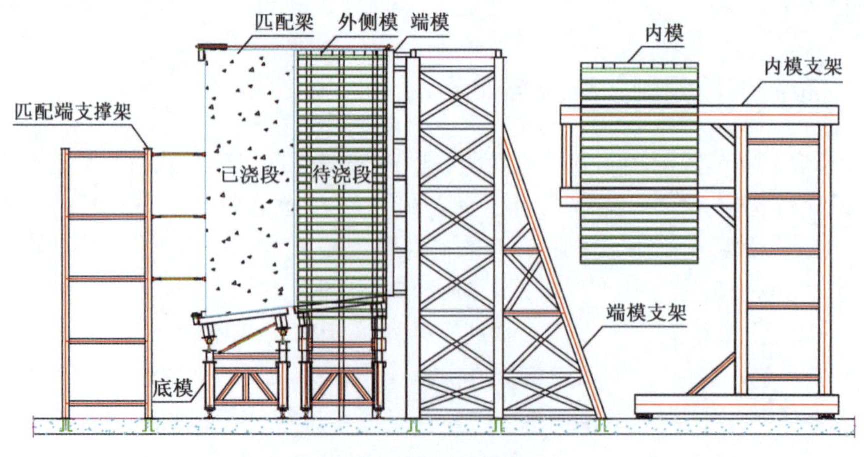

图 4-8　模板系统示意图

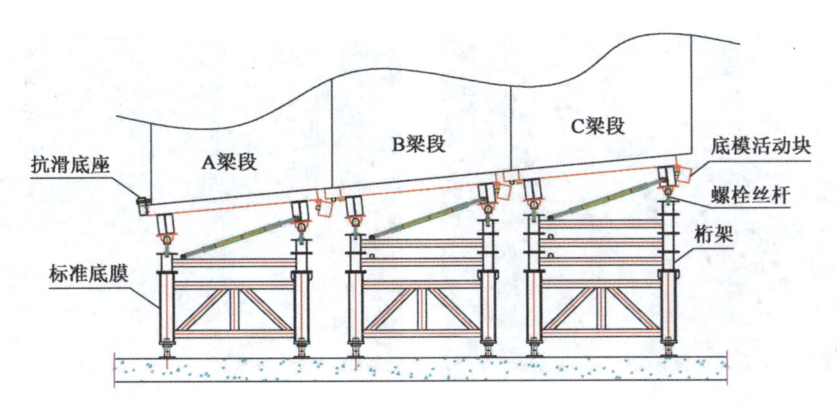

图 4-9 底模调节示意图

首次组装顺序：固定端模系统→底模系统→侧模系统→移动端模系统→内模系统。模板安装前先放样模板在基础埋件上的安装控制轴线，然后依次安放到位并临时固定。根据模板安装精度要求调校模板，经检测合格后，与台座上基础埋件相固定。

标准节段预制时顺序：固定端模系统→底模系统→侧模系统→（吊入钢筋骨架）→活动端模系统→内模系统→翼缘板及伸缩缝侧模板。

模板安装工序如图 4-10 所示。

a)端模安装

b)底模安装

c)外侧模安装

d)内模安装

图 4-10

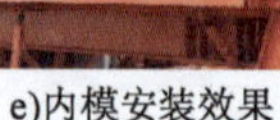
e)内模安装效果

f)涂刷脱模剂

图 4-10 模板安装工序

为了增强模板系统的稳定性,设置了专门的抗滑移系统,主要包括抗滑底座、抗倾覆拉杆和抗滑移顶紧装置,如图 4-11 所示。其中:①抗滑底座由型钢及钢板组焊成箱室结构,下部通过 4 × M22 螺栓与底模小车连接固定,上部设置 2 × M36 螺杆,通过调节螺杆长度来进行梁段限位。②抗倾覆拉杆主要由[10 型钢及 JL32 精轧螺纹钢筋组成,一端通过垫片螺母固定在固定端模侧,另一端通过“L”形组件拉住匹配梁,防止其倾覆。③抗滑移顶紧装置由端模支架和调节撑杆组成,调节撑杆直接顶紧于梁体,抵抗其滑移趋势。

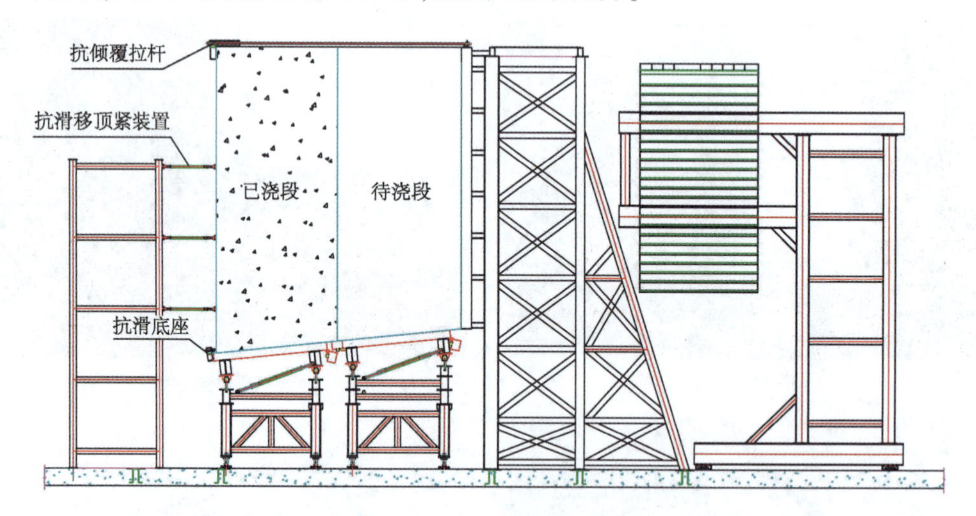

图 4-11 抗滑移系统安装示意图

(2)超高变截面钢筋骨架绑扎技术

超高变截面钢筋胎架主要由胎架主体框架、底模调节装置、腹板调节装置、顶板调节装置、防雨棚和施工通道等附属设施组成,如图 4-12 所示。钢筋骨架底板的调节根据不同梁高参数设置限高装置,腹板厚度及顶板厚度则通过顶板活动装置进行调节,采用模数调节及微调节两种方式实现其胎架尺寸的精准性。

钢筋骨架绑扎首先通过钢筋胎架底模调节装置使其梁高满足要求,再由钢筋胎架腹板调节装置和顶板调节装置调整其腹板宽度及顶部厚度,最后按照常规钢筋绑扎方法,按底板钢筋绑扎→腹板及横隔板钢筋绑扎(预埋)→顶板(含翼板)钢筋绑扎的顺序根据各限位卡槽位置进行钢筋骨架的绑扎。

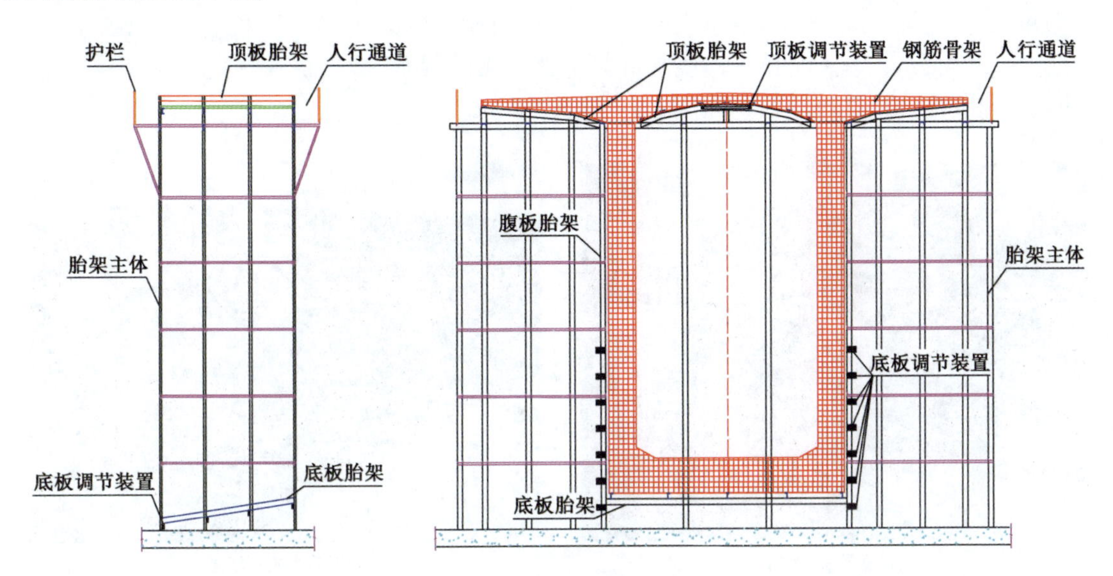

图 4-12 钢筋胎架示意图

采用 BIM 技术开展钢筋碰撞模拟,解决了钢筋与预埋构件冲突的难题。钢筋绑扎全部采用满扎并在钢筋胎架上进行。钢筋骨架在绑扎台座上绑扎,绑扎的顺序为:底板下层→两侧腹板及横隔板预留钢筋→底板波纹管安装→底板上层→顶板钢筋→腹板波纹管安装→拉筋、保护层垫块安装。

钢筋绑扎的同时,进行所有预埋管件的埋设。主要包括:体内预应力波纹管(锚垫板)的埋设、竖向预应力精轧螺纹钢筋、预制节段临时吊点预埋件、预制节段临时预应力预埋件、支座螺栓预留孔、水管电缆预埋件、伸缩缝预埋钢筋、护栏预埋钢筋、测量预埋件及其他附属设施预埋件。

通航孔箱梁梁高 6m 以内区域,箱梁竖向预应力采用中空自平衡先张预应力棒,按 50cm 间距交错布置。梁高 6m 以上区域,箱梁竖向预应力采用 JL32 精轧螺纹钢筋及相应的预应力锚具体系。横断面每个腹板内布 2 根,沿桥纵向间距 0.5m 布置;锚垫板下设置与锚具配套的螺旋筋,管道成孔采用内径 65mm、壁厚 3mm 的直缝钢管。

通航孔桥节段绑扎成型的钢筋骨架经验收合格后即可吊装,吊装由 30t 门式起重机完成。骨架入模就位后,在两侧端模位置设置 6 条 10 号槽钢作为挑梁,利用短链条将钢筋骨架顶板与挑梁固定,完成受力转换并解除专用吊架,内模入模就位后,松开链条并挪走槽钢挑梁,使钢筋骨架置于浇筑前状态。

钢筋工程施工工序如图 4-13 所示。

(3)混凝土浇筑与养护

混凝土浇筑顺序为:底板→腹板→顶板(含翼板)。

底板浇筑时采取中央往两侧浇筑,下料时需控制好层厚。在浇筑时预留 10cm 暂不浇满,待腹板浇筑一定高度后,再进行补料浇筑。在底板上设置压板,并在浇筑腹板时适当降低混凝土坍落度 1 ~ 2cm,以防止混凝土向底板上翻。

混凝土浇筑与养护顺序如图 4-14 所示。

混凝土浇筑过程中应注意以下事项：

①混凝土浇筑采用汽车泵泵送入模，坍落度控制在 200mm 左右。腹板混凝土浇筑速度宜控制在 1 ~ 1.5m/h。为了防止腹板浇筑混凝土掉落影响外观，建议提前在底板上覆盖聚氯乙烯(PVC)彩条布。浇筑顺序示意如图 4-15 所示。

a)钢筋半成品加工

b)钢筋半成品储存

c)钢筋骨架BIM模型

d)底板钢筋绑扎

e)腹板钢筋绑扎

f)顶板钢筋绑扎

图 4-13

g)钢筋保护层垫块安装

h)预埋件施工

i)钢筋骨架吊装入模

j)钢筋骨架固定

图 4-13　钢筋工程施工工序

a)底板浇筑

b)腹板浇筑

图　4-14

c)顶板浇筑

d)测设点埋设

e)顶板覆盖养护

f)喷淋养护

图 4-14 混凝土浇筑与养护工序

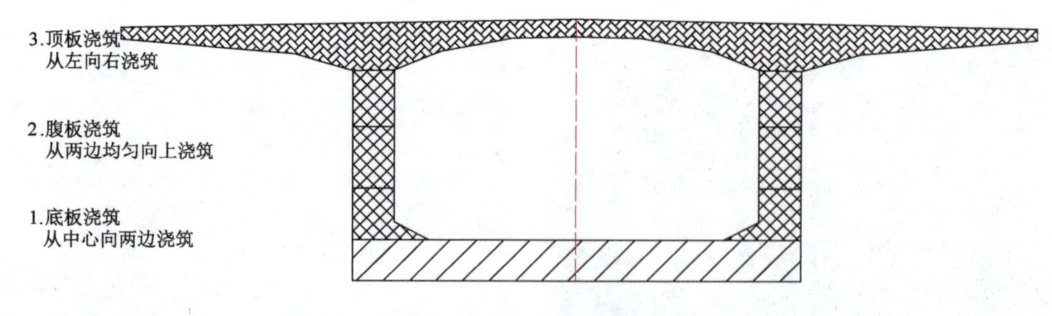

图 4-15 浇筑顺序示意图

②对于较高台座节段浇筑，泵车可以直接从内模位置进行入模浇筑，对于较低台座，内模位置空间有限，可通过拆卸固定端模顶板挡板，从顶板位置伸入进行浇筑，如图 4-16 所示。

③由于节段梁底模存在斜坡，为防止混凝土浇筑过程中侧压力太大导致节段梁胀模或者倾覆，需设置抗滑移和抗倾覆措施，如图 4-17 所示，主要应对措施有以下三点：

a. 底模抗滑装置。在匹配梁端头底板处设置防滑挡块,挡块与底板通过螺栓连接,设置可调顶紧装置,顶撑在匹配梁的底板端面上。

b. 顶板对拉装置。浇筑前通过对拉装置将固定端模与匹配梁端头进行对拉限位,使其形成一个整体,从而控制节段的长度和防止顶面倾斜导致倾覆。

c. 抗倾支撑架。在匹配梁后方专门设置有抗倾覆支架,通过调节螺杆顶紧在匹配梁腹板端面。

a)内腔下料

b)顶板下料

图 4-16 不同部位浇筑

a)底模抗滑装置

b)顶板对拉装置

c)抗倾支撑架

图 4-17 抗滑移和抗倾覆装置

(4)节段成品储存

当匹配节段完成匹配后,且强度达到设计强度的 90% 以上时,即可编号、转运、存放。匹配节段转运时,先利用底模上的千斤顶将其与新浇节段分离,再利用运行小车通过牵引系统将其牵引至合适的位置,然后利用门式起重机运至修整区、存梁区存放。

存梁区根据梁底坡度设置不同高度的支垫墩和橡胶支垫进行存梁,墩头设置防滑钢管或型钢。利用 BIM 平台,对整个存梁区的每个存梁台座进行动态的仓储信息管理,如图 4-18 所示。

需注意以下问题:

①移梁重心。由于超高节段存在变截面,导致其大小、里程及重量不一致。节段梁出坑或

移梁时,吊点布置时应考虑节段前后重心的平衡,需注意对吊具的调节,如图 4-19 所示。

图 4-18　仓储管理

a)吊具调节

b)节段起吊

图 4-19　移梁起吊

②底模活动块(图 4-20)下放。由于梁段底部为斜截面,在脱模以及已浇筑梁移动时,底模最高点容易卡在固定端模上,底模需增设底模活动块。切记在拆模时先放下底模活动块之后再进行底模和底模小车的移动,否则会拉动固定端模。

图 4-20　底模活动块

(5)超高变截面节段运输

通航孔桥节段梁运输总体思路如图 4-21 所示。

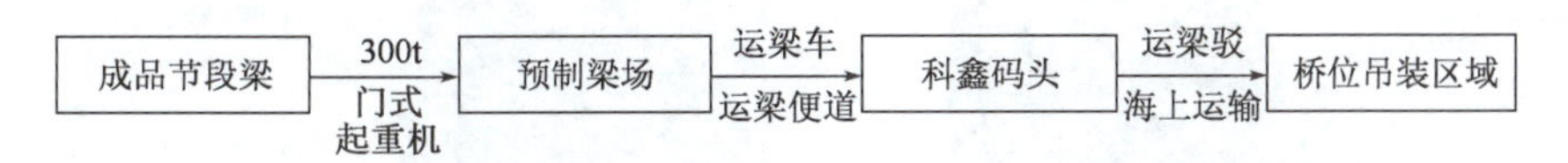

图 4-21　通航孔桥节段梁运输总体思路示意图

①通航孔桥运梁车的系固措施

节段梁在预制厂内采用 300t 平板运梁车 ZH300PB 运梁。由于通航孔节段块的底部呈斜面,设计了专用调平支架来支撑梁块,侧面采用 ϕ25mm 钢丝绳进行系固,如图 4-22 所示。

图 4-22　通航孔节段梁运梁车上系固示意图

调平支架焊接在车架上,其支撑梁为销轴连接,可通过千斤顶来调节支撑梁的角度,能适应多种梁底斜度的节段块,如图 4-23 所示。侧面用挡块抵住梁体防止下滑,挡块采用两根销轴与底座的滑道连接,挡块位置可调节,能适应不同长度的节段块。在节段块与调平支架接触的部位,布置 10cm 厚度的橡胶垫(带钢板),以保护梁体。

抗倾覆防范措施主要包括以下几方面:

a. 液压调平悬挂:路面横向坡度较大时,可以调平运梁车台面。

b. 横向倾斜报警:横向倾角超过 4% 时,会给操作人员报警,以便采取措施纠正。

c. 被动安全措施:采用加装折叠安全支腿,当运输过程中遇到路面塌陷、轮胎爆破等意外情况时,安全支腿会把运梁车撑住,防止运梁车倾覆。

②超高变截面节段海上运输

通航孔桥最高节段高达 12.2m,质量达 265t,厂内码头仅有 2 台 150t 门式起重机,单台起重能力无法满足出梁要求。另外,由于节段具有超高、超薄的特点,且底面为变截面,梁段海上运输稳定性难度极大。

图 4-23　调平支架布置图

采用两台 150t 门式起重机抬吊(图 4-24),研制“超高、超薄节段梁抬吊吊具”,解决单台门式起重机起吊能力不足的问题。抬吊吊具的设计主要通过对不同类型节段梁的吊点参数进行分析来确定结构尺寸以及根据节段梁重量进行结构验算,其主要由承重系统、调节系统、限位系统及悬吊系统四部分组成。吊具可通过调节系统及限位系统来适应不同类型的节段梁吊装需求,解决了梁段吊点、重心差异性的难题;通过“拉”“顶”“限”相互结合及抬吊的原理,解决了超高、超薄变截面节段梁运输过程中的难题。

图 4-24　超高节段码头两台门式起重机装船

超高、超薄节段梁海上运输采用运梁驳船(图 4-25),其稳定性主要利用“限”“拉”“顶”相互结合的原理对其进行固定,如图 4-26、图 4-27 所示。①通过“7”字形混凝土调平底座来调节梁底坡度,解决超高、超薄节段梁在运输过程中的滑移问题;②通过梁顶交叉拉设的钢丝绳来抵抗运输过程中的倾覆问题;③通过专用限位卡具顶紧节段梁的底板,减弱超高、超薄节段梁在海运过程中受波浪的影响。

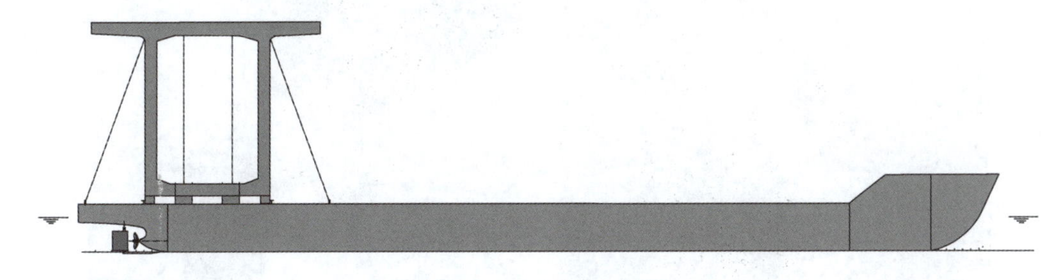

图 4-25 船舶运输示意图

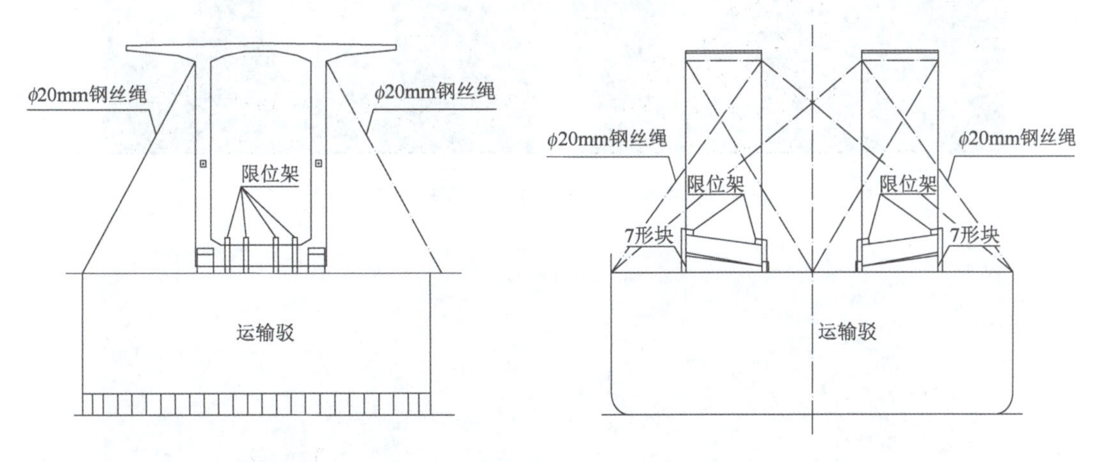

图 4-26 超高、超薄变截面节段梁系固示意图

图 4-27 固定措施

(6)节段安装

节段施工采用架桥机对称悬拼施工工艺。通航孔桥为 7 跨连续刚构桥,共 6 个 T 构,不同位置的混凝土节段梁采用了不同的起吊设备安装,中墩顶处对称的 A2 号、B2 号、C2 号节段和边墩墩顶 2 个节段 A17 号、A18 号节段采用浮吊安装,其余节段采用桥面吊机安装。墩顶块浮

吊安装和节段梁悬臂拼装如图4-28、图4-29所示。

图4-28 中墩墩顶2号与边墩墩顶块浮吊安装

图4-29 节段梁桥面吊机悬臂拼装

根据通航孔桥混凝土节段梁和钢混结合段的吊点距离变化特点，设计了一个可调节的吊具，由主吊具和临时吊具组成，如图4-30所示。主吊具用于调节适应箱梁纵桥向不同吊点的间距，临时吊具用于调节适应箱梁横桥向不同吊点的间距并与箱梁通过精轧螺纹钢筋连接。临时吊具与主吊具采用十字铰接头连接，以满足吊装时箱梁在纵桥向和横桥向上的偏摆。箱梁吊装作业时，可通过主吊具上的重心调节千斤顶进行调节，以保证吊装箱梁的水平。另外，重心调节千斤顶在吊装箱梁拼接时还具有纵桥向的调节坡度功能。

重心调节千斤顶的动力由安放在桁架内的液压动力站提供。

(7)BIM技术应用

施工全过程应用BIM技术，有利于减少施工成本、把握施工进度、提高使用品质、保证施工安全。采用BIM技术建立钢筋骨架模型,可防止钢筋与预埋构件的冲突。利用BIM平台,对整个存梁区的每个存梁台座进行动态的仓储信息管理(图4-31),只需搜索节段名称即可找到其所在位置,查找效率非常高。特别是二层存梁状态,能够提前显示所需节段是否处于底层,提醒工人提前挪开顶层节段,方便下层节段及时送达提梁站。同时,能够自动统计存梁状态,对比节段梁进、出的数量比率,可在第一时间判断出后场预制进度与前场拼装进度的比值关系,设定报警值后即可进行节段预制和拼装整体进度的实时监控。

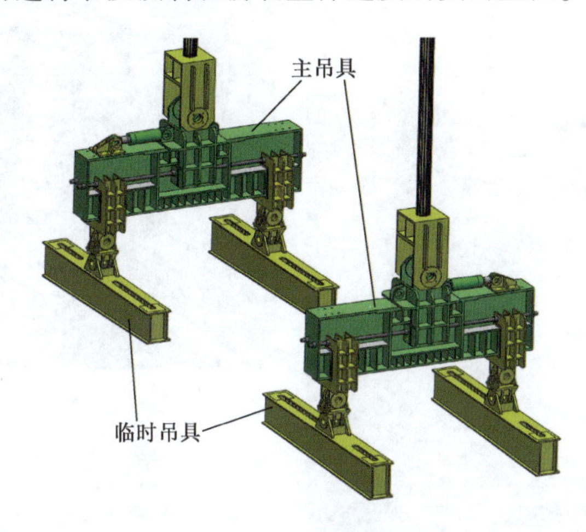

图4-30 可调节吊具设计图

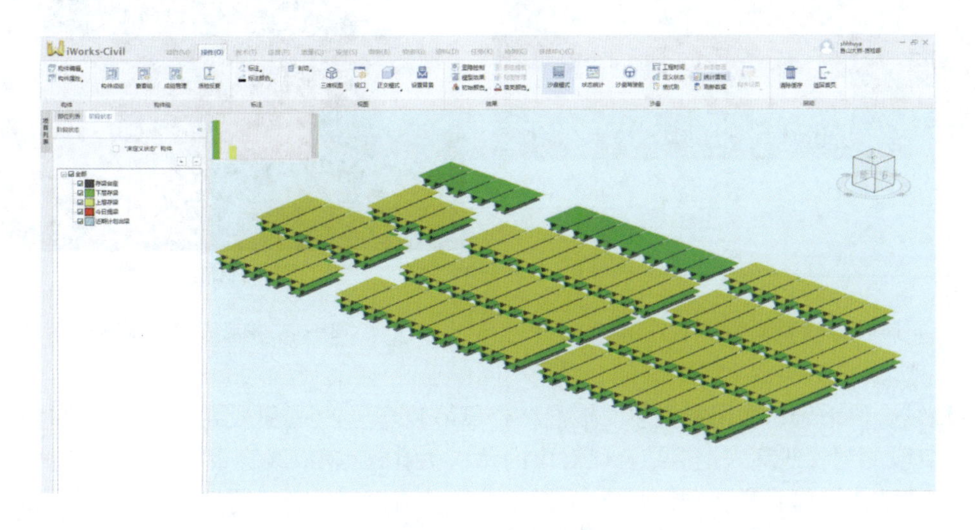

图4-31 节段梁仓储物流管理

4.3.2 钢混结合段预制与安装

如前述图2-12所示,钢混结合段节段长5m,采用填充混凝土后的板式构造;湿接缝混凝土及内填充混凝土部分长度分别为0.9m和2.1m,顶板厚度1.0m,腹板厚度1.0m,底板厚度1.0m。

(1)钢混结合段预制

为保证钢混结合段的施工质量及耐久性,又便于施工精度控制,钢混结合段 C23 钢箱梁段(长度 2.1m)在工厂预制(图 4-32),0.9m 横隔板区域现场浇筑,钢混结合段混凝土质量约 222t,钢材质量约 80t,总质量约 302t。钢混结合段截面构造如图 4-33 所示。

图 4-32　钢混结合段工厂内浇筑

a)与混凝土梁交界面

b)与钢箱梁交界面

图 4-33　钢混结合段截面构造

(2)钢混结合段安装

钢混结合段采用桥面吊机安装。钢混结合段吊装至与 22 号梁段高程基本一致时,将预埋于 21 号节段的钢绞线穿入钢混结合段对应的预应力孔道,钢绞线穿束完成后,利用桥面吊具对梁段的整体平面和高程进行调节,采用手拉葫芦将钢混结合段前端拉起,精调其高程及角度,平面位置和高程满足设计和监控要求后,锁定梁段的空间位置,如图 4-34 所示。

如图 4-35 所示,锁定装置采用双拼I 22a 工字钢制作,两端分别固定在已安装好的节段和钢混结合段预制部分。张拉钢齿坎上的精轧螺纹钢将钢板固定,将临时锁定装置与钢板进行焊接,实现临时锁定装置和已安装好的节段的刚接,在钢混结合段上预埋钢板,临时锁定装置与预埋钢板焊接连接,实现临时锁定装置和钢混结合段的锁定。

钢混结合段与 22 号节段之间设置一道 90cm 现浇段,以钢混结合段为模板,采用 C55 补偿收缩纤维混凝土浇筑。钢混结合段定位完成后,安装现浇段钢筋和钢绞线波纹管,检查合格后进行浇筑施工。为了保证浇筑后的线形满足设计要求，浇筑前在钢混结合段和已拼好的22号节段分别使用40t水箱进行压重。在浇筑过程中，同步释放水袋中的水。现浇段混凝土强度及弹性模量均达到90%，进行永久预应力张拉、压浆、封锚。

图4-34 钢混结合段吊装与定位精调

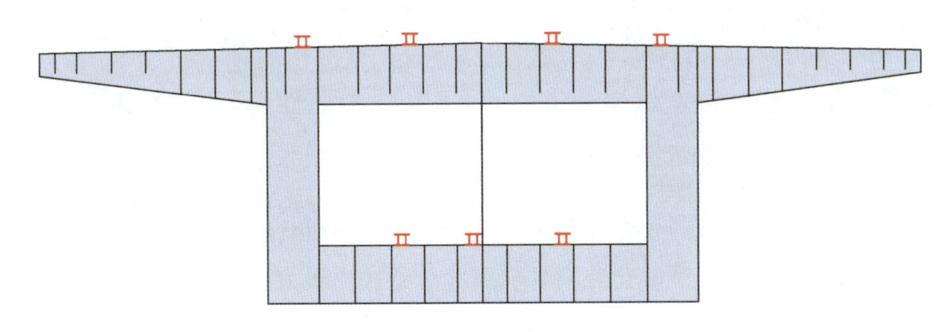

图4-35 钢混结合段锁定装置布置

4.3.3 钢箱梁制作、运输与安装

通航孔跨中85m钢箱梁采用整孔制作，共分为七个梁段，A、B、C三种类型，如图4-36所示。自钢混结合段工地连接处起沿桥梁里程桩方向梁段长度分别为13m、12m、12m、11m、

12m、12m、13m。单梁段最大质量164.1t，整孔吊装钢箱梁质量为852.3t。钢箱梁单幅宽15.6m，悬臂长4m，梁底宽度7.6m；跨中60m范围梁高4m，两端仅钢混结合段各12.5m范围内梁高按1.6次抛物线变化，梁高4～4.44m。

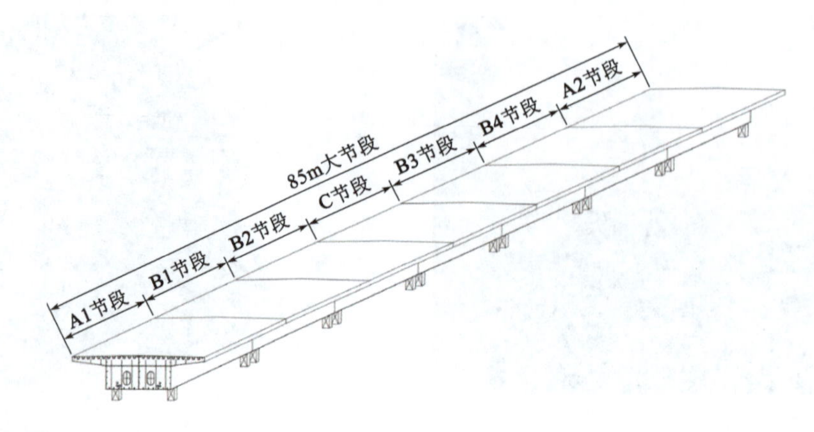

图4-36 钢箱梁分段图

钢箱梁顶板板厚26mm、20mm，腹板板厚24mm、20mm、16mm，隔板板厚16mm、12mm，底板板厚26mm、24mm、20mm。

(1)钢箱梁焊接

钢箱梁采用正装法焊接，装焊顺序为：平胎架上装底板单元件→焊接底板纵对接焊缝→依次装纵隔板单元件、横隔板单元件、腹板单元件→焊接横隔板与纵隔板、腹板立角焊缝→焊接腹板、纵隔板与底板角焊缝→焊接横隔板与底板平角焊缝→装顶板单元件→焊接顶板纵对接焊缝→焊接腹板、纵隔板与顶板角焊缝→焊接横隔板与齿形板仰角焊缝→焊接齿形板与纵隔板、腹板立角焊缝→吊装挑臂单元件→焊接挑臂面板纵对接焊缝→焊接挑臂隔板与外腹板角接焊缝→焊接挑臂底板与外腹板角接焊缝。

焊接变形质量控制措施主要有：

①为避免仰位焊接，平位拼接焊缝采用陶质衬垫，单面焊双面成形工艺，CO_2气体保护焊打底，埋弧焊填充、盖面，埋弧焊分道焊接，提高焊缝韧性，其余焊缝采用CO_2气体保护焊。

②应用全位置自动焊接小车，提高自动化程度。

③进行环焊缝焊接时，安排偶数个CO_2焊工，对称均匀分布，同时分段进行焊接。

如图4-37所示为钢箱梁典型焊接作业图。

(2)钢箱梁涂装

钢箱梁涂装的范围包括：钢箱梁外表面、钢箱梁内表面、钢桥面及附属构件等部位的涂装。涂装工序分为：钢板厂内预处理、厂内涂装、桥位焊缝及损伤区域的涂装。

(3)钢箱梁节段总拼

钢箱梁在拼装场地进行匹配制造，根据监控指令，确定85m大节段精确尺寸，分配各节段余量切割量，首先定位A1节段，调整至要求线形，然后依次组装B1、B2、C、B3、B4、A2节段，每完成一道环缝，进行复测，合格后方可进行下一道环缝施工。

a)箱梁平焊缝

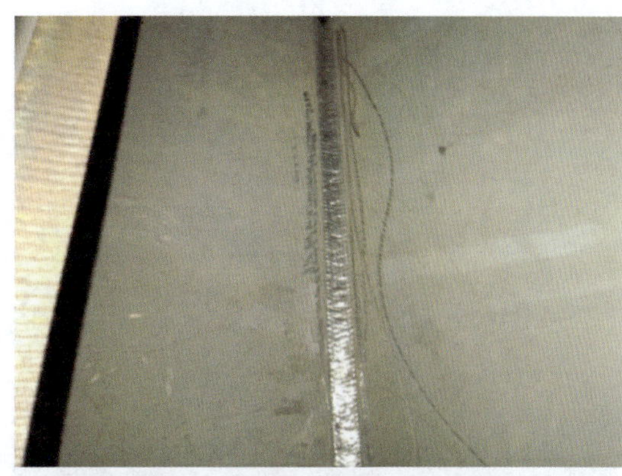
b)箱梁立焊缝

c)底板机器人焊接

d)自检焊缝检查

图 4-37 钢箱梁焊接

钢箱梁在整体胎架上拼装完成后解除胎架对箱梁的约束,以使节段呈无约束状态,复测节段线形并报验合格后,刻画标记标识线及余量切割线,根据监控指令要求,切割各环口余量后下胎架进行节段清磨。节段清磨并涂装完毕后,返至预拼场地进行预拼,采用专用钢墩对节段四角进行支撑,调整至监控线形后,安装临时连接件并紧固,紧固后进行拼接板配钻及桥面附属构件的安装。安装完,对节段标记标识后,进行环缝补涂。钢箱梁节段总拼如图 4-38 所示。

a)焊前除锈

b)腹板对接机器人焊接

图 4-38

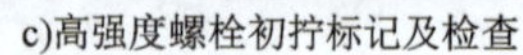
c)高强度螺栓初拧标记及检查

d)高强度螺栓施工终拧检查

图 4-38　钢箱梁节段总拼

(4)钢箱梁运输

钢箱梁上两端各设置两个吊点，吊点布置如图 4-39 所示，吊点横向设置在腹板位置，间距为 7.6m，纵桥向设置在两端各 1.25m 处，中心间距为 82.5m。图 4-40 为钢箱梁吊装作业。

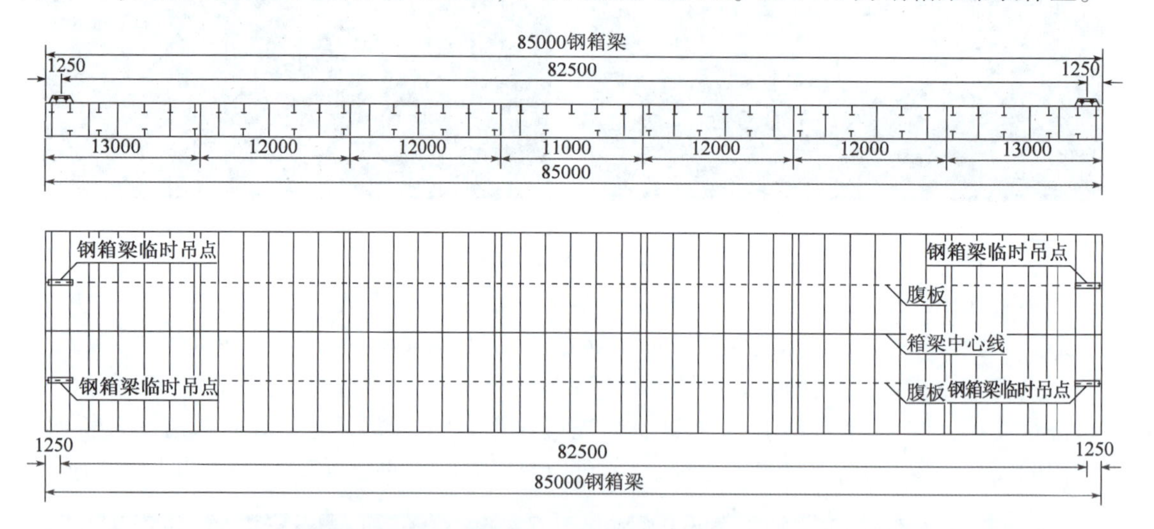

图 4-39　钢箱梁吊点布置(尺寸单位:mm)

图 4-40　钢箱梁吊装作业

钢箱梁采用900t门式起重机吊装上船，吊耳采用A1、A2节段面板上设置的四个吊耳，如图4-41所示。

a)钢箱梁起吊准备

b)钢箱梁起吊

c)节段上船

d)节段落位

图4-41 钢箱梁节段吊装上船

节段采用钢墩多点支撑(与运输船焊接固定)，布置位置应在节段、运输船强结构处，以保证节段支承处不产生局部变形，充分考虑运输船横向重心点位置以及纵向支撑位置，利于荷载向其他方向扩散以提高甲板单位面积承载能力。同时保护节段涂装面，在节段与运输船支撑位置和固定位置采用塑料薄膜或聚氨酯橡皮等防护措施。

为防止运输过程中货物倾覆、滑动，梁段必须设置绑扎加固装置。为避免破坏原底板结构和涂装，用重型花篮螺栓和钢丝绳拉紧，共8个绑扎点，每个点2个花篮螺栓，每个花篮螺栓预紧力为60kN，共计横向绑扎力为960kN。所有绑扎结构与梁段涂装面接触处均包裹防火布，防止破坏涂装层。钢箱梁运输船运至现场后，按照钢箱梁装船的方向进行转向停泊。运输船的锚定采用4根锚，锚长度为400m，质量为4t。根据涨落潮时段，运输船选在高平潮期定位抛锚，在落潮时将钢箱梁吊离船，使船顺着落潮远离栈桥，如图4-42所示。

(5)现场吊装

①钢箱梁起吊

运输船停泊稳定后，桥面吊机下放吊具至距梁面约30cm，通过主吊具上的重心调节千斤顶对吊具与待安装梁段重心进行调节，以保证吊装梁段处于水平状态。吊具安装时，桥面吊机的钢绞线是松弛状态，如图4-43、图4-44所示。

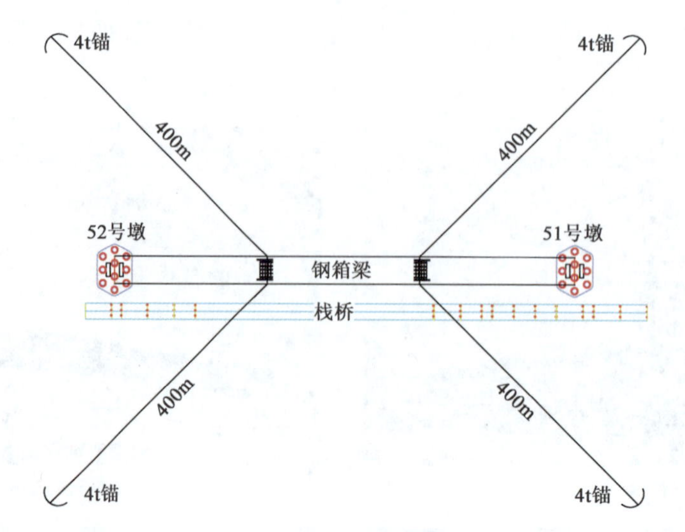

图4-42 钢箱梁抛锚定位

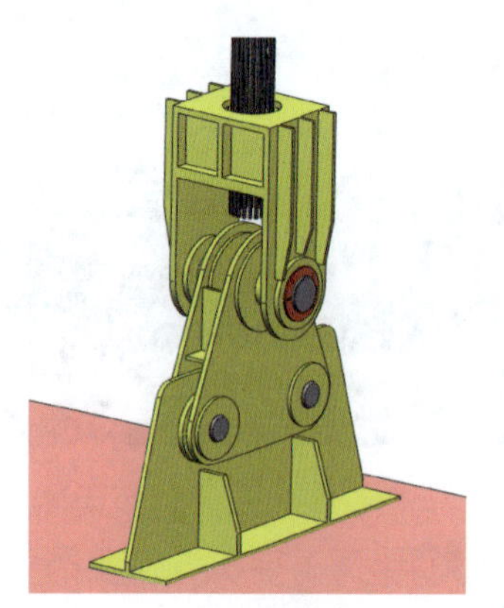

图4-43 安装吊具

图4-44 吊具安装完成

吊具安装完成后,先加载20%的力对钢绞线进行预紧,然后按40%、60%、80%、100%加载起吊。钢箱梁总质量约874t(含吊具),每个千斤顶承载按220t,最大承载设置不超过240t,最高压力限额为17.2MPa。位移差上限设置为5mm,位移差上上限设置为10mm。提升限速设置为5.5mm/s。

两台桥面吊同步提升钢箱梁。开启桥面吊机液压提升系统,采用手动控制方式分级加载提升,两台桥面吊施工点配备对讲机,确保实时沟通,同步起吊,如图4-45所示。

钢箱梁吊离运输船50cm高度时,检查桥面吊机运行是否正常,检查吊耳吊具是否安全。然后再提升1个油缸行程50cm,至1m高度停止,观察提升监控,检查压力应约为15.7MPa,吨位应约为220t,同时检查两台桥面吊机是否同步工作、压力值和吨位是否相同。

为了监测钢箱梁在起吊过程中的空中姿态,在两端口横向两侧底、腹板交接点处设置4个监测点,以防过大的倾斜导致提升力不平均。

钢箱梁在提升约1m高度时,观察其水平状态,测量4个监测点的高程,若4点高程不同,说明钢箱梁倾斜,应进行调平,确保钢箱梁处于水平状态。

②钢箱梁提升

钢箱梁调平后,累计高度清零,提升控制程序可转为自动控制状态,两台桥面吊机同时开启,如图4-46所示。

图4-45 钢箱梁吊离船

图4-46 钢箱梁提升

提升过程中,主要观察吨位和累计高度显示,四个千斤顶吨位显示应约为220t,正负偏差不超过20t。同一台桥面吊机的千斤顶累计高度差值不能超过4cm,两台桥面吊机的累计高度差值不能超过10cm。

在20个顶升行程后,累计高度为10m停止,观察其水平状态,测量4个监测点的高程,若高程差值超过10cm,进行调平。两台桥面吊机同时开启。在40个顶升行程后,累计高度为20m停止,观察其水平状态,测量4个监测点的高程,若高程差值超过10cm,进行调平。两台桥面吊机同时开启。在60个顶升行程后,累计高度为30m停止,观察其水平状态,测量4个监测点的高程,若高程差值超过10cm,进行调平。然后两台桥面吊机同时开启,提升到位。

③钢箱梁合龙

钢混结合段与钢箱梁底板、顶板和外腹板设置嵌补段,宽度500mm,由于底板嵌补桥位施工难度大,施工精度难以保证,将底板嵌补与钢箱梁A1、A2节段先行安装,桥位吊装后,视现场情况进行嵌补段余量的配切，如图 4-47 所示。

图 4-47　钢箱梁合龙精调

随着钢箱梁提升，直到底板与钢混结合段接触，将钢箱梁一端与钢混结合段根据栓接板缝宽 4cm 进行留缝，另一端底板进行配切，配切缝大小根据温度而定。底板配切完成后，将钢箱梁提升至设计位置，采用桥面吊机和千斤顶进行合龙精调，精度达到要求后，采用马板焊接将一端临时固定，另外一端自由伸缩，如图 4-48 所示。

图 4-48　钢箱梁一端临时固定

钢箱梁完成定位后，为了保持稳定，先进行临时栓接，临时栓接检验合格后，进行结构件的栓接与检验。固定端的栓接板可在工厂内打好孔到现场安装，自由端的栓接板要在现场进行配钻打孔，如图 4-49 所示。

图 4-49 现场栓接施工

结构栓接合格后，安装腹板嵌补、安装焊接腹板嵌补、安装面板嵌补段、焊接环缝。腹板嵌补段在钢箱梁初步定位后现场测量较为简便，下料后由上方吊装。面板嵌补段在桥面精确测量并下料后安装。

（6）钢箱梁线形监控

①钢箱梁制造预拱度

钢箱梁制造时以 20℃作为制造基准温度，工厂内实际制梁时，根据现场温度换算后，确定各梁段长度值；在确定梁段时，除现场温度换算、钢箱梁的轴向压缩值等因素外，还应根据焊接工艺试验，考虑焊接构造需要及焊缝在制梁温度场下的收缩变形后，得出实际梁制梁长度。为了保证钢箱梁基本处于无应力状态，有必要对胎架进行复核。

②合龙口空间位置监测

为了保证合龙的顺利进行，分析不同温度环境对合龙口空间姿态的影响规律，在顶板与底板左、中、右各布置一个测点，开展 24h 监测，钢混结合段顶板挠度与温度变化规律如图 4-50 所示。

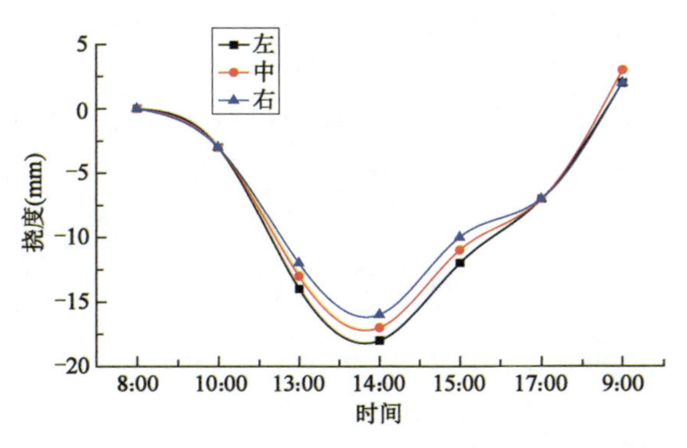

图 4-50 钢混结合段顶板高程变化

可以看出，大气温度变化对通航孔桥最大悬臂 C23′节段高程变化影响的最大值为 18mm，规律性明显。白天气温较高，不适宜合龙段施工，建议合龙段两侧湿接缝劲性骨架焊接和混凝土浇筑选择夜间进行，最佳合龙时间宜为凌晨 2:00—5:00。

③钢箱梁温度—梁长监测

特意选定天气条件为晴天，对合龙段整体钢箱梁进行温度监测。时间为当日 8:00 开始，2h 一次，直到次日 8:00 结束。合龙段 85m 钢箱梁温度-梁长监测结果见表 4-3。

合龙段 85m 钢箱梁温度-梁长监测结果 表 4-3

时　间	大气温度(℃)	钢箱梁表面温度(℃)	梁长变化值(mm)		
			左侧间距	中轴线间距	右侧间距
8:00	13.7	13.1	0.0	0.0	0.0
10:00	16.9	17.4	4.7	5.0	5.6
12:00	18.3	20.7	12.0	11.3	11.9
14:00	20.9	23.8	17.5	17.7	17.5
16:00	18.6	23.4	12.9	13.0	12.9
18:00	17.4	18.2	4.1	4.5	4.6
20:00	16.2	16.4	-0.9	-1.1	-0.7
22:00	15.1	14.4	-3.1	-3.4	-2.9
0:00	14.2	13.7	-4.5	-4.5	-4.2
2:00	13.6	13.1	-5.3	-5.2	-5.1
4:00	13.1	12.5	-6.7	-6.8	-6.6
6:00	13.5	12.9	-3.6	-3.5	-3.6
8:00	13.9	13.4	-1.2	-1.1	-0.9

从上表可以看出：a. 当日大气温度变化最大值为 7.8℃，钢箱梁表面温度随大气温度变化规律明显，钢箱梁表面温度变化最大值为 11.3℃；b. 钢箱梁梁长随温度变化规律明显，变化最大值为24.5mm，大约在凌晨 4:00 钢箱梁梁长最短，在 14:00 左右钢箱梁延伸至最长；c. 钢箱梁在凌晨 0:00—6:00 梁长、表面温度较平稳，最佳合龙时段为凌晨 2:00—5:00。

④合龙精度控制指标

为便于钢箱梁悬臂拼装架设过程中的施工监控以及成桥后的线形观测，在钢箱梁布置相应的高程测点，测点布置在桥梁中心线和隔板位置的顶板。其中，中跨 85m 钢箱梁合龙精度为高程偏差 8mm、轴线偏差 7mm，实现了高精度合龙控制，见表 4-4。

合龙精度控制 表 4-4

位　置	合龙口高差(mm)	轴线偏差(mm)
51 号墩最大悬臂端	8	6
52 号墩最大悬臂端	7	7

4.4 结构性能分析

4.4.1 计算模型

为了掌握通航孔桥混合箱梁连续刚构体系各施工阶段及成桥状态力学性能，采用 Midas 软件进行了精细化有限元分析研究。

(1)主要技术标准

①设计荷载：公路-Ⅰ级。

②设计基准期：100 年。

③设计安全等级：一级。

④环境类别：Ⅰ类环境。

⑤设计车速：80km/h。

⑥通航水位(1985 国家高程标准)。

⑦桥梁宽度：单幅桥梁宽 15.6m，行车道净宽 11.25m。

(2)材料参数

①混凝土。混凝土箱梁采用 C55 海工耐久混凝土。合龙段现浇湿接缝采用 C55 微膨胀早强混凝土，施工预留孔的封填采用 C55 微膨胀混凝土。收缩徐变特性按照规范规定取值。

②钢材。钢箱梁主体结构及钢护栏采用 Q345-D 低合金钢。

③预应力钢绞线。预应力钢绞线主要技术标准应符合《预应力混凝土用钢绞线》(GB/T 5224—2014)的规定。单股钢绞线直径 15.20mm，钢绞线面积 $140mm^2$。

(3)荷载参数

①恒载

一期恒载：箱梁重量按设计尺寸计算，预应力混凝土结构重度 $26kN/m^3$；桥墩混凝土重度 $25kN/m^3$；沥青混凝土重度 $24kN/m^3$。

②二期荷载

主要包括桥面铺装、防撞护栏。

箱梁桥面铺装考虑 10cm 沥青混凝土，综合考虑人行道、防撞护栏、灯柱等附属设施，二期恒载合计取 $q=78.57kN/m$。

③混凝土的收缩及徐变作用

预制节段梁加载龄期按照 60d 计算，徐变系数终极值 1.8，收缩应变终值 1.7×10^{-4}。年平均相对湿度 80%，混凝土收缩徐变 3650d。

混凝土收缩应变和徐变系数：按《公路钢筋混凝土及预应力混凝土桥涵设计规范》(JTG

D62—2004)附录 F 提供的方法计算。

④预应力作用

体内预应力采用两端张拉,设计张拉控制应力为 0.75f_{pk}。考虑预应力张拉锚固、压浆和混凝土形成组合截面的过程,预应力损失同步计入。

体外预应力设计张拉控制应力为 0.65f_{pk},经过计算,预应力损失值为 100MPa。

⑤基础变位作用

主墩沉降采用 -20mm,边墩沉降采用 -10mm(各墩之间按最不利状况组合)。

⑥温度荷载

系统温度按照整体升温 17℃、降温 -21℃形成温度荷载;主梁考虑沥青铺装层对梯度温度的影响,按现行规范规定竖向梯度温度取值,如图 4-51 所示。

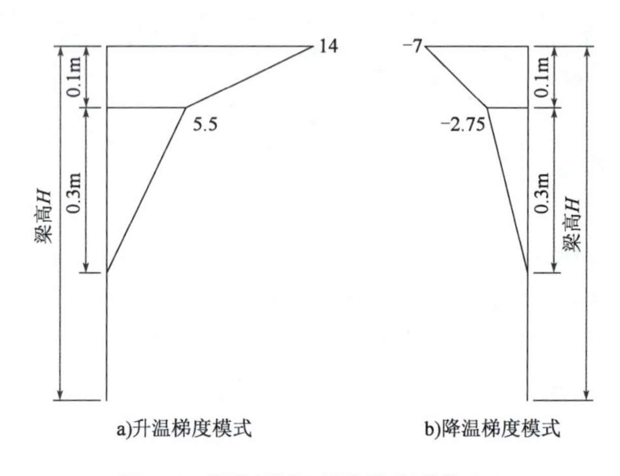

图 4-51 温变(温差)梯度模式(单位:℃)

⑦汽车荷载

活载按公路-I级计算,横向按三车道计算,考虑汽车冲击系数和横向偏载系数(取 1.15)。

⑧有效宽度系数

按照《公路钢结构桥梁设计规范》(JTG D64—2015)第 5.1.7 条的相关内容,考虑钢箱梁的剪力滞及局部稳定效应,对钢箱梁的截面惯性矩进行相应的调整,之后进行应力计算。

(4)荷载组合及验算内容

①持久状况正常使用极限状态验算

a. 持久状况正常使用极限状态抗裂验算

持久状况正常使用极限状态抗裂验算按照《公路钢筋混凝土及预应力混凝土桥涵设计规范》(JTG D62—2004)第 6.3.1 条执行。验算中荷载组合选用短期效应组合,参与组合的作用及各分项系数如下:结构重力(1.0),预加力作用(1.0),混凝土收缩徐变作用(1.0),基础变位作用[1.0,汽车荷载效应(不计冲击力,0.7)],温度作用(均匀温度 1.0,梯度温度 0.8)。

b. 持久状况正常使用极限状态挠度验算

验算中荷载组合选用短期效应组合,并考虑长期效应的影响。在挠度验算中取长期增大系数 $\eta_\theta=1.4125$,在消除结构自重产生的长期挠度后最大挠度不超过跨径的 1/600。

②持久状况构件的应力验算

a. 混凝土正截面法向应力验算

在正截面抗裂验算中参照规范的标准效应组合进行验算,验算中荷载组合选用标准组合,参与组合的作用及各分项系数如下:结构重力(1.0),预加力(1.0),混凝土收缩徐变作用(1.0),基础变位作用(1.0),汽车荷载效应(含冲击力,1.0),温度作用(均匀温度 1.0,梯度温度 1.0)。

b. 预应力钢束的拉应力验算

预应力钢束最大拉应力验算中采用标准效应组合进行验算。

③短暂状况构件应力验算

验算构件在施工阶段由自重、施工荷载等引起的应力,验算时采用荷载标准值。

(5)有限元模型

由于体外预应力钢束除在锚固与转向处之外,其余部分不与主梁共同变形,当主梁受荷弯曲后,体外钢束与截面形心位置发生相对变化,在承载能力极限状态下该效应尤其显著,为更加准确地模拟体外预应力的作用,在计算时对体外预应力采用桁架单元进行模拟,体外预应力混凝土梁计算模型如图 4-52 所示。

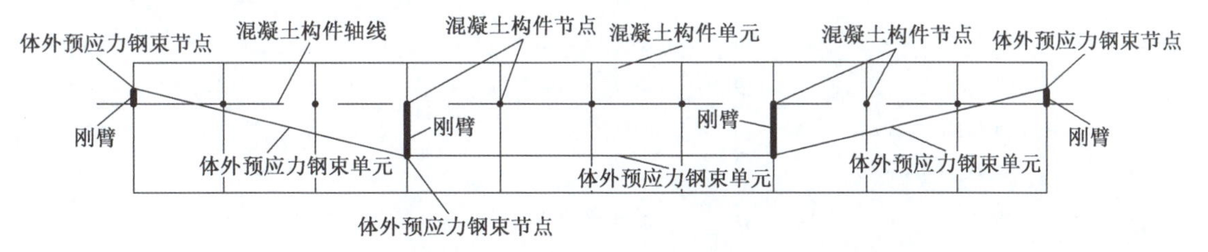

图 4-52　体外预应力混凝土梁计算模型示意

此外,体外预应力的摩阻损失仅发生在锚固块与转向块处,采用桁架单元模拟体外钢束可以更好地计算各段钢束的预应力损失。

空间杆系分析采用 Midas Civil 2015,混凝土主梁采用梁单元模拟,体外预应力钢束采用桁架单元模拟,体外束转向处刚臂采用梁单元模拟。体外预应力钢束每个折点建立一个节点,每一段直线作为一个桁架单元,通过手动计算预应力损失,以桁架单元预加力的形式模拟施加预应力的过程。预应力束节点通过刚臂和对应的主梁节点相连。计算模型共计 812 个单元,619 个节点。全桥有限元计算模型如图 4-53 所示。

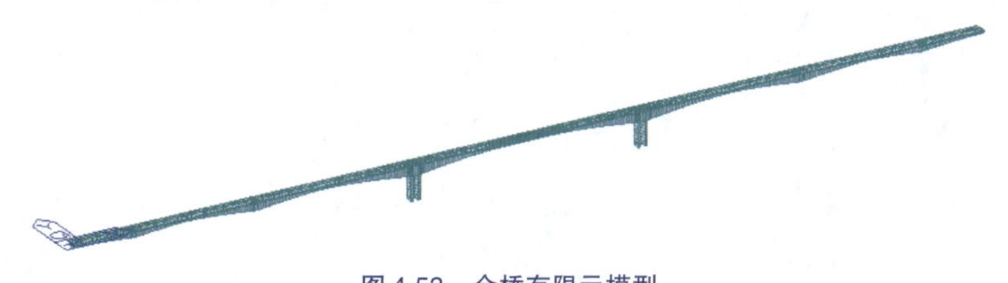

图 4-53　全桥有限元模型

4.4.2　施工过程分析

(1)施工过程模拟

主通航孔桥采用节段预制悬臂拼装、逐跨合龙施工工艺,详细的施工过程模拟见表 4-5。

施工过程模拟表 表 4-5

施工过程编号	施工内容	施工过程编号	施工内容	施工过程编号	施工内容
1	桥墩施工	29	10 号块安装	57	张拉 19 号块对应钢束
2	0 号块施工	30	张拉 10 号块对应钢束	58	吊机前移
3	1 号块支架安装并张拉对应钢束	31	吊机前移	59	20 号块安装
4	安装桥面吊机（300t 和 500t 吊机自重分别按 795kN、1170kN 计）	32	11 号块安装	60	张拉 20 号块对应钢束
5	2 号块安装	33	张拉 11 号块对应钢束	61	吊机前移
6	张拉 2 号块对应钢束	34	吊机前移	62	21 号块安装
7	吊机前移	35	12 号块安装	63	张拉 21 号块对应钢束
8	3 号块安装	36	张拉 12 号块对应钢束	64	吊机前移
9	张拉 3 号块对应钢束	37	吊机前移	65	22 号块安装
10	吊机前移	38	13 号块安装	66	张拉 22 号块对应钢束
11	4 号块安装	39	张拉 13 号块对应钢束	67	吊机前移
12	张拉 4 号块对应钢束	40	吊机前移	68	23 号块安装
13	吊机前移	41	14 号块安装	69	张拉 23 号块对应钢束
14	5 号块安装	42	张拉 14 号块对应钢束	70	边跨现浇段支架施工
15	张拉 5 号块对应钢束	43	吊机前移	71	边跨合龙
16	吊机前移	44	15 号块安装	72	张拉边跨合龙钢束并完成体系转换
17	6 号块安装	45	张拉 15 号块对应钢束	73	次边跨合龙
18	张拉 6 号块对应钢束	46	吊机前移	74	张拉次边跨合龙钢束并完成体系转换
19	吊机前移	47	16 号块安装	75	次中跨合龙
20	7 号块安装	48	张拉 16 号块对应钢束	76	张拉次中跨合龙钢束并完成体系转换
21	张拉 7 号块对应钢束	49	吊机前移	77	中跨水平顶推
22	吊机前移	50	17 号块安装	78	吊装中跨钢箱梁并完成中跨合龙
23	8 号块安装	51	张拉 17 号块对应钢束	79	拆除桥面吊机
24	张拉 8 号块对应钢束	52	吊机前移	80	体外预应力束张拉
25	吊机前移	53	18 号块安装	81	二期荷载（合计：78.57kN/m）
26	9 号块安装	54	张拉 18 号块对应钢束	82	10 年徐变
27	张拉 9 号块对应钢束	55	吊机前移		
28	吊机前移	56	19 号块安装		

(2)混凝土主梁抗裂验算

按全预应力构件进行抗裂验算。根据《公路钢筋混凝土及预应力混凝土桥涵设计规范》(JTG D62—2004)第6.3.1条:

$$\sigma_{st} - 0.85\sigma_{pe} \leqslant e$$

图4-54、图4-55为短期效应组合下混凝土正截面抗裂验算结果。

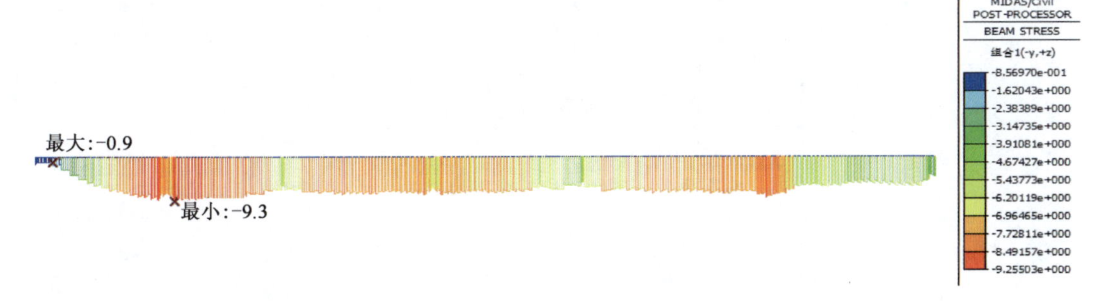

图4-54 短期效应组合下混凝土正截面上缘最小压应力图(半桥)(单位:MPa)

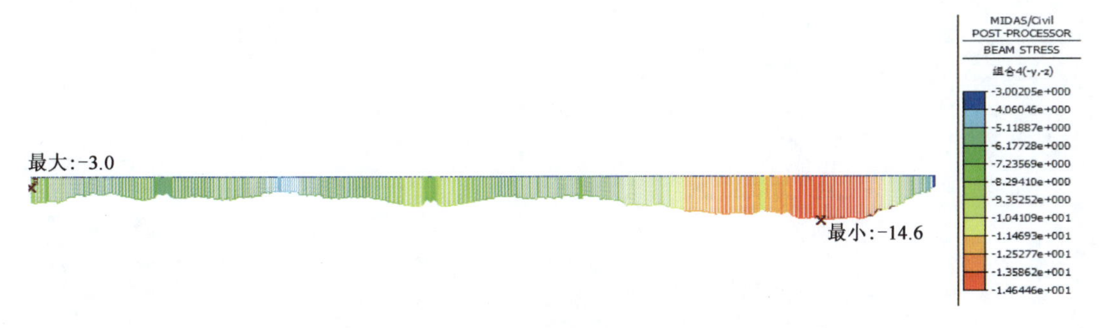

图4-55 短期效应组合下混凝土正截面下缘最小压应力图(半桥)(单位:MPa)

分析可知,按全预应力构件设计,箱梁截面全截面受压,满足正截面抗裂验算要求。

(3)挠度验算

在消除结构自重产生的长期挠度后,梁式桥主梁的最大挠度不应超过计算跨径 L 的1/600,中跨钢-混凝土混合梁竖向挠度在不计冲击力的汽车车道荷载频遇值下(频遇值系数为1.0)计算的挠度值不应超过中跨跨径 L 的1/500。

图4-56为混凝土主梁在持久状况正常使用极限状态,荷载短期效应组合(消除结构自重,乘以挠度长期增长系数)下的位移包络图。

可知,最大挠度:

第一跨:29mm $< L/600 = 117$mm;

第二跨:56mm $< L/600 = 223$mm;

第三跨:62mm $< L/600 = 300$mm。

可见,混凝土主梁刚度满足规范要求。

图4-57为中跨钢-混凝土混合梁在持久状况正常使用极限状态,荷载短期效应组合(消除结构自重,乘以挠度长期增长系数)下的位移包络图。可知,最大挠度位于跨中钢箱梁位置,且102mm $\leqslant L/600 = 433$mm。

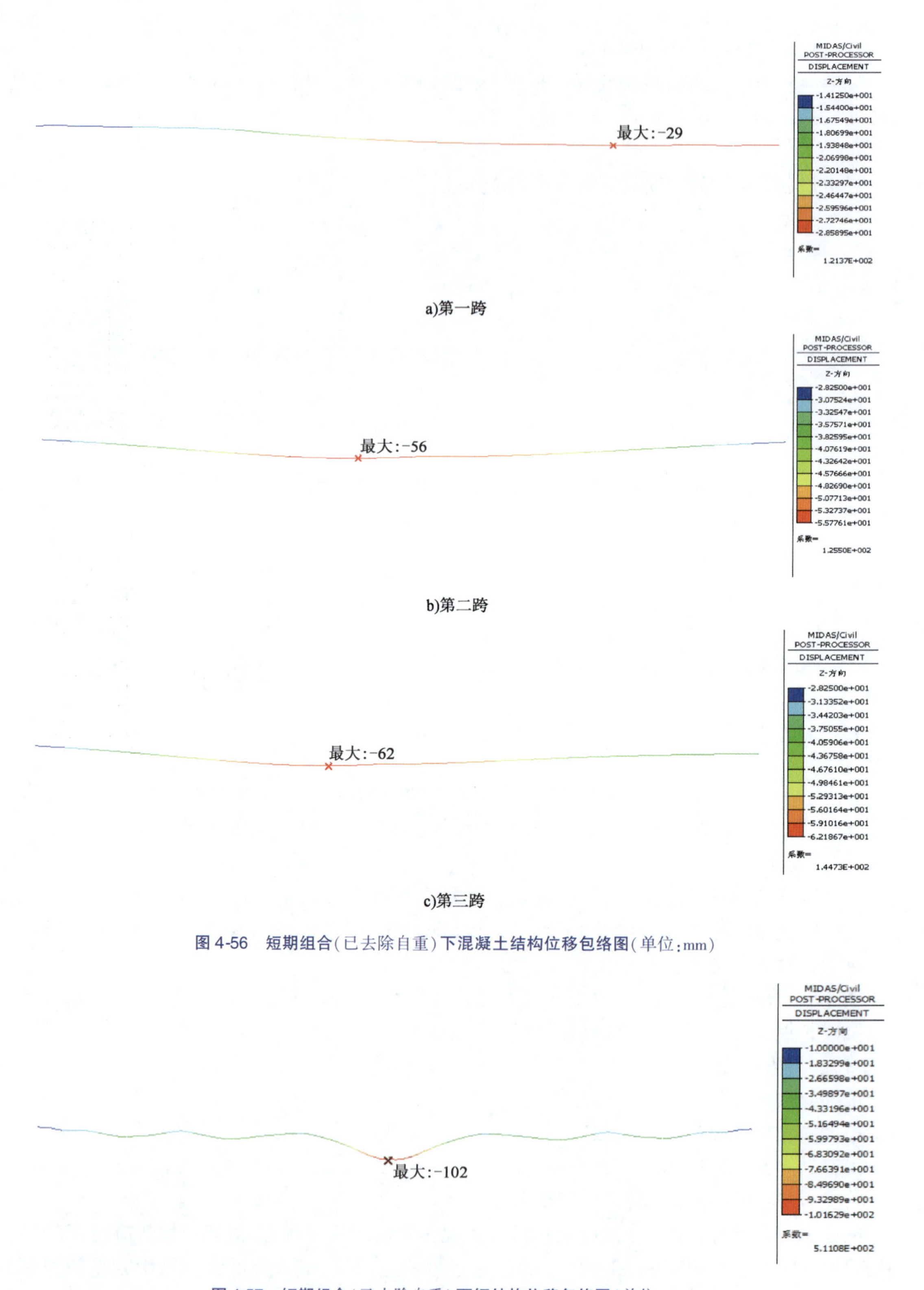

图 4-56　短期组合(已去除自重)下混凝土结构位移包络图(单位:mm)

图 4-57　短期组合(已去除自重)下钢结构位移包络图(单位:mm)

可见,主梁刚度满足规范要求。

(4)短暂状况混凝土主梁应力验算

短暂状况混凝土压应力验算采用标准值组合:1.0 恒载 +1.0 施工荷载(含预应力),混凝土最大压应力需满足:

$$\sigma_{\mathrm{tcc}} \leqslant 0.70f'_{\mathrm{ck}} = 0.70f_{\mathrm{ck}} = 0.7 \times 35.5 = 24.85\mathrm{MPa}$$

混凝土出现拉应力时应配置纵向钢筋,但拉应力应满足:

$$\sigma_{\mathrm{tct}} \leqslant 1.15f'_{\mathrm{tk}} = 1.15f_{\mathrm{tk}} = 1.15 \times 2.74 = 3.151\mathrm{MPa}$$

图 4-58、图 4-59 为施工阶段最大压应力、最大拉应力图。

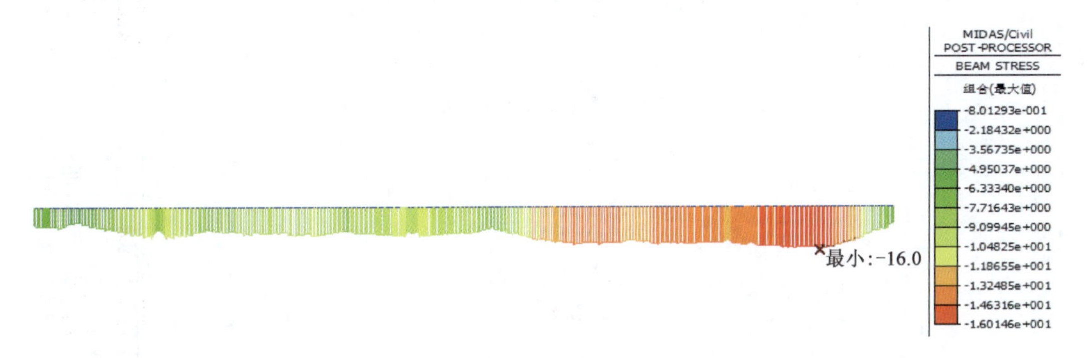

图 4-58 施工阶段混凝土主梁最大压应力图(半桥)(单位:MPa)

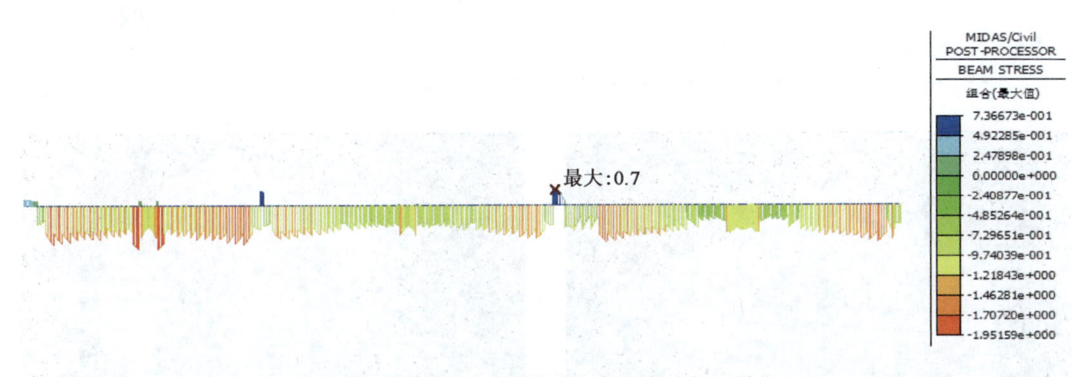

图 4-59 施工阶段混凝土主梁最大拉应力图(半桥)(单位:MPa)

可知,施工阶段出现的最大压应力为 16.0MPa,小于 24.85MPa,满足规范要求;最大拉应力为 0.7MPa,小于 3.151MPa,按照规范,预拉区应配置其配筋率不小于 0.2% 的纵向钢筋。

(5)施工阶段钢箱梁应力验算

施工全过程中,钢箱梁最大压应力及最大拉应力标准值如图 4-60、图 4-61 所示。

由图 4-60、图 4-61 可知,钢箱梁施工全过程最大压应力为 82.4MPa,最大拉应力为 130.7MPa,均满足规范要求的钢箱梁施工阶段应力允许值要求。

(6)施工过程钢混结合段局部分析

为了评估钢混结合段在施工过程中的准确受力情况,有必要建立精细模型。其中混凝土采用实体单元、钢箱梁采用板壳单元。钢混结合段长度为 2.1m,为准确反映钢混结合段的受力,基于圣维南原理,向混凝土主梁侧延伸 5.9m,向钢箱梁侧延伸 4.5m;同时,为实现在模型中施加力和位移的边界条件,在混凝土主梁侧建立了 4.5m 长的梁单元(施加力),在钢箱梁侧建立了 10.5m 长的梁单元(位移)。梁单元与实体单元和壳单元采用刚域方法连接,整体模型如图 4-62 所示。

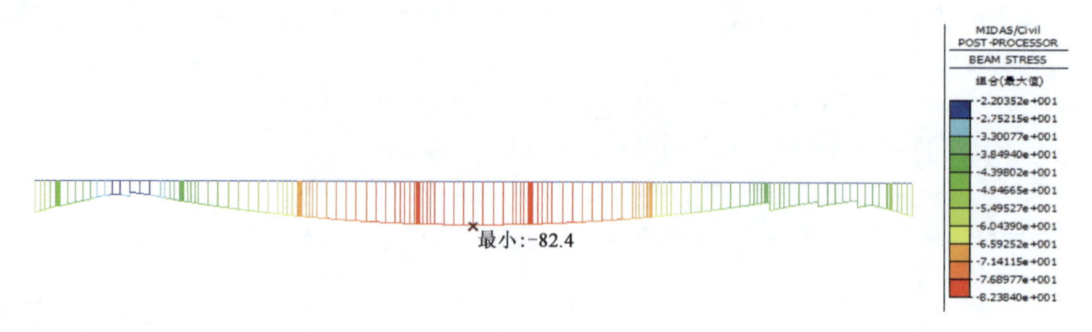

图 4-60　施工阶段钢箱梁最大压应力图(单位:MPa)

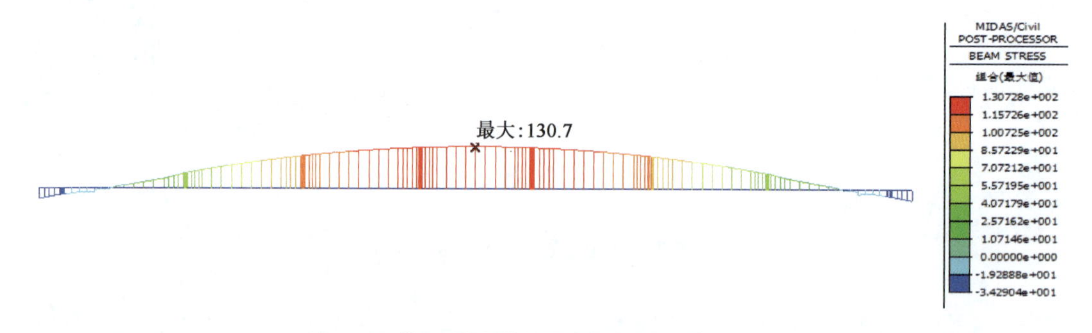

图 4-61　施工阶段钢箱梁最大拉应力图(单位:MPa)

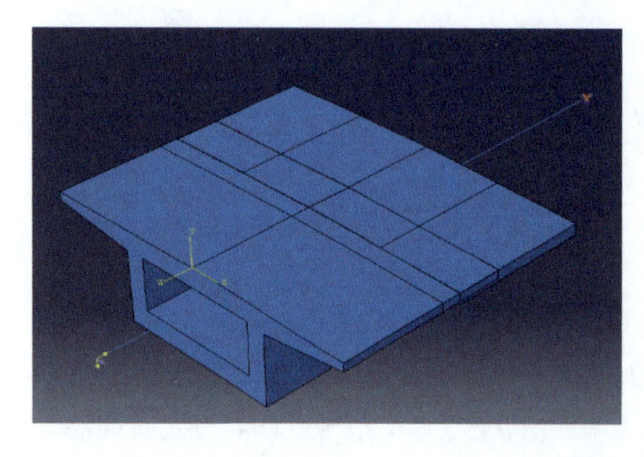

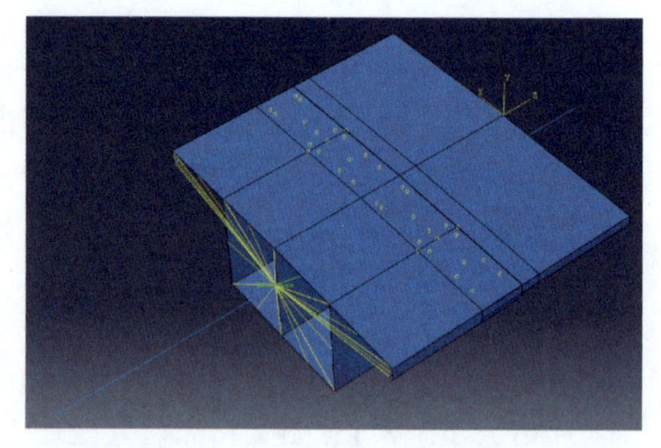

图 4-62　钢混结合段分析模型

①模拟参数

通过杆系模型计算,将施工阶段钢混结合段的最大弯矩及最大轴力施加在局部模型中。最不利工况下,钢混结合段的弯矩和轴力同时达到最大值。此时施加到混凝土梁段的荷载见表 4-6。

钢混结合段计算荷载　　表 4-6

工况名称	轴力 F_x(kN)	剪力 F_z(kN)	弯矩 M_y(kN·m)
最大轴力/弯矩工况	-121149	-2877	-40757

②模拟结果分析

钢混结合段钢箱梁正应力分别为 43.0MPa(拉应力)和 -80.4MPa(压应力),最大 Mises 应力为 94.2MPa,远小于 Q345 钢材的强度设计值,应力云图如图 4-63、图 4-64 所示。

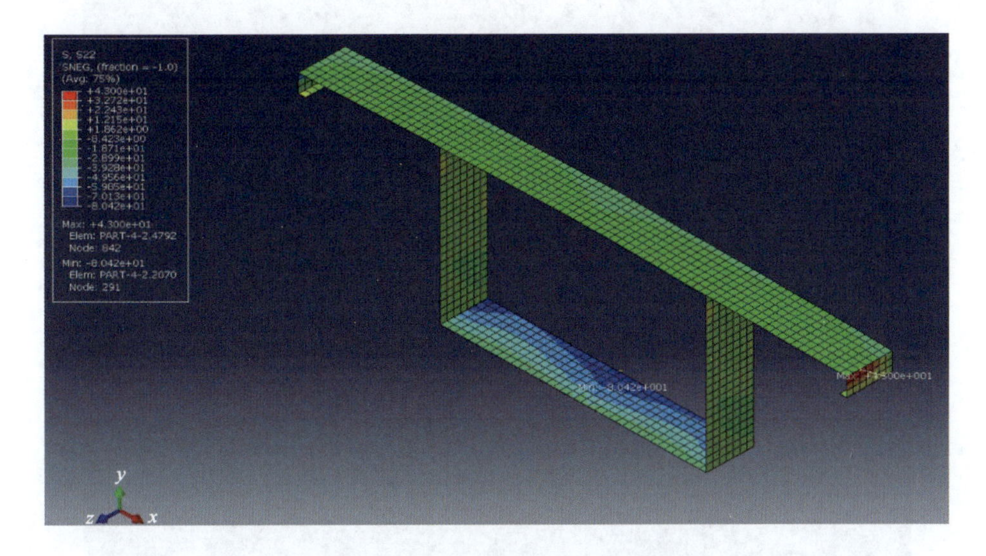

图 4-63 钢混结合段钢箱梁正应力

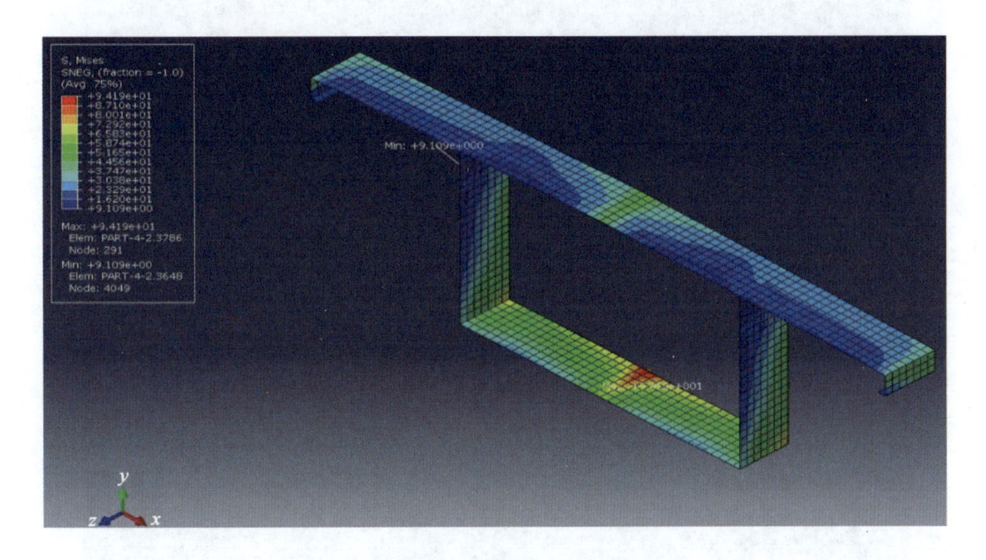

图 4-64 钢混结合段钢箱梁 Mises 应力

钢混结合段混凝土主梁纵桥向正应力为 -9.8 ~ -2.0MPa,全断面受压,如图 4-65 所示;横桥向正应力为 -1.5 ~ 0.8MPa,由于悬挑翼缘板的作用,在腹板位置梁顶会出现 0.8MPa 的拉应力,如图 4-66 所示;混凝土主梁的第 1 主应力为 -0.6 ~ 1.0MPa,最大主应力出现在钢混结合面位置,如图 4-67 所示;混凝土主梁的第 3 主应力为 -9.9 ~ -2.6MPa,如图 4-68 所示。

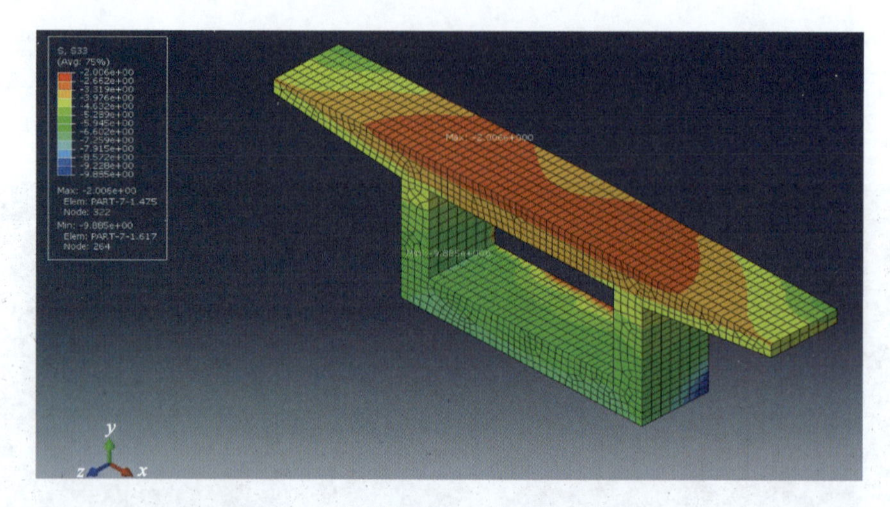

图 4-65 钢混结合段混凝土主梁纵桥向正应力

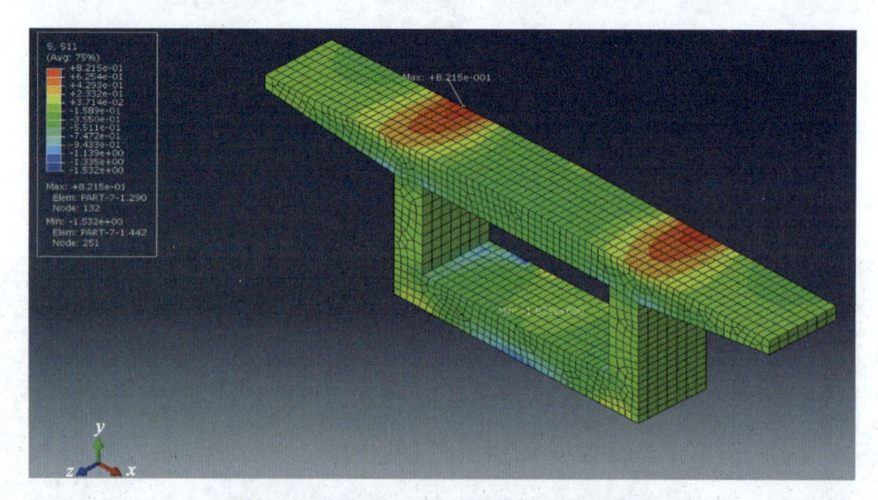

图 4-66 钢混结合段混凝土主梁横桥向正应力

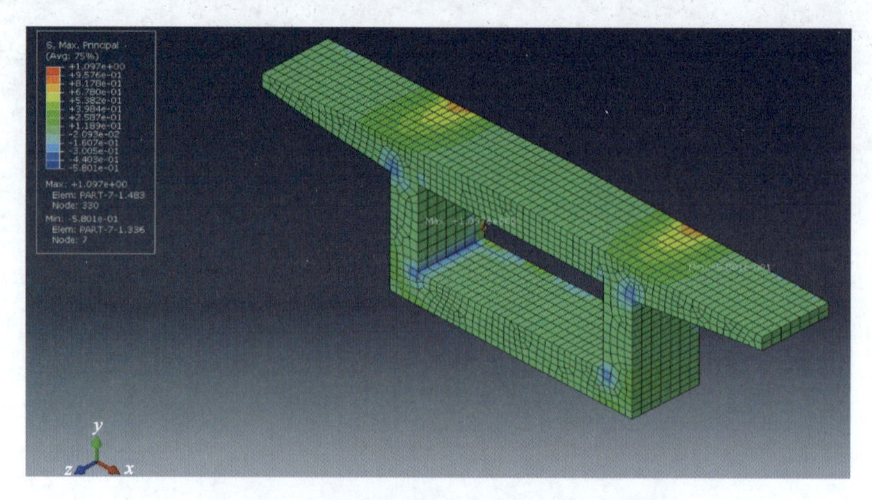

图 4-67 钢混结合段混凝土主梁第 1 主应力云图

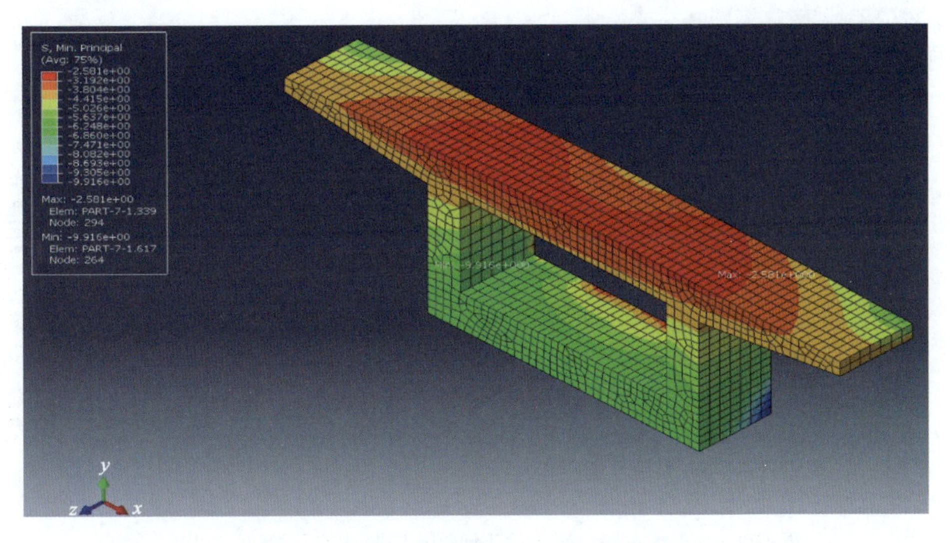

图 4-68 钢混结合段混凝土主梁第 3 主应力云图

4.4.3 成桥状态分析

(1)混凝土主梁持久状况应力验算

在使用荷载作用下,持久状态下预应力混凝土构件的法向压应力容许值(扣除全部预应力损失)应符合下列规定:

$$\sigma_{kc}+\sigma_{pt}\leqslant 0.5f_{ck}=0.5\times 35.5=17.75\text{MPa}$$

如图 4-69、图 4-70 所示,混凝土主梁中最大压应力值为 17.6MPa,满足规范要求。

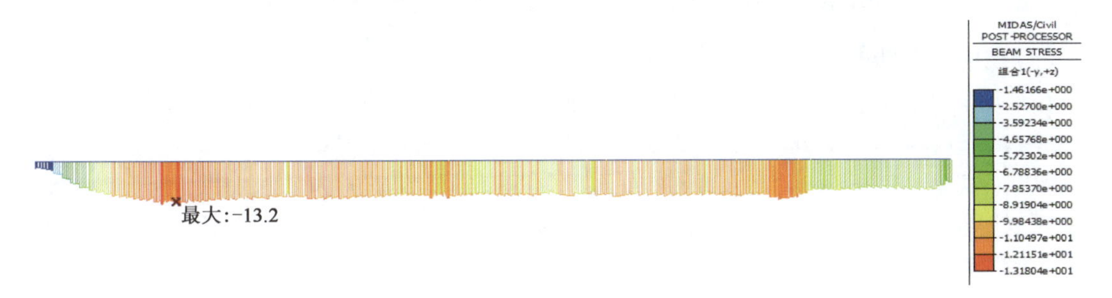

图 4-69 持久状况主梁截面上缘正应力图(单位:MPa)

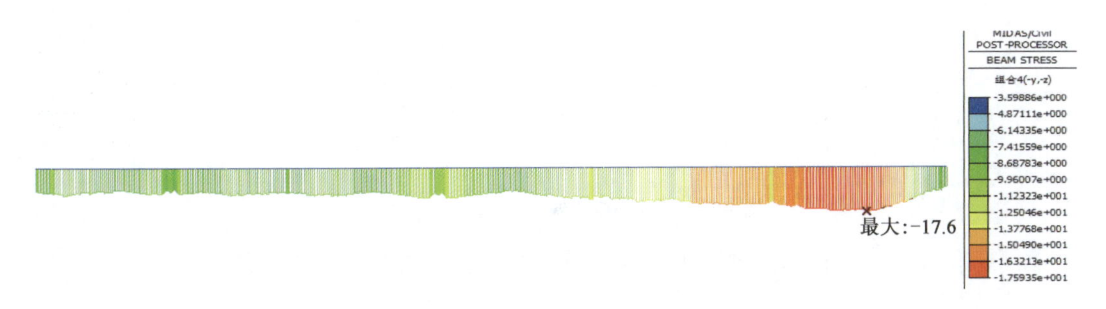

图 4-70 持久状况主梁截面下缘正应力图(单位:MPa)

(2)钢箱梁段应力验算

中跨钢箱梁段采用Q345qD钢材,根据《公路钢结构桥梁设计规范》(JTG D64—2015),Q345qD钢设计强度$f_d = 270\text{MPa}$,在承载能力极限状态组合下钢箱梁最大应力为224.3MPa,如图4-71、图4-72所示,满足规范要求。

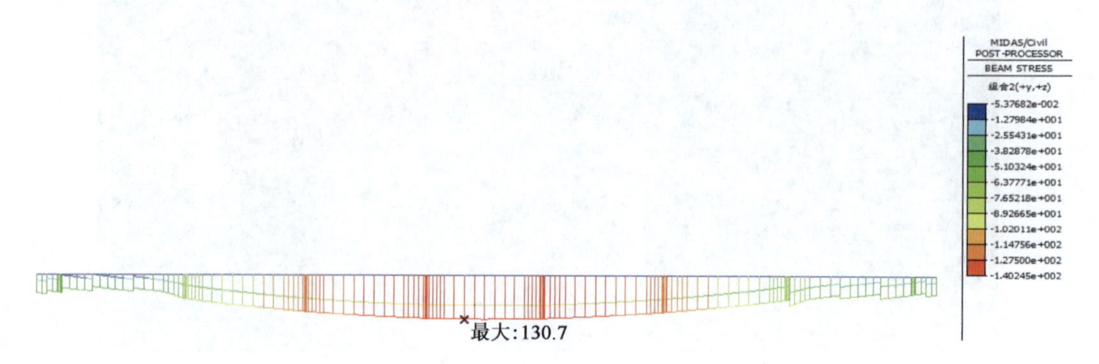

图4-71 承载能力极限状态组合下钢箱梁上缘应力包络图(单位:MPa)

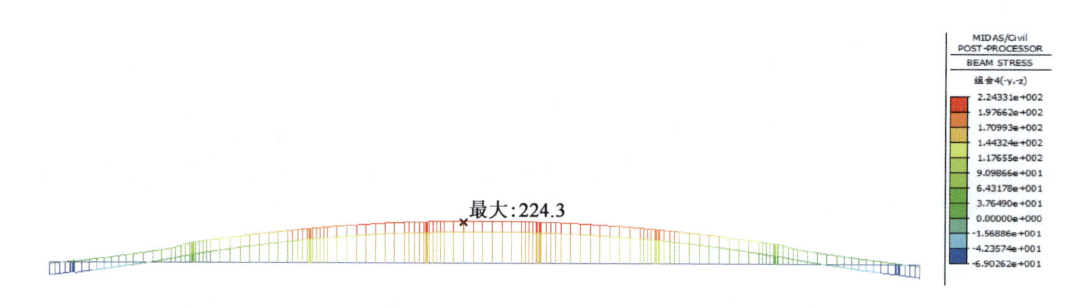

图4-72 承载能力极限状态组合下钢箱梁下缘应力包络图(单位:MPa)

(3)预应力钢筋的应力验算

在预应力钢束最大拉应力验算中采用标准效应组合进行验算,具体执行办法如下:

$$\sigma_{pe} + \sigma_p \leqslant 0.65 f_{pk} = 0.65 \times 1860 = 1209\text{MPa}$$

由图4-73可知,荷载标准组合下体外预应力钢束的最大应力为1206MPa,小于1209MPa,满足规范要求。

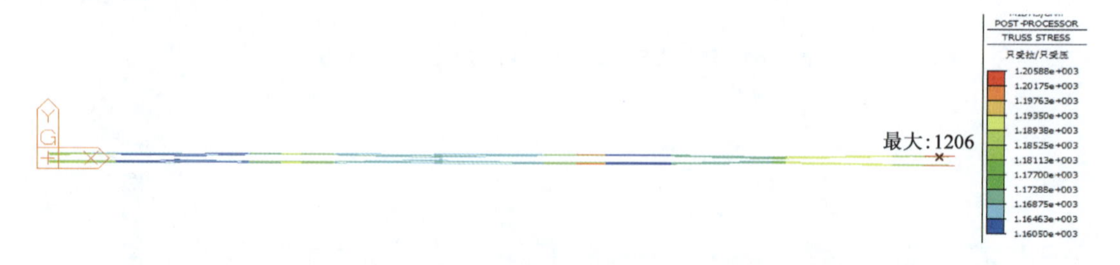

图4-73 体外预应力钢束应力图(单位:MPa)

荷载标准组合下所有体内预应力钢束的最大拉应力为1218MPa,没有超过限值的5%,可以视为满足要求。

4.5 本章小结

本章从主通航孔桥设计创新、施工方案比选、关键施工技术及结构性能计算分析等方面阐述了在海洋环境下大跨径混合梁连续刚构桥品质建造的技术特点与工程经验。

通过综合技术比选，对于变截面连续箱梁结构，采用节段预制拼装技术在施工质量、施工速度及建设条件适应性等方面更具优势，并且节段预制拼装结构具有更好的耐久性，更符合海洋环境条件下桥梁工程高品质快速建造的需求。

通航孔桥首次采用了大跨径预制节段与钢箱梁混合变截面连续刚构结构，施工上面临超高尺寸预制节段箱梁的预制、运输及安装，钢混结合段节段预制安装及钢箱梁合龙精度控制等诸多难题。为此，工程实践上采取以下应对措施。

(1)超高节段采用短线法节段预制施工工艺。为满足短线台座预制拼装对节段误差的毫米级控制要求，采取针对性措施解决箱梁模板设计与安装、钢筋骨架绑扎、混凝土浇筑与养护、成品储存、运输与安装等关键工艺；应用 BIM 技术解决钢筋骨架模型精准化、实现存梁台座动态仓储信息管理，以减少施工成本、把控施工进度、提高工程品质、保证施工安全。

(2)为保证 5m 段钢混结合段的施工质量、耐久性及施工精度，在靠近混凝土区段的 3m 梁段中，2.1m 钢混结合段在工厂预制、0.9m 横隔板区域现场浇筑。钢混结合段采用桥面吊机安装，并利用桥面吊吊具对梁段整体的平面和高程进行调节。

(3)85m 钢箱梁采用整孔制作，共分为七个梁段，采用正装法焊接，通过规范焊接工艺和提升自动化程度保证焊接质量。钢箱梁由运输船运至桥位处，通过两台桥面吊机同步提升，并根据温度分析结果，在凌晨 2:00—5:00 完成最终合龙。

(4)采用有限元数值分析方法对通航孔桥施工过程和成桥状态的力学性能进行精细化分析，包括施工过程中混凝土梁抗裂、主梁挠度、混凝土梁应力、钢箱梁应力以及钢混结合段局部受力，成桥状态下混凝土梁应力、钢箱梁应力以及预应力钢筋应力，分析结果均满足规范要求。

第5章

CHAPTER 5

大规模超深厚软弱海域地层不均衡堆载对策研究

鱼山大桥需跨越鱼山岛东约2km处舟山绿色石化基地围垦区海塘，面临着四大挑战。一是围垦区处于超深厚软土地层，软土层总厚度43～50m不等，主要为淤泥、淤泥质黏土、淤泥质粉质黏土和软～流塑状黏土等软土层，工程性质差，具有含水率高、强度低、压缩性高、渗透系数小、流变性大等特点，土体极易受外力影响发生变形；二是根据舟山绿色石化建设总体要求，鱼山大桥作为配套项目，须在2018年年底建成通车，工期要求迫切；三是舟山绿色石化基地围垦也处于施工期，导致鱼山大桥围垦区范围内桥梁施工与舟山绿色石化基地围垦施工同步；四是在深厚软土海域进行大规模的堆载围垦施工，不均衡堆载作用会导致土体产生极大的沉降及水平推移变形，进而引发地基失稳和桩基破坏。目前的技术手段难以对超深厚软土地基的变形进行准确地计算和预测，国内也尚无有关类似工程的规范和标准可借鉴。

针对这一系列挑战，需要借助现场原位监测技术和精细化三维数值分析方法，超前开展评估超深厚软土条件不均衡大堆载作用对桥梁桩基的不利影响程度的研究，并提出工程对策。本章重点介绍跨堤堆载区地基沉降监测分析情况及采用三维固结有限元对施工全过程开展数值分析情况，据此提出跨堤桥梁设计优化方案。

5.1 舟山绿色石化基地施工概况

5.1.1 基本情况

舟山绿色石化基地以大、小鱼山岛为核心实施围垦，规划总面积41km^2。鱼山大桥在鱼山岛东面约2km位置跨越围垦海堤，与围垦区内规划路连接。鱼山大桥与规划围垦区海堤相交。其中围垦东堤顶高程为+8.0m，东堤内侧施工一条顺着桥轴线方向净宽为34m的中隔堤，中隔堤顶高程+4.0m，最终大桥与中隔堤上铺设的道路相接。

舟山绿色石化基地建设效果图、围垦区示意图如图5-1～图5-3所示。

图5-1 舟山绿色石化基地建设效果图

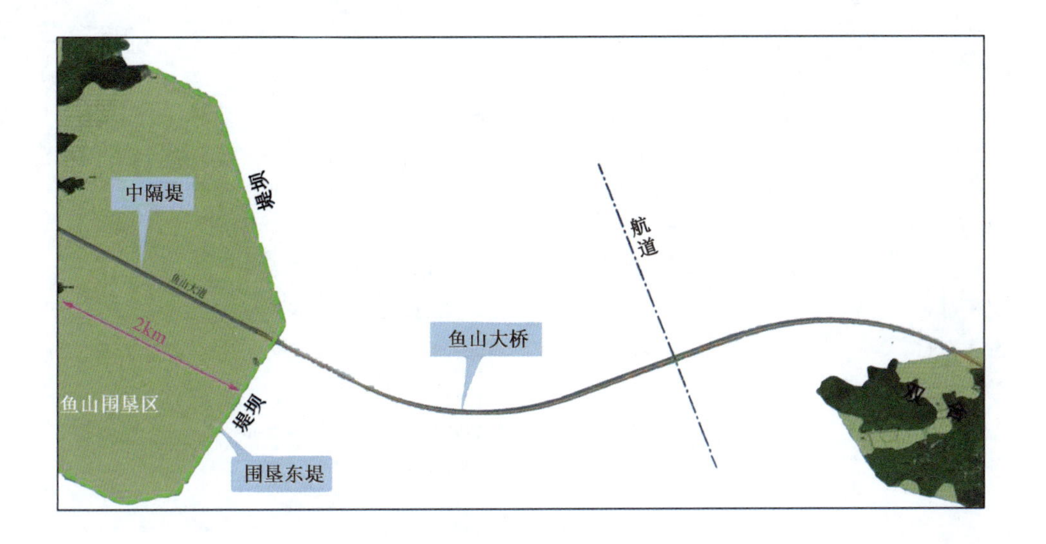

图 5-2　围垦区示意图

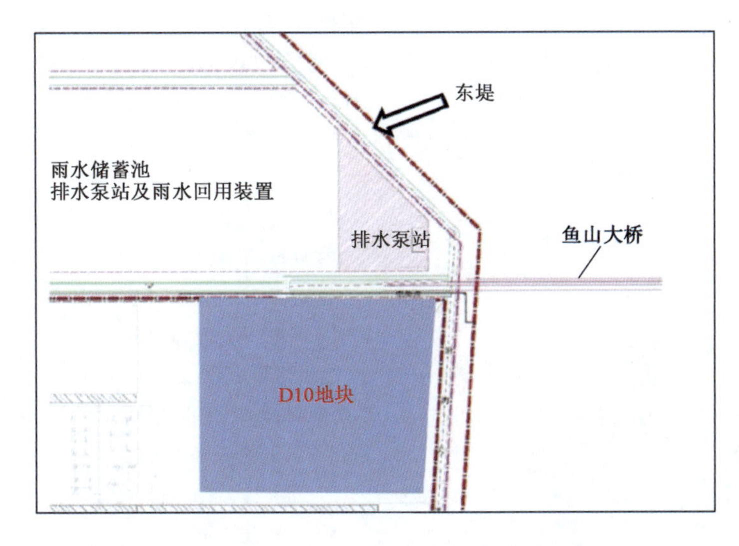

图 5-3　鱼山大桥、中隔堤与东堤交叉段平面图

5.1.2　地质概况

围垦区桥位附近海域属于滨海区域，泥面高程在 -7.0 ~ -6.0m 之间，水下岸坡属于水下浅滩类型。上部 43 ~ 62.2m 为淤泥质黏性土和软 ~ 流塑状粉质黏土，中间夹松散、稍密状的粉砂，工程地质性质差；中部以中密 ~ 密实状粉砂、细砂、砾砂为主；下部以可塑 ~ 硬塑状黏性土及冲积的密实状粉砂、细砂、砾砂；基岩面起伏变化较小，下伏基岩为凝灰质粉砂岩。其代表性孔位地质资料见表 5-1。

鱼山大桥 ZKS93 号孔地质资料(111 号墩附近,泥面高程 -6.73m)　　表 5-1

岩土名称	层厚(m)	累计层厚(m)	岩性描述	桩侧摩阻力标准值 q(kPa)
淤泥质粉质黏土	8.8	8.8	流塑,干强度中等,韧性中等	8
粉砂	0.8	9.6	饱和,密实,土质极不均匀	25
淤泥质黏土	13.6	23.2	流塑,干强度中等,韧性中等	10
淤泥质粉质黏土	8.9	32.1	流塑,干强度中等,韧性中等	12
黏土	7.1	39.2	流塑,干强度中等,韧性中等	20
黏质粉土	3.5	42.7	饱和,稠密,干强度低	30
粉质黏土	8.6	51.3	软塑,厚层状,土质较均匀	25
粉质黏土	0.9	52.2	可塑,厚层状,土质不均匀	40
细砂	3.2	55.4	饱和,中密~密实,砂质较纯	45
粉质黏土	3.0	58.4	软塑,薄层状,干强度中等	35
砂质粉土	0.7	59.1	饱和,中密,干强度低	40
粉质黏土	3.8	62.9	软塑,土质不均匀,干强度中等	35
粉砂	4.3	67.2	饱和,密实,砂质较均匀	45
粉砂	20	87.2	饱和,密实,砂质不均匀	50
粉土	2.9	90.1	饱和,密实,干强度和韧性低	40
粉质黏土	0.9	99.0	软可塑,干强度和韧性中等	35
粉土	2	101	饱和,密实,干强度和韧性低	40
粉砂	7.0	108	饱和,密实,砂质较均匀	50
粉质黏土	1.1	109.1	可塑,厚层状,干强度和韧性中等	40
粉砂	4.9	114	饱和,密实,砂质较均匀	50
粉质黏土	6	120	可塑~硬塑,干强度、韧性中等	55
中砂	1.4	121.4	饱和,密实,土质尚均匀	55
粉质黏土	11.1	132.5	可塑~硬塑,干强度、韧性中等	55
砾砂	3.3	135.8	饱和,密实,砂质尚均匀	60
全风化凝灰质粉砂岩	1.5	137.3	岩石风化剧烈,遇水易软化	50
强风化凝灰质粉砂岩	0.7	140.0	岩石风化强烈,锤击易碎	80
中风化凝灰质粉砂岩	3.1	143.1	岩石强度低,锤击可碎	
中风化角砾凝灰岩	2.6	145.7	岩石较软,用力锤击可碎	
中风化凝灰质粉砂岩	2.3	148.0	岩石强度低,锤击可碎	

5.1.3 施工计划

对于鱼山大桥与舟山绿色石化基地交叉段的施工,原计划先围垦施工大桥接线成陆工程,施工完成后,沉降 5 个月左右进行桥梁桩基施工,施工工期约 3 个月,然后进行后续围垦施工。

舟山绿色石化基地一期围垦工程为大桥接线成陆工程,分为 A、B、C 三段,根据围垦区原定交叉施工计划,桥梁结构受围垦回填施工影响范围确定为 A 段长 575m、B 段长 150m、C 段长 250m,如图 5-4 所示。为了提高围垦区地基承载能力,三段区段均采用塑料排水板 + 碎石桩进行地基处理。大桥接线成陆工程于2017年12月底完成回填。2018年5月1日开始施工围垦区大桥。在此期间，舟山绿色石化基地二期围垦工程提前启动。二期围垦工程主要包括东侧促淤堤、堤内D10区回填工程、蓄水池施工。东侧促淤堤工程被接线工程分为南北两段，堤轴线共长6806m；D10区位于大桥轴线南侧，堆载至+8.0m，堆载回填方量约45万m^3；蓄水池位于大桥轴线北侧，开挖至-4.0m。围垦工程示意图如图5-5所示。

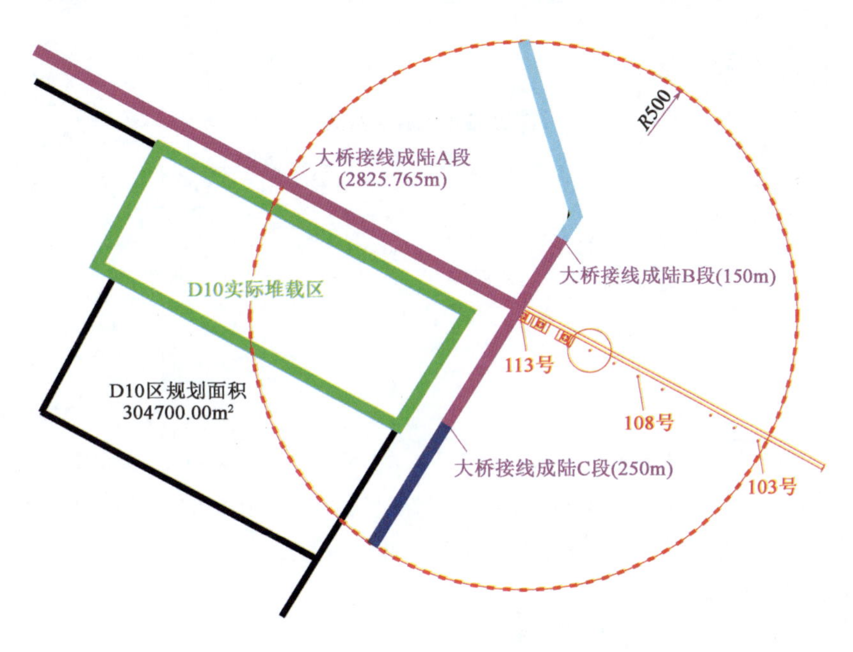

图5-4 大桥接线成陆工程平面布置

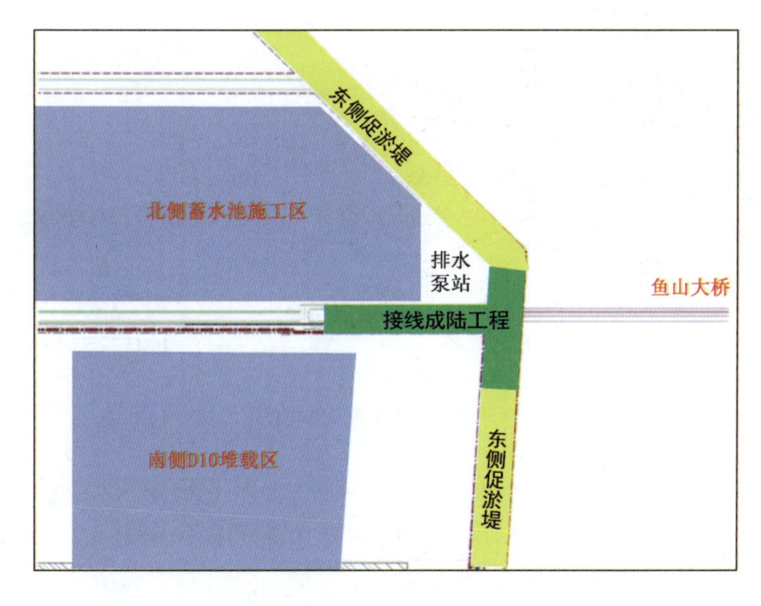

图5-5 围垦工程示意图

5.1.4 监测情况

对于如此深厚软基，桥梁与围垦同步施工时的影响区范围大，围垦堆载施工引起的软基变形将会对影响区桥梁结构安全造成极为不利的影响。为准确获取围垦堆载对桥区地层影响以指导设计及施工，施工期间设置了地基沉降监测系统，测点布设包括106～118号墩台所在位置及其邻近区域。

围垦监测内容和数量见表5-2。

围垦监测内容和数量　　表5-2

序号	监测内容	测点数量	监测频率
1	表层沉降观测	7	1次/d
2	表层水平位移观测	11	
3	深层水平位移观测	12	
4	分层沉降观测	5	
5	孔隙水压力观测	7	
6	固定式测斜观测	6	

注：监测频率根据现场施工工序、天气情况、水文条件进行动态调整，变形量较大时进行加密监测。

考虑离岸围垦区很难找到稳定的位置设立基准桩，在堤心处采取钻孔方式将钢管或镀锌管底端埋置于相对稳定的土层内，顶部露出地表15cm，且固定好基点测头，做好周边保护措施。

(1)测点布置

监测点平面布置示意图如图5-6所示。

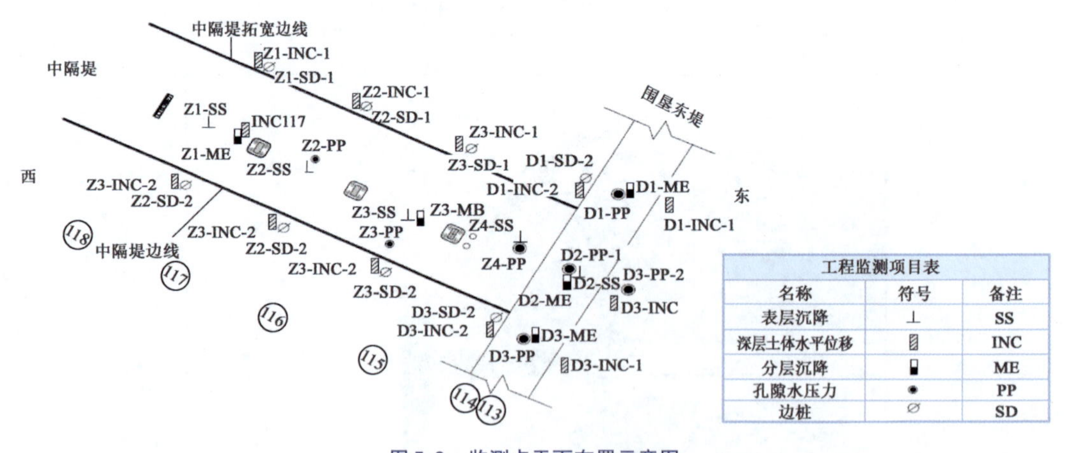

图5-6　监测点平面布置示意图

(2)变形监测情况

桥梁围垦影响区土体水平变形监测情况见表5-3。截至2018年5月25日，围垦影响区土体变形稳定，且变形量小。2018年5月26日，围垦监测数据显示深层土体位移发生突变。2018年5月27日7点20分左右，正在施工的111号墩3号桩基护筒出现严重偏位，2号桩基和3号桩基出现塌孔。经现场测量发现，110～113号墩钢护筒均向小里程方向出现不同程度的位移，最大位移达到7.3cm；108号、109号墩已成桩基出现不同程度的偏位，截至5月30

日，108 号、109 号墩在顺桥向小里程方向分别发生 8cm、1.3cm 的位移。

水平变形监测情况 表 5-3

部位	点号	4 月 15 日—5 月 1 日平均位移速率(mm/d)	5 月 1 日—5 月 25 日平均位移速率(mm/d)	5 月 26 日—5 月 28 日			5 月 29 日—6 月 12 日平均位移速率(mm/d)
				5 月 26 日位移(mm)	5 月 27 日位移(mm)	5 月 28 日位移(mm)	
东堤东侧	D1-INC-1	0.62 ~ 1.08	-0.17 ~ 0.15	14.49 ~ 40.11	-39.80 ~ 14.20	2.17 ~ 6.72	-0.45 ~ -0.72
	D2-INC	0.53 ~ 0.77	-0.27 ~ 0.29	—	-27.97 ~ -55.80	-2.35 ~ 2.90	-0.43 ~ 0.08
	D3-INC-1	0.38 ~ 0.68	0.05 ~ 0.18	1.97 ~ 4.30	0.07 ~ 0.37	0.02 ~ 0.51	-0.76 ~ -0.21

注：表中负值表示变形向大堤侧。

从表 5-3 可以看出，深层土体水平位移在 2018 年 5 月 26 日—5 月 28 日发生突变，平均位移速率远超之前的平均速率。且后期平均位移速率大于突变前速率，表明深层土体突变扰动后，深层土体仍处于恢复期，未出现收敛。根据现场围垦区施工情况，初步判断围垦影响区土体变形突变是由于二期围垦大规模不均衡堆载所致，为确保大桥施工质量安全，必须针对围垦堆载作用对桥梁桩基的不利影响开展评估，并采取相应工程对策。

5.2 不均衡堆载对结构的影响分析

为探明围垦对地层扰动的影响规律，采用三维固结有限单元法模拟施工全过程，模型考虑软土流变变形和桥墩桩基础与土之间的相互作用。通过研究 D10 区堆载、蓄水湖吹填、鱼山大桥接线工程及其东堤拓宽对地基和桥梁桩基的影响，揭示软基海堤与桥梁的相互作用机理，为围垦区桥梁设计、施工方案决策提供参考。

5.2.1 跨堤桥型初始方案

鱼山大桥在初步设计阶段，为规避围垦堆载对桩基带来的不利影响，跨堤采用箱涵结构，并采用扩大基础，容许箱涵在运营阶段和海堤同步沉降。箱涵两侧采用简支桥梁，桥梁的一侧支撑于箱涵侧墙，不会因海堤沉降而引起结构受力；海堤两侧桥梁因为海堤沉降而引起纵向线形变化，可以通过调整支座高度恢复设计线形。附近桥梁采用内、外双护筒方案，以消化海堤造成的水平向位移。经初步设计专家评审，认为海堤的工后沉降大，采用初设方案的后期顶升量大，实际操作难度大；建议若延续初步设计方案，则堤顶箱涵需要设置桩基，避免其大幅沉降，如图 5-7 所示。

为了最大限度降低围垦区地基变形对桥梁结构的影响，施工图阶段对围垦区桥梁方案进行了进一步优化。如第 2.3.4 节所述，跨堤两侧桥梁采用 50m 简支箱梁，跨堤段采用 7m 简支板梁，简支于 50m 箱梁；桩基为钻孔桩基础。112 号墩位于东堤边坡上，113 号墩和 114 号墩位于东堤之上，115 ~ 118 号墩全部位于中隔堤之上。112 号、115 ~ 117 号墩位于鱼山海塘附近，考虑到海塘后期围垦，均采用群桩基础，采用 4 根直径 2.2m 的钻孔灌注桩。113 号、114 号墩位于鱼山海塘上，采用双桩基础，采用直径2.5m的钢管复合桩。通过增设桩基隔离钢护筒的措施释放土体位移，同时通过围垦大堤两侧桩基附近增设防护钢管桩的措施，以消减可能的土体水平位移。具体设置方案为：在112～117号墩桩基周侧面加设隔离钢护筒，其中112号、115～117号墩隔离钢护筒内径3.00m，壁厚26mm，113号和114号墩隔离钢护筒内径3.60m，壁厚26mm；同时，在隔离钢护筒外侧加设内径3.752m，壁厚0.10m的RPC（超高韧性混凝土）预制防护套筒，形成双层防护隔离层；此外，在111号墩、112号墩和115号墩靠近鱼山海塘侧分别设置2根、4根和2根直径3.0m的防护钢管桩，以强化抵御海塘填筑可能造成的土体水平位移。在112～115号墩位置设置位移桩和测斜管，加强后期位移观测，如图5-8所示。

图5-7 初步设计堤顶箱涵处理

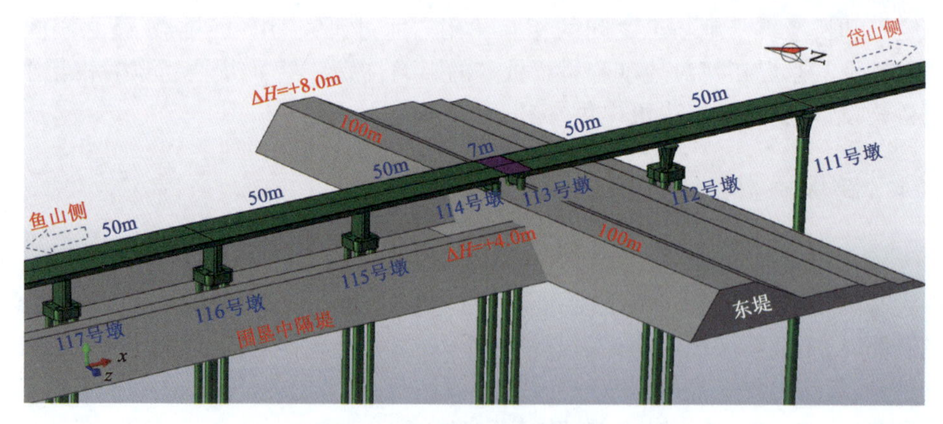

图5-8 施工图设计阶段跨堤布置

5.2.2 计划不均衡堆载施工影响分析

（1）计算模型

计算模型重点针对跨堤的初始方案进行建模分析。对于鱼山大桥与海堤交叉段（图5-9），围垦东堤顶高程为+8.0m，东堤内侧拟施工方向顺着桥轴线规划建设一条34m净宽的中隔堤，中隔堤顶高程+4.0m，最终大桥与中隔堤上铺设的道路相接（相接于中隔堤北侧）。

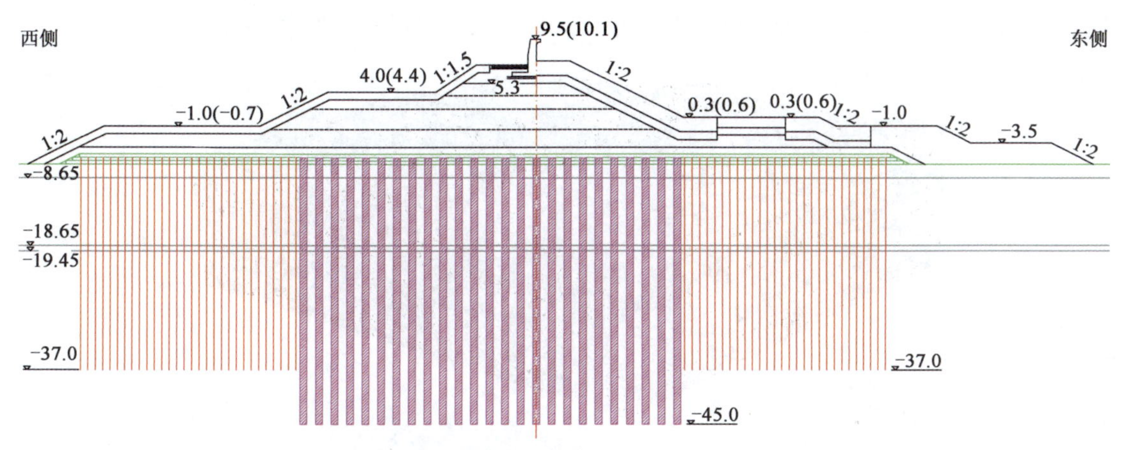

图 5-9 鱼山大桥与海堤交叉段示意图(尺寸单位:mm;高程单位:m)

通过对交叉段进行三维模拟,揭示软基海堤与桥梁的相互作用机理,综合分析隔离钢护筒和防护钢管桩的使用效果。通过对交叉段的安全性进行研究,确定交叉段的优选设计方案是否可行。

①鱼山大桥与围垦海堤交叉段有限元建模

鱼山大桥及其成陆的接线中隔堤与设计的围垦海堤线路呈正交叉,如图 5-10 所示。为分析海堤对桩基的影响范围,划分有限元网格时,有限元计算模型中桥墩取 109 ~ 118 号共 9 跨,除跨堤 113 号和 114 号桥墩之间的跨径为 7m,其余均为 50m 跨径,模型沿桥梁走向总长度取 600m,沿东堤纵轴向总长度取 500m。

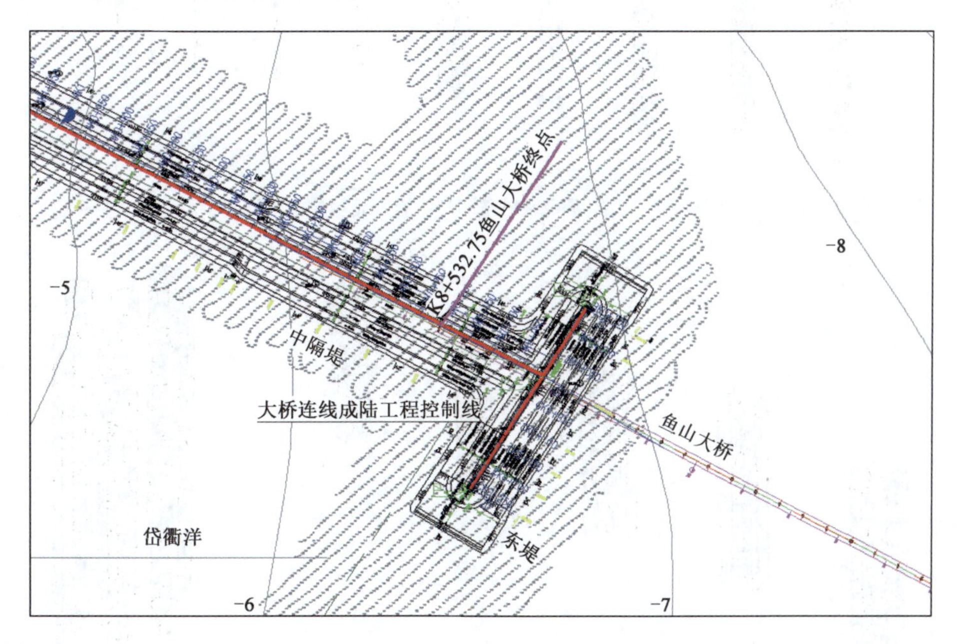

图 5-10 鱼山大桥、中隔堤与东堤交叉段平面图

建立了包括桥墩、桩基、围垦海堤及地基在内的三维有限元模型,如图 5-11 ~ 图 5-14 所示。有限元模型考虑了地基、桩基、复合地基等材料分区,反映了工程结构特点和地基工程地

质情况，同时考虑了施工分级。模型中，桩基按正八面体近似模拟圆形截面的混凝土桩。

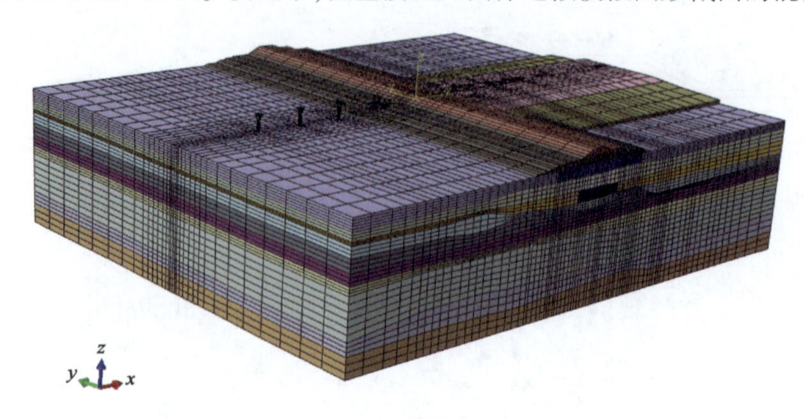

图 5-11　鱼山大桥与东堤交叉段三维有限元网格模型图

图 5-12　桥墩、承台及桩基的三维有限元网格模型图

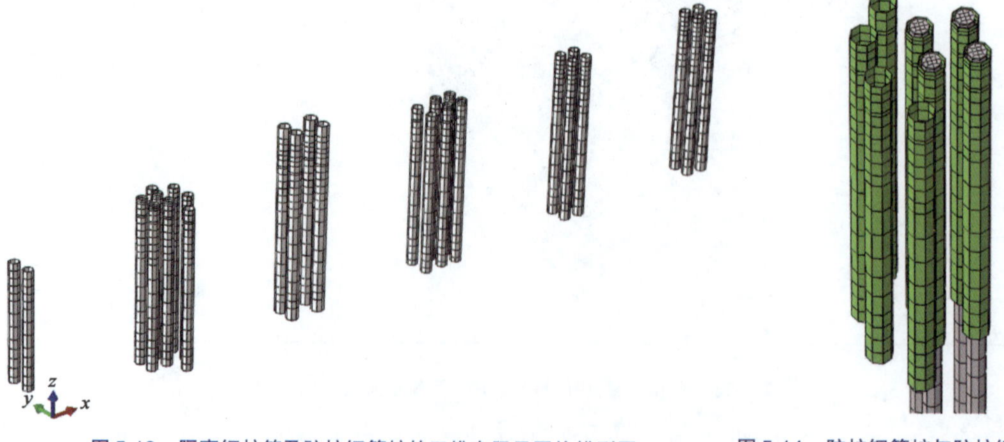

图 5-13　隔离钢护筒及防护钢管桩的三维有限元网格模型图

图 5-14　防护钢管桩与防护钢护筒局部三维有限元网格模型图

有限元模型的约束情况为：地基四周侧面采用法向位移约束，底部采用三向位移约束。模型采用的坐标系为 X 轴沿海堤走向、Y 轴垂直海堤方向（即沿桥走向）且指向背水侧、Z 轴竖直向上。应力以拉为正，压为负。

计算分析采用的土体本构模型为邓肯-张非线性模型，其模型参数通过三轴固结排水剪试验确定，见表5-4。对碎石桩处理区域的复合地基，碎石桩邓肯参数基于抛石和地基土的邓肯模型参数，按置换率计算相应的参数指标。碎石桩的置换率为15%，因此，碎石桩的邓肯模型参数为15%的抛石参数与85%的地基土参数之和。

三维有限元计算材料邓肯模型参数 表5-4

材料	密度 (g/cm^3)	凝聚力 c (kPa)	摩擦角 φ (°)	破坏比 Rf	试验常数					
					K	n	G	F	D	K_{ur}
抛石	2.3	0	43.0	0.75	600	0.3	0.32	0.01	5.0	1200
淤泥质粉质黏土①$_3$	1.75	15.0	9.6	0.56	18.72	0.888	0.353	0.018	1.997	37
淤泥质黏土②$_1$	1.74	16.3	10.2	0.56	21.025	0.859	0.353	0.023	2.034	43.0
淤泥质粉质黏土②$_2$	1.77	18.0	11.0	0.6	32.47	0.84	0.315	0.024	2.562	64.9
黏土③$_3$	1.83	20.5	11.8	0.62	35.26	0.779	0.286	0.033	3.00	71.0
粉质黏土③$_4$	1.93	23.2	11.7	0.62	54.2	1.062	0.34	0.00	2.18	108.4
粉质黏土④$_2$	1.89	27.1	15.2	0.62	94.18	1.286	0.325	-0.011	2.472	200.0
①$_3$碎石桩复合地基	1.79	15	15.41	0.59	105.91	0.8	0.35	0.02	2.45	211.45
②$_1$碎石桩复合地基	1.78	16.3	15.92	0.59	107.87	0.78	0.35	0.021	2.48	216.55
②$_2$碎石桩复合地基	1.8	18.0	16.6	0.62	117.6	0.76	0.32	0.022	2.93	232.25

②排水板及碎石桩处理区等效渗透系数的确定

a. 排水板区地基等效渗透系数

对海堤地基处理的塑料排水板区域，将塑料排水板等效为砂井，按砂井影响区域的大小，考虑对称性，建立一个简单的含有1/4个砂井的有限元模型；再建立一个无砂井的排水板区域作为均质地基（即等效均质地基）的同尺寸有限元模型。

分别对有（单井）砂井地基及无砂井地基进行计算。对有砂井地基，地基土的渗透系数取实际值；对无砂井地基，适当放大地基土的渗透系数；当有砂井地基与无砂井地基的沉降-时间曲线很相近时，认为放大后地基土的渗透系数即砂井地基的等效渗透系数。

当砂井深度范围内土层的渗透系数扩大20倍左右时，等效地基的地面沉降与相应深度内用砂井的处理效果基本相当。因此，排水板处理地基的等效渗透系数可取地基土的20倍。

b. 碎石桩处理地基等效渗透系数

利用轴对称有限元分别对碎石桩处理地基及无碎石桩地基（等效均质地基）进行计算。对碎石桩处理地基，地基土的渗透系数取实际值；对无碎石桩地基，适当放大地基土的渗透系数；当有碎石桩处理地基与无碎石桩地基的沉降-时间曲线很相近时，认为放大后地基土的渗透系数即碎石桩处理地基的等效渗透系数。

经计算，碎石桩处理区域的等效渗透系数为原土体渗透系数的20倍。

③计算分析方案

根据设计及研究需要,拟对表5-5中计算方案进行分析,全面研究桩基合理施工时间、防护钢管桩及钢护筒的作用等。

计算方案 表5-5

方案编号	是否考虑流变	是否有防护钢管桩	是否有隔离钢护筒	是否有海堤	墩顶竖向荷载	墩顶水平荷载	排水板区 K 放大倍数	碎石桩区 K 放大倍数
A1	否	是	是	是	是	否	10	20
B1	是	是	是	是	是	否	10	20
B2	是	是	是	是	否	否	10	20
B3	是	否	是	是	是	否	10	20
B4	是	是	否	是	是	否	10	20
B5	是	否	否	是	是	否	10	20

④施工工序及荷载

计算分析时考虑的施工工序如下:

按照围垦区域总体施工计划,跨堤交叉段海堤先围垦施工,然后施工桥梁桩基。东堤和中隔堤围垦施工按照同步、平行施工进行,东堤先完成,按计划工期为618d,中隔堤工期为701d。

海堤施工完成后,间隔4个月后施工桥梁桩基,施工工期约3个月;然后施工桩基承台和桥墩,工期约2个月;桥墩完成后施工上部结构及桥面系。分析模型中不考虑桥梁上部结构,仅将上部结构作为外荷载施加在桥墩顶。数值分析除模拟围垦和桥梁施工过程外,还考虑桥梁建成后30年的固结计算。

(2)不考虑流变的计算结果分析

在不考虑流变的情况下(A1方案),图5-15为桥梁完工30年时桥梁纵轴线断面海堤沉降等值线。根据计算结果桥梁在完工30年时海堤最大沉降为277.4cm,顺桥向水平位移最大为102cm,沿桥轴线指向东。对比桥梁完工10年时和30年时的数据,发现两者差别不大,表明桥体完工10年时地基固结基本完成。

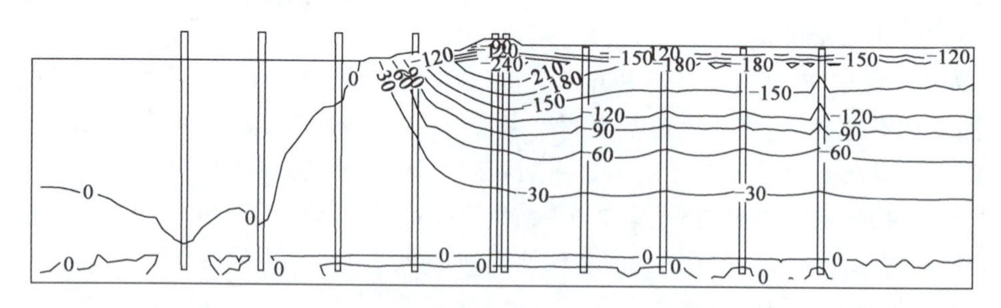

图5-15 桥梁完工30年时 $y=0$ 断面(桥纵轴线)海堤沉降等值线(单位:cm)

表5-6给出了不考虑流变情况下,桥梁施工完成时、完工10年和完工30年时桥梁桩顶中心位移(U_x、U_y、U_z 分别对应 X、Y、Z 方向位移)。109号、110号、111号桩的沉降基本相同,为2.28cm;其他桩位的桩基沉降在1.0cm以下。各桩的护筒和防护钢管桩沉降稍大,沉降最大的为113号和114号桩位,约8.8cm。比较桥体完工10年时和30年时的数据,发现两者差别

不大,说明桥梁完工10年时地基固结基本完成。

不考虑流变情况桩顶中心点位移(单位:cm) 表5-6

桩基墩台	桥体施工完成时			桥体施工完成10年			桥体施工完成30年		
	U_x	U_y	U_z	U_x	U_y	U_z	U_x	U_y	U_z
109	-0.03	-0.004	-1.69	-0.36	-0.04	-2.28	-0.36	-0.04	-2.28
110	0.04	-0.01	-1.69	-0.14	-0.06	-2.26	-0.15	-0.06	-2.26
111	0.09	-0.01	-1.68	-0.04	-0.10	-2.26	-0.04	-0.10	-2.26
112-1	0.00	-0.00	-0.66	-0.78	-0.09	-0.87	-0.79	-0.09	-0.88
112-2	0.01	-0.00	-0.66	-0.77	-0.09	-0.86	-0.77	-0.09	-0.86
112-3	0.00	-0.01	-0.66	-0.78	-0.10	-0.87	-0.78	-0.11	-0.88
112-4	0.01	-0.01	-0.66	-0.77	-0.10	-0.86	-0.77	-0.11	-0.86
113-1	0.00	-0.02	-0.62	-0.68	-0.12	-0.80	-0.68	-0.12	-0.8
113-2	0.00	-0.03	-0.62	-0.68	-0.12	-0.80	-0.68	-0.12	-0.8
114-1	0.07	-0.02	-0.62	0.80	-0.12	-0.80	0.8	-0.12	-0.8
114-2	0.07	-0.02	-0.62	0.80	-0.12	-0.80	0.8	-0.12	-0.8
115-1	0.07	-0.01	-0.65	0.29	-0.10	-0.94	0.3	-0.1	-0.95
115-2	0.08	-0.01	-0.66	0.31	-0.10	-0.94	0.3	-0.1	-0.94
115-3	0.07	-0.02	-0.70	0.29	-0.10	-1.00	0.29	-0.1	-1.0
115-4	0.08	-0.02	-0.60	0.31	-0.10	-0.90	0.31	-0.11	-0.90
116-1	0.06	-0.08	-0.66	0.58	-0.72	-0.91	0.58	-0.73	-0.92
116-2	0.07	-0.08	-0.66	0.59	-0.73	-0.92	0.59	-0.73	-0.90
116-3	0.06	-0.08	-0.60	0.57	-0.73	-0.90	0.57	-0.73	-0.90
116-4	0.07	-0.09	-0.60	0.58	-0.74	-0.90	0.58	-0.74	-0.90
117-1	0.02	-0.12	-0.71	0.44	-1.21	-0.91	0.44	-1.22	-0.91
117-2	0.04	-0.12	-0.63	0.45	-1.22	-0.93	0.46	-1.22	-0.93
117-3	0.02	-0.13	-0.70	0.43	-1.22	-1.00	0.43	-1.22	-1.0
117-4	0.04	-0.13	-0.70	0.44	-1.22	-0.90	0.45	-1.23	-1.0
118-1	-0.07	-0.31	-0.45	0.34	-1.57	-0.83	0.35	-1.59	-0.8
118-2	-0.13	-0.31	-0.45	0.29	-1.57	-0.82	0.29	-1.56	-0.8
118-3	-0.18	-0.29	-0.47	0.23	-1.55	-0.88	0.24	-1.52	-0.9

注:U_x方向为沿桥梁向中隔堤为正(向西);U_y方向为垂直桥梁向南为正;U_z方向为竖直方向。

取111号、112-4号、113-2号、114-2号桩基中心点,作出其位移变化的时程图,如图5-16~图5-18所示。图中横坐标为桩基完工时间,纵坐标为相应的位移值。图中显示各桩的位移在

10 年后基本接近直线,说明桥梁完工 10 年时地基固结已经完成。

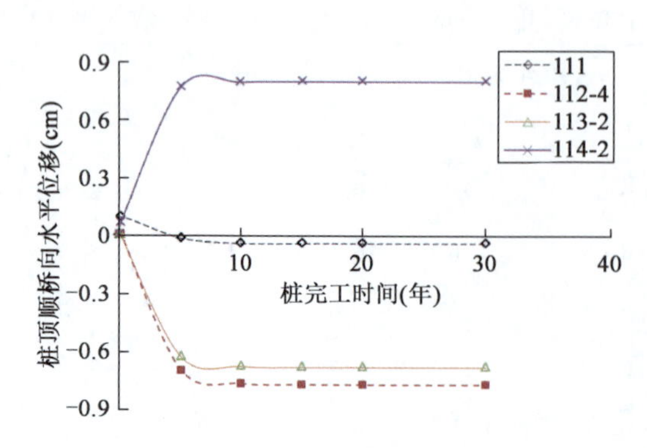

图 5-16 部分桥梁桩基完工后桩顶顺桥向水平位移时间历程

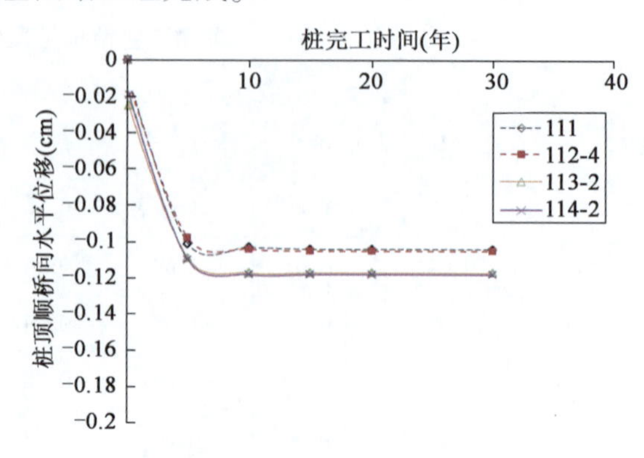

图 5-17 部分桥梁桩基完工后桩顶横桥向水平位移时间历程

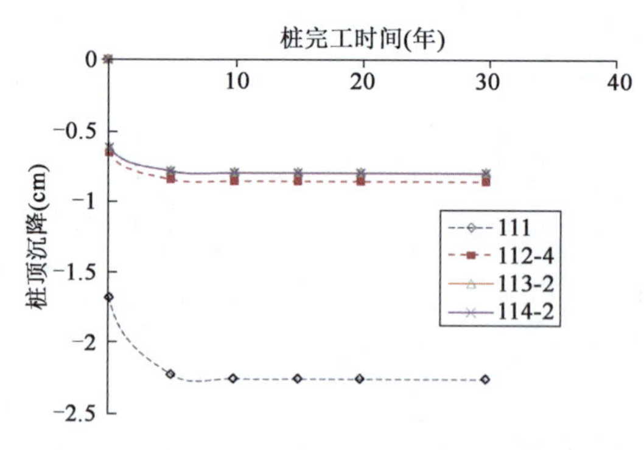

图 5-18 部分桥梁桩基完工后桩顶沉降时间历程

(3)考虑流变计算的结果分析

同时考虑软土固结与流变,开展三维有限元计算(B1 方案),得到施工各阶段海堤的最大变形。计算结果表明,桥梁完工 30 年时海堤最大沉降 307.2cm,比 A1 方案增加了 29.8cm;顺桥向水平位移最大 109.95cm,比 A1 方案增加了 7.95cm。比较桥体完工 10 年时和 30 年时的数据(表 5-7),发现考虑流变后地基沉降和侧向位移均有所增加。

海堤各阶段的位移极值(单位:cm) 表 5-7

时　　间	东堤下地基水平位移		中隔堤下地基水平位移		海堤地基最大沉降
	最小顺桥向水平位移	最大顺桥向水平位移	最小横桥向水平位移	最大横桥向水平位移	
海堤完工时(11 级)	-100.45	46.35	-48.61	54.37	-251.50
桥梁完工 10 年时(19-1 级)	-108.95	54.75	-59.93	64.10	-290.40
桥梁完工 30 年时(21-1 级)	-109.95	55.87	-59.93	65.71	-307.20

为研究海堤施工对桥梁的影响范围,沿桥纵轴线剖面,作出海堤和地基在桥梁完工 30 年的工后位移等值线。图 5-19 为顺桥向工后水平位移,图中显示,顺桥向水平位移在 111 号、112 号桩位较大,在 109 号桩位再向东逐渐减小至 1cm 以下,说明海堤地基顺桥向变形对 111 号、112 号桩基影响最大,向外至 109 号桩逐渐减小,对 108 号桩可能也有一定影响,但影响程度不大。顺桥向水平位移对 115 号、116 号、117 号及 118 号桩基影响比 111 号、112 号桩要小很多。

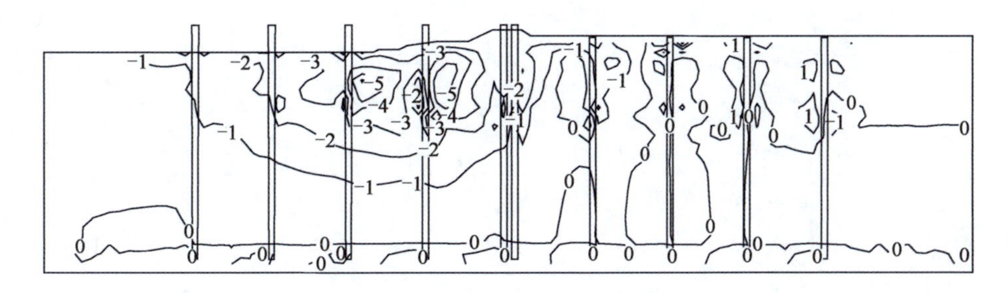

图 5-19 桥体完工 30 年时 $y=0$ 断面（桥纵轴线）横桥向工后水平位移（单位：cm）

图 5-20 为桥体完工 30 年时 $y=0$ 断面（桥纵轴线）横桥向从桩基完工后算的工后水平位移，图中显示，横桥向水平位移在 118 号、117 号桩位较大，说明横桥向对 117 号和 118 号桩有一定的影响，继续向左对桩的横桥向水平位移影响逐渐减小，这与东堤的阻挡作用有关。

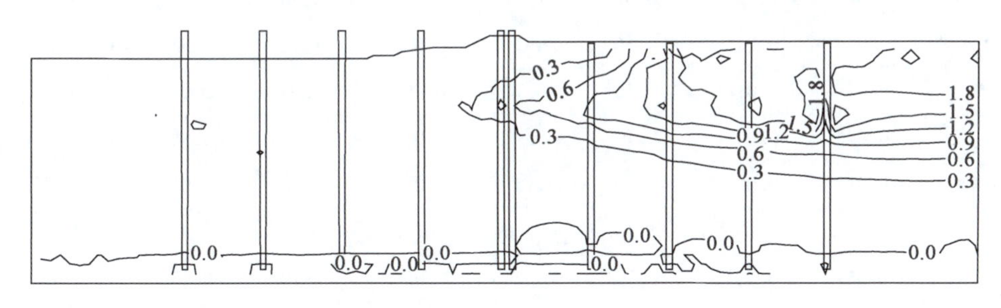

图 5-20 桥体完工 30 年时 $y=0$ 断面（桥纵轴线）横桥向工后水平位移（单位：cm）

表 5-8 给出了考虑流变情况下，各桩基顶中心点在桥完工时、桥体完工 10 年、桥体施工完成 30 年时各阶段的位移。可以看出，从桥体完工时到桥体完工 10 年时再到桥体完成 30 年时，各桩顶的变形逐渐增大。考虑固结流变的方案桩基顶顺桥向水平位移最大处位于 112 号桩，桥体施工完成 30 年时 112-1 的顺桥向水平位移为 4.78cm；各桩基桩顶横桥向水平位移最大处位于 118 号桩，桥体施工完成 30 年时 118-3 的横桥向水平位移为 1.63cm，这是由于中隔堤不对称引起的。这种位移规律与前述分析的海堤施工对桥梁桩基的影响范围较为一致。

考虑流变情况桩顶中心点位移（单位：cm） 表 5-8

桩基墩台	桥体施工完成时			桥体施工完成 10 年			桥体施工完成 30 年		
	U_x	U_y	U_z	U_x	U_y	U_z	U_x	U_y	U_z
109	0.02	0.00	-1.69	-1.46	-0.01	-2.58	-1.63	0.02	-2.68
110	0.00	0.00	-1.68	-2.19	0.01	-2.52	-2.90	0.04	-2.62
111	-0.01	0.00	-1.68	-3.43	0.04	-2.48	-4.67	0.12	-2.56
111 防护钢管桩	0.01	-0.01	-0.80	-3.26	0.10	-11.80	-3.88	0.02	-15.50
112-1	-0.07	0.01	-0.66	-3.69	0.05	-0.99	-4.78	0.14	-1.01
112-2	-0.05	0.01	-0.66	-3.68	0.05	-0.96	-4.77	0.14	-0.98
112-3	-0.07	0.00	-0.66	-3.69	0.04	-0.99	-4.78	0.13	-1.01
112-4	-0.05	0.00	-0.66	-3.68	0.04	-0.96	-4.77	0.13	-0.98
112-4 护筒	-0.04	-0.01	-1.00	-2.72	-0.03	-15.95	-3.23	0.00	-23.76

续上表

桩基墩台	桥体施工完成时			桥体施工完成10年			桥体施工完成30年		
	U_x	U_y	U_z	U_x	U_y	U_z	U_x	U_y	U_z
112 防护钢管桩	-0.01	0.00	-1.02	-2.26	-0.03	-15.82	-2.46	-0.00	-23.72
113-1	-0.04	0.02	-0.62	-2.92	0.23	-0.90	-3.23	0.41	-0.91
113-1 护筒	-0.002	0.002	-1.33	-1.81	0.12	-19.28	-2.11	0.14	-31.48
113-2	-0.04	0.02	-0.62	-2.92	0.23	-0.90	-3.24	0.41	-0.91
113-2 护筒	-0.07	-0.02	-0.65	-1.81	0.04	-19.27	-2.1	-0.03	-31.47
114-1	0.04	0.02	-0.62	-1.51	0.25	-0.90	-1.94	0.45	-0.91
114-1 护筒	0.00	0.00	-1.33	-1.84	0.12	-19.22	-2.14	0.14	-31.48
114-2	0.04	0.02	-0.61	-1.51	0.25	-0.90	-1.94	0.45	-0.90
115-1	0.04	0.01	-0.66	-0.78	0.09	-1.12	-0.95	0.19	-1.22
115-2	0.05	0.01	-0.66	-0.77	0.09	-1.09	-0.94	0.20	-1.20
115-3	0.04	0.00	-0.70	-0.78	0.08	-1.10	-0.94	0.19	-1.20
115-3 护筒	0.01	0.00	-0.80	-1.51	0.04	-5.80	-1.06	-0.13	-22.8
115 防护钢管桩	0.02	-0.01	-1.10	-1.16	-0.10	-15.10	-1.42	-0.16	-23.0
115-4	0.05	0.00	-0.70	-0.77	0.09	-1.10	-0.93	0.19	-1.20
116-1	0.04	0.01	-0.65	0.32	0.60	-1.05	0.19	1.16	-1.12
116-2	0.06	0.01	-0.66	0.33	0.62	-1.06	0.20	1.18	-1.13
116-3	0.04	0.01	-0.70	0.34	0.60	-1.00	0.22	1.15	-1.10
116-4	0.06	0.01	-0.60	0.35	0.61	-1.00	0.23	1.18	-1.10
117-1	0.01	0.01	-0.66	0.40	0.65	-1.07	0.47	1.41	-1.14
117-2	0.02	0.01	-0.66	0.41	0.65	-1.08	0.48	1.42	-1.16
117-3	0.01	0.00	-0.70	0.40	0.64	-1.10	0.48	1.40	-1.10
117-4	0.02	0.00	-0.70	0.42	0.64	-1.10	0.49	1.41	-1.20
118-1	-0.09	-0.14	-0.46	0.45	0.71	-1.08	0.60	1.58	-1.25
118-2	-0.14	-0.14	-0.45	0.40	0.73	-1.02	0.55	1.60	-1.16
118-3	-0.20	-0.13	-0.48	0.34	0.74	-1.08	0.49	1.63	-1.23

注：U_x 方向为沿桥梁向中隔堤为正（向西）；U_y 方向为垂直桥梁向南为正；U_z 方向为竖直方向。

对于防护钢管桩的变形，分析表明，112 号墩处沉降最大，桥梁施工结束 30 年时，112 号防护钢管桩桩顶沉降为 23.72cm，顺桥向水平位移为 2.46cm，111 号防护钢管桩顺桥向水平位移最大为 3.88cm。对于隔离钢护筒，分析表明，113-1 号钢护筒沉降最大，沉降量为 31.48cm，该隔离护筒顺桥向水平位移为 2.11cm。

图 5-21 ~ 图 5-23 给出了梁桩基完工后桩顶位移时间历程。图示表明，考虑土体流变时各桩的沉降在 10 年后发展比较缓慢，而顺桥向和横桥向水平位移在桥梁施工结束 20 年时位移的发展趋缓。

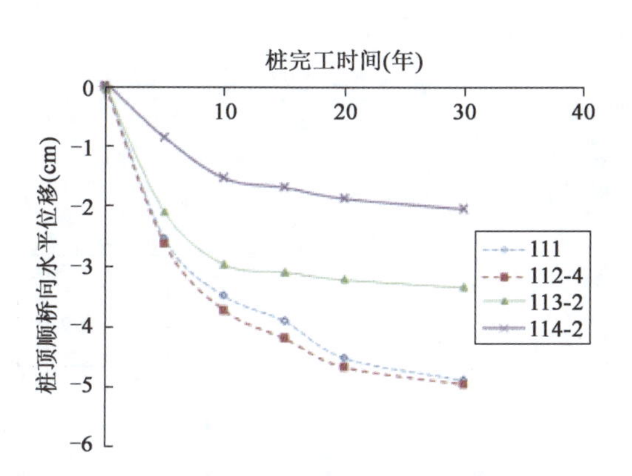

图5-21 部分桥梁桩基完工后桩顶顺桥向水平位移时间历程

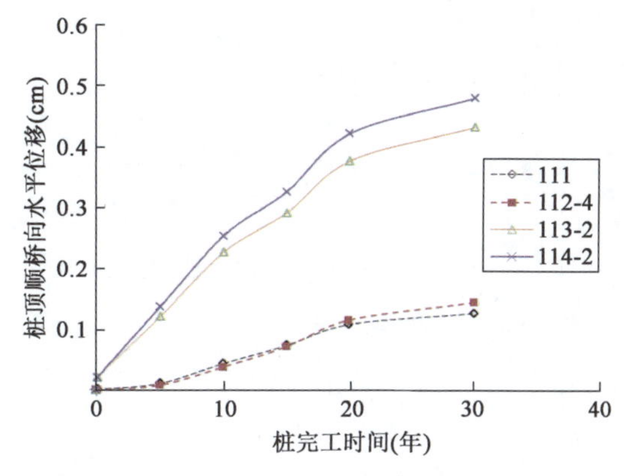

图5-22 部分桥梁桩基完工后桩顶横桥向水平位移时间历程

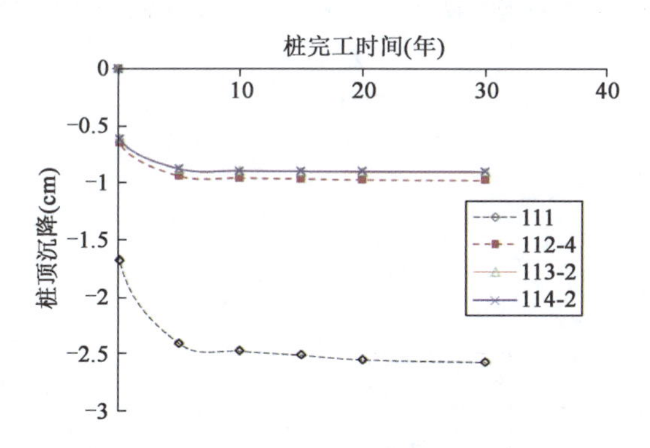

图5-23 部分桥梁桩基完工后桩顶沉降时间历程

从桩基位移结果看,桥梁施工完成30年后112号桩基沿顺桥向的水平位移在各桩中最大,为4.9cm。由于隔离护筒和桩基之间是空的,桩基在护筒以下部位发生转角导致上部护筒内的桩基发生转动,从而造成外部护筒的顺桥向水平位移有时没有桩基的位移大。桥体完工30年时,118号横桥向水平位移最大,为1.74cm。

(4)防护效果研究

①防护钢管桩效果研究

为进一步研究防护钢管桩对桩基的防护效果,进行了无防护钢管桩方案(B3方案)的三维有限元考虑流变的计算。通过与有防护钢管桩方案计算结果的对比,可知桥梁完工30年时,有无防护钢管桩桩基顶沉降相差不大,几乎相等;有防护钢管桩时,顺桥向水平位移最大的桩为112-1号和112-3号,为-4.78cm,无防护钢管桩时,顺桥向水平位移最大的桩为111号,为-5.22cm。

图5-24~图5-27对比了111号、112-4号、113-2号、114-2号、115-3号、116-3号桩基中心点位移在有防护钢管桩及护筒方案(B1方案)和有护筒无防护钢管桩方案情况下随时间变化的时程图。图中横坐标为桩完工的时间,纵坐标为相应的位移值。对111号、115-3号、116-3号桩,有防护钢管桩的方案顺桥向水平位移比无防护钢管桩的要稍小;而112-4号、113-2号、114-2号有防护钢管桩的方案顺桥向水平位移比无防护钢管桩的要稍大。除112-4号、113-2号、114-2号桩外,其他桩的桩顶顺桥向水平位移桥梁施工完成30年有防护钢管桩方案比无防

护钢管桩方案要小。

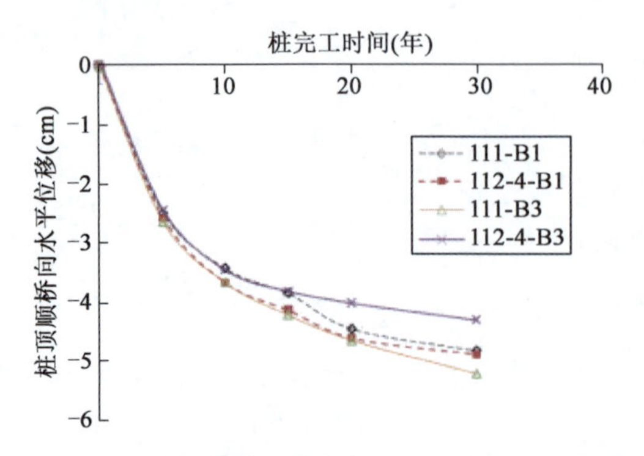

图 5-24 防护钢管桩设置方案 111 号和 112-4 号桥梁桩基完工后桩顶顺桥向水平位移时间历程

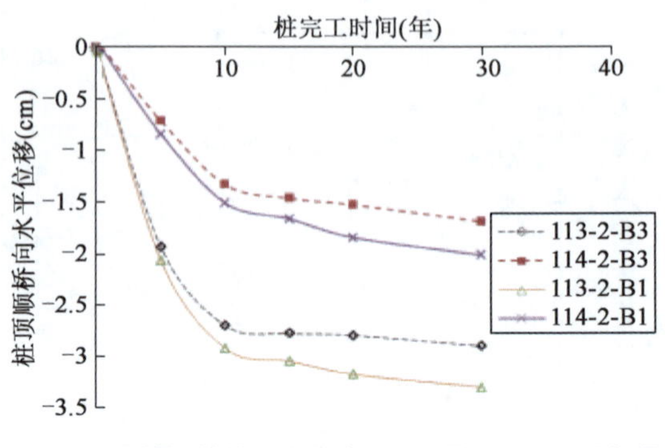

图 5-25 防护钢管桩设置方案 113-2 号和 114-2 号桥梁桩基完工后桩顶顺桥向水平位移时间历程

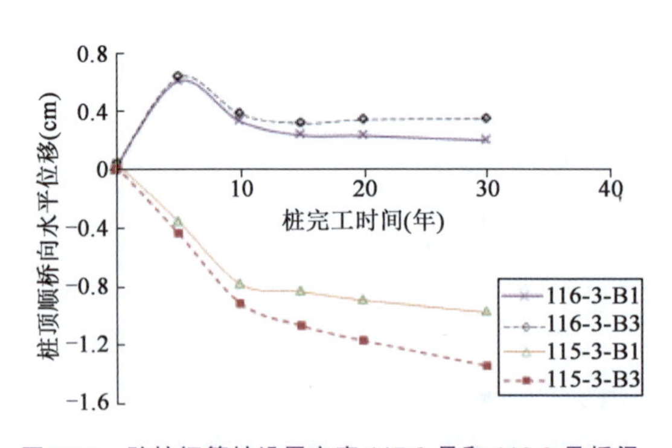

图 5-26 防护钢管桩设置方案 115-3 号和 116-3 号桥梁桩基完工后桩顶顺桥向水平位移时间历程

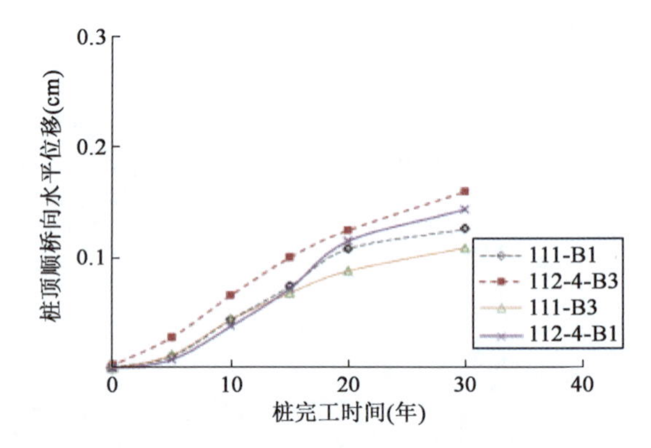

图 5-27 防护钢管桩设置方案 111 号和 112-4 号桥梁桩基完工后桩顶横桥向水平位移时间历程

从 111 号、112-4 号桩基中心点横桥向水平位移随时间变化的时程图可以看出，有防护钢管桩和无防护钢管桩桩基中心点横桥向水平位移两方案相差不大，桥梁施工完成 30 年时有防护钢管桩方案和无防护钢管桩各桩桩顶沉降和横桥向水平位移相差不大。

②桩基隔离钢护筒的防护效果

为研究隔离钢护筒对桩基的防护效果，进行了无隔离钢护筒方案的三维有限元考虑流变的计算，计算模型同时考虑设置有防护钢管桩。

图 5-28 ~ 图 5-30 对比了 111 号、112-4 号、113-2 号、114-2 号、115-3 号、116-3 号桩基中心点位移在有隔离钢护筒和防护钢管桩方案（B1 方案）和无护筒方案（B4 方案）情况下随时间变化的时程曲线。从计算结果可以看出，桥梁完工 30 年时，有隔离钢护筒时桩基顶沉降比无隔离钢护筒的桩顶沉降要小，这是由于护筒段桩基与周边土体无接触，没有摩擦力作用到桩基侧面。

除 114 号、117 号桩外，其他桩的桩顶顺桥向水平位移桥梁施工完成 30 年时有隔离钢护筒方案比无隔离钢护筒桩方案大，说明钢护筒在减小桩基顺桥向水平位移方面效果不佳。其主要原因是隔离钢护筒和桩之间无材料填充，对有隔离钢护筒的桩，在护筒段的侧向水平变形基本为直线，而在护筒以下的部分范围内（ -60 ~ -50m 高程处）桩基发生了弯曲变形，导致该高程以上的桩基发生转动。隔离钢护筒在桩基的上部虽然保护了桩基受到土体的侧向挤压,也保护了上部桩基免受负摩阻力,但使桩基自由段长度变大,这可能会有不利的影响。当然,如果隔离钢护筒以下部位没有转动,上部桩基受到了护筒的保护,这时隔离钢护筒是有利的。计算显示,有隔离钢护筒的方案和无隔离钢护筒方案桩基中心点横桥向水平位移两方案相差不大。

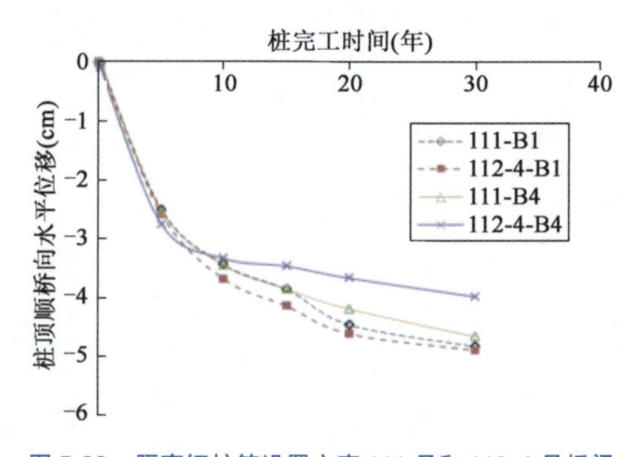

图 5-28 隔离钢护筒设置方案 111 号和 112-4 号桥梁桩基完工后桩顶顺桥向水平位移时间历程

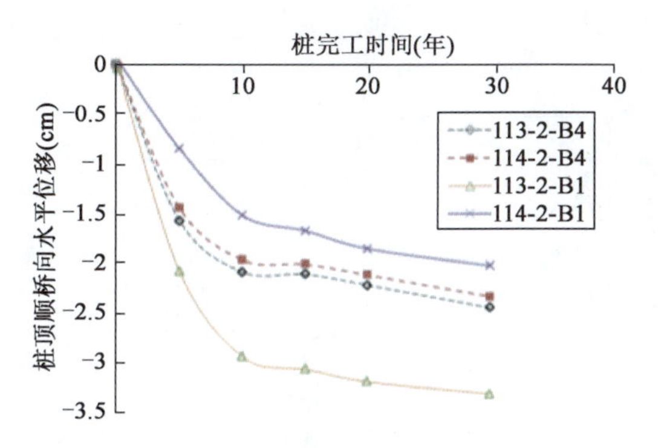

图 5-29 隔离钢护筒设置方案 113-2 号和 114-2 号桥梁桩基完工后桩顶顺桥向水平位移时间历程

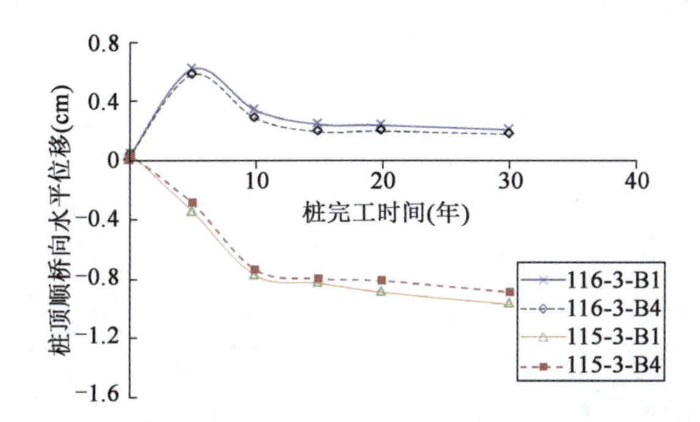

图 5-30 隔离钢护筒设置方案 115-3 号和 116-3 号桥梁桩基完工后桩顶顺桥向水平位移时间历程

无隔离钢护筒方案不同阶段桩基应力极值见表 5-9。应力分析结果显示,桥梁施工结束 30 年时桩基沿顺桥向和横桥向的应力有一定的拉应力存在,但其值不大,最大拉应力为 0.45MPa,最大竖向应力为 12.7MPa,为压应力。

无隔离钢护筒方案不同阶段桩基应力极值(单位:MPa) 表 5-9

桩基	应力	方向	桥体施工结束	桥体施工结束 10 年	桥体施工结束 30 年
桩基	顺桥向应力 S11	拉	0.35	0.43	0.45
		压	-1.12	-1.57	-1.59
	横桥向应力 S22	拉	0.33	0.34	0.34
		压	-1.12	-1.56	-1.59
	竖向应力 S33	拉	-0.06	-0.10	0.04
		压	-7.64	-12.42	-12.7

③无隔离防护桩、无钢护筒方案计算分析

从前述计算方案的结果分析看,同时设置隔离防护钢管桩和钢护筒对于减小桥梁桩基位移的效果有限。为此,开展无隔离防护钢管桩、无钢护筒方案(B5 方案)的三维有限元考虑流变的计算分析。

图 5-31 ~ 图 5-33 对比了 111 号、112-4 号、113-2 号、114-2 号、115-3 号、116-3 号桩基中心点在 B1、B4 及 B5 三种方案情况下顺桥向位移随时间变化的时程曲线。

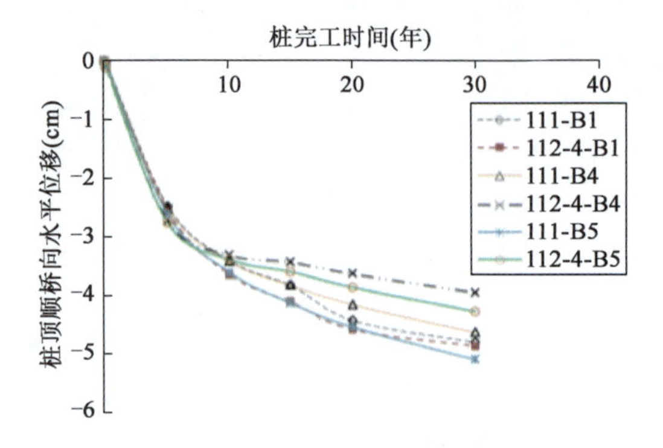

图 5-31　各方案 111 号和 112-4 号桥梁桩基完工后桩顶顺桥向水平位移时间历程

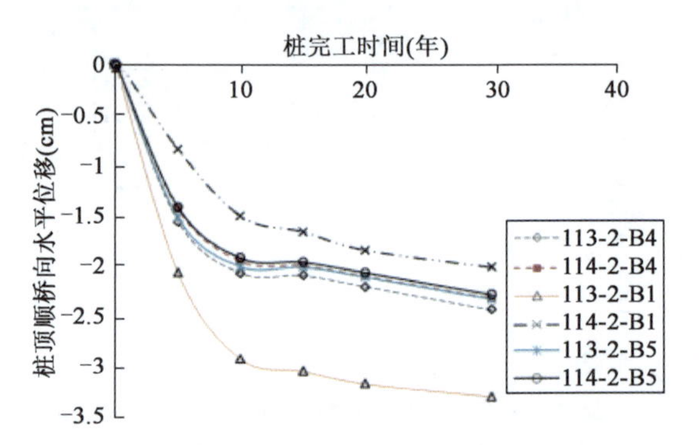

图 5-32　各方案 113-2 号和 114-2 号桥梁桩基完工后桩顶顺桥向水平位移时间历程

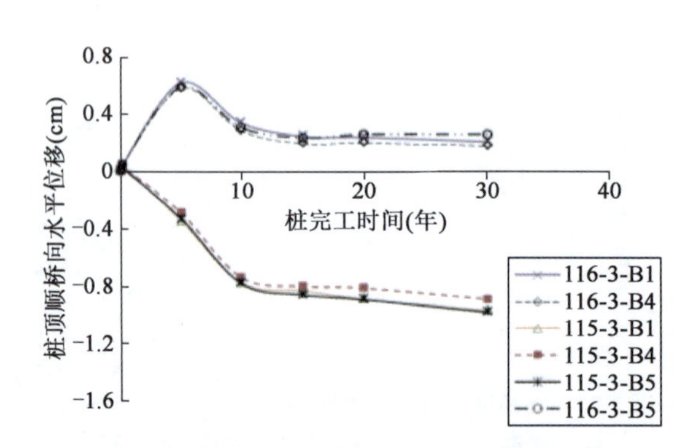

图 5-33　各方案 115-3 号和 116-3 号桥梁桩基完工后桩顶顺桥向水平位移时间历程

计算结果显示,桥体完工 30 年时,有隔离钢护筒时桩基顶沉降比无隔离钢护筒方案桩顶沉降要小,原因在于护筒段桩基与周边土体无接触,没有摩擦力作用到桩基侧面,说明钢护筒起到了一定的防护效果。在均不设置隔离钢护筒的情况下,防护钢管桩能减小桩基的顺桥向水平位移,说明防护钢管桩的设置有一定的作用。同时,计算表明,各方案桩基中心点横桥向水平位移相差不大。

上述分析表明,施工结束 10 年后,地基变形趋于稳定,考虑地基流变情况较不考虑流变情况,地基最大沉降增加了 29.8cm,顺桥向水平位移,增加了 7.95cm。围垦施工引起的顺桥变形对 111 号、112 号桩影响最大,向外至 109 号桩逐渐减小。横桥向位移对 116 号、117 号及 118 号桩基有一定的影响。防护钢管桩对减小桩基位移有一定作用,隔离钢护筒对减少桩顶沉降有一定作用,但由于增大了桩身自由长度,对桩顶水平位移有一定影响。按照既定的围垦和桥梁施工计划,围垦施工对桥梁桩基的影响处于安全可控范围。

5.2.3 超前不均衡堆载施工对结构的影响分析

针对2018年5月26日以来围垦区土体变形突变情况,考虑到围垦二期工程D10围垦区中隔堤南侧以及东堤A、B段进行的大规模回填,为了评估这种超常规、超计划的围垦施工对桥梁结构的影响,开展了三维有限元分析。对比分析了不考虑D10区堆载和考虑D10区堆载对桥梁结构的影响。D10区堆载填筑底部高程为-6.0m,顶部高程为+10.0m,填筑高度共计16.0m。

(1)桩顶位移

表5-10给出了两种工况下桩基顶部顺桥向水平位移(U_x)、横桥向水平位移(U_y)和竖向位移(U_z)。分析表明,两种方案得到的桩基沉降均很小,最大沉降小于4cm。不考虑D10区堆载工况,桥梁桩基的顺桥向和横桥向位移也很小,最大水平位移为5.9cm。当考虑D10区堆载工况时,桩基顶部顺桥向(U_x)和横桥向(U_y)水平位移显著增加,113-2号桩基的顺桥向和横桥向水平位移分别增加到30.3cm和21.0cm。分析表明,D10区围垦堆载将对大桩基位置产生不利影响。

桩顶位移 表5-10

桩号	工况					
	D10区无堆载			D10区堆载		
	U_x(cm)	U_y(cm)	U_z(cm)	U_x(cm)	U_y(cm)	U_z(cm)
109	1.0	-0.1	-3.9	-4.4	-3.1	-3.8
110	3.3	-0.3	-3.9	-5.9	-4.3	-3.7
111	5.9	-0.8	-4.0	-7.9	-5.3	-3.6
112-1	1.0	-0.5	-1.6	-17.4	-13.3	-1.7
112-2	0.9	-0.5	-1.6	-17.6	-13.2	-1.6
112-3	1.0	-0.5	-1.6	-17.3	-13.1	-1.8
112-4	0.9	-0.4	-1.6	-17.5	-13.1	-1.6
113-1	2.9	-1.4	-1.3	-30.6	-21.0	-1.6
113-2	2.9	-1.4	-1.3	-30.3	-21.0	-1.6
114-1	5.1	-1.4	-1.3	-29.3	-23.4	-1.6
114-2	5.1	-1.3	-1.3	-29.1	-23.4	-1.7
115-1	4.3	-2.0	-2.1	-14.5	2.8	-3.5
115-2	4.1	-2.0	-2.1	-14.7	3.3	-3.7
115-3	4.3	-1.8	-2.2	-14.0	3.0	-2.3
115-4	4.1	-1.8	-2.2	-14.2	3.5	-2.5

图5-34给出桩基顺桥向和横桥向水平位移沿高程的分布。当D10区无堆载时,沿着高程分布的桩基顺桥向和横桥向位移均较小。最大顺桥向和横桥向位移位于111号和115号桩顶,分别为5.9cm和2.0cm,横桥向水平位移明显小于顺桥向的水平位移。考虑D10区进行大面积堆载,无论横桥向还是顺桥向水平位移均大幅增加。不仅桩顶水平向位移大幅增加,而且桩基深部也产生较大的水平位移。115-2号桩基在-64m高程处的横桥向水平位移达到22cm,表明D10区大面积堆载对桩基变形的影响程度很大。

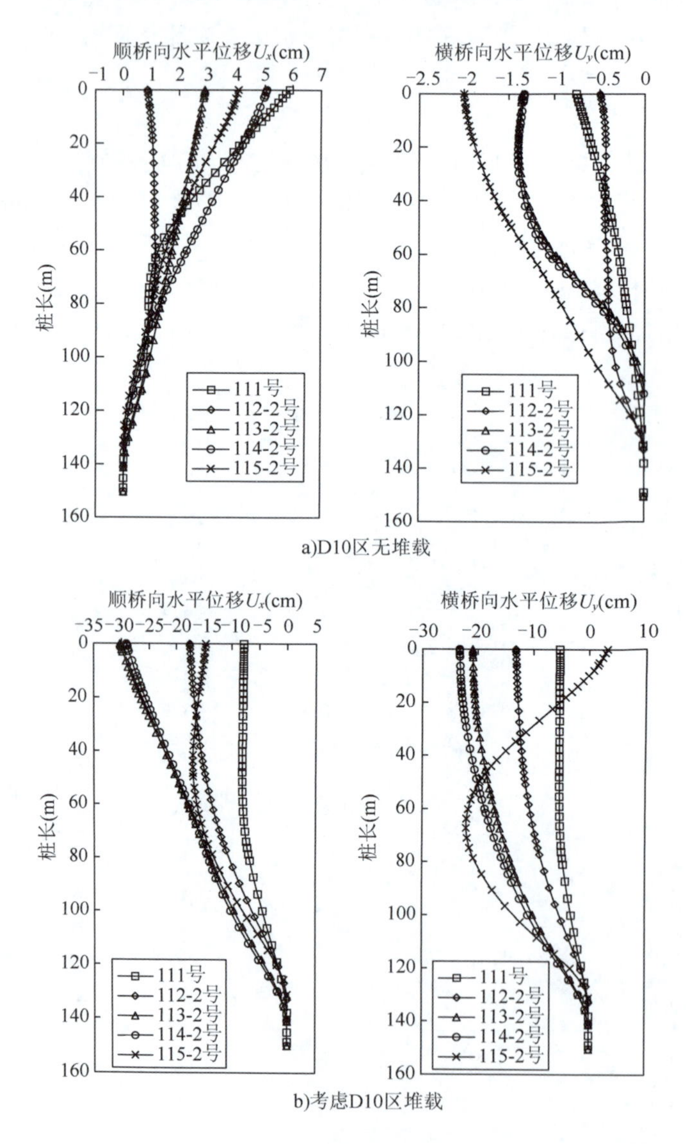

图5-34 桩基水平位移分布

(2)桩基内力

图5-35对比了D10区无堆载和有堆载下111号桩基的内力分布图。对比发现,D10区堆载作用下,111号桩基内力明显增加。D10区无堆载时,111号桩基的最大剪力和弯矩分别为

708.3kN 和 4.217MN·m;有堆载时 111 号桩基最大剪力和弯矩分别为 1961kN 和 18.0MN·m。显而易见,D10 区堆载作用下,大桥的桩基内力大幅度增加。

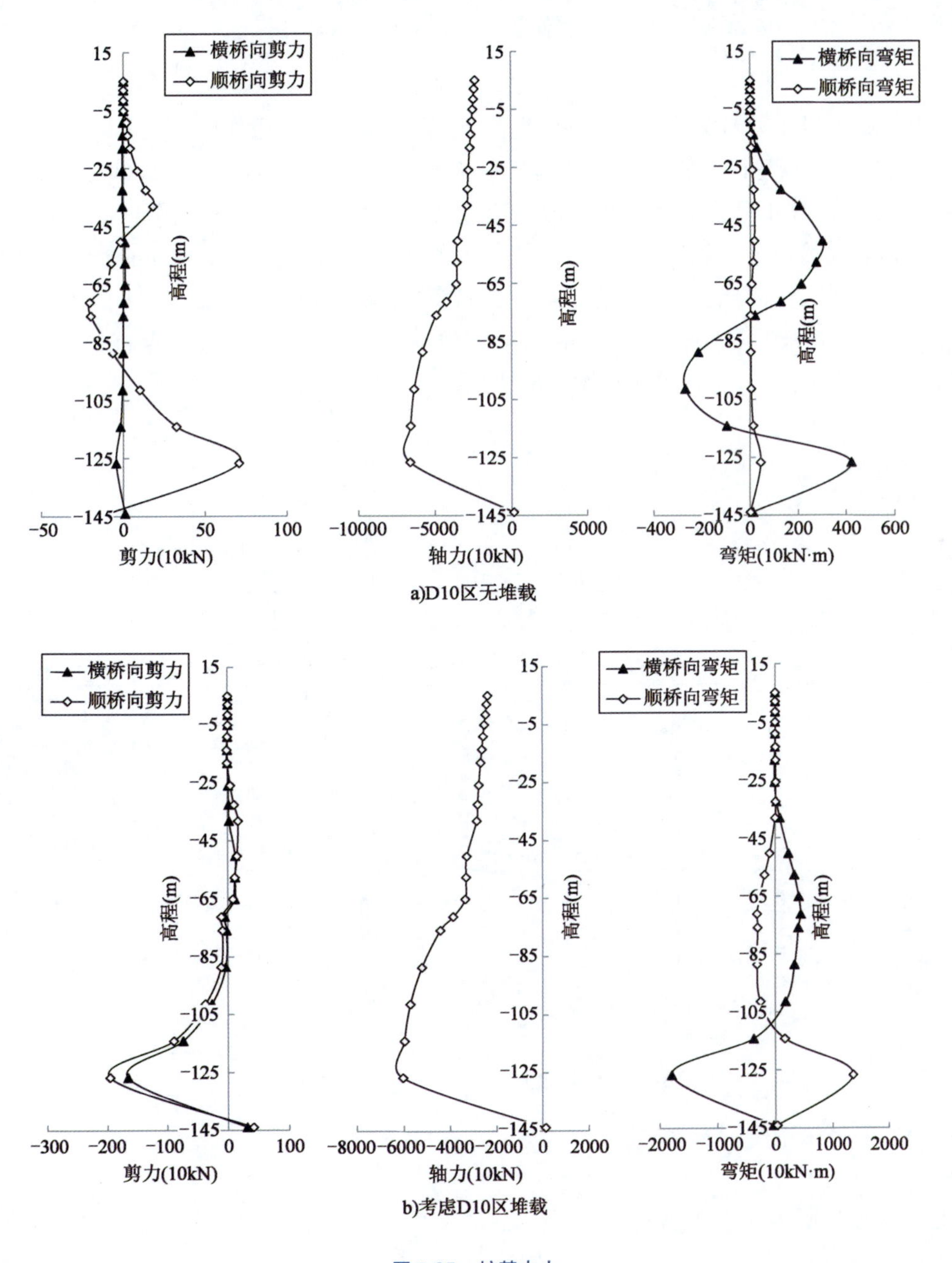

图 5-35 桩基内力

计算分析表明,D10 区超预期大规模堆载,将导致桥梁围垦影响区土体水平位移显著增加,影响程度大,导致桥梁桩基内力大幅增加,对桥梁结构产生不利影响,需要对原设计方案进行调整,确保桥梁结构施工及运营期间安全。

5.3 桥梁方案调整

由于鱼山围垦工程计划和进度不断调整、工程推进速度远超预期，大桥工程又必须确保2018年底建成，工程建设面临围垦堆载施工与大桥桩基基施工存在作业面重叠、工期重叠的重大冲突，基于前述工程监测和三维数值理论分析评估结论，为有效解决围垦不均衡堆载对桥梁桩基受力造成的极为不利影响，经综合考虑并多方协调，最终跨围垦大堤的桥梁方案做出了重大调整。一是大堤内侧，即中隔堤上4孔50m箱梁调整为路基方案，按照市政道路标准实施；二是大堤外侧邻近的3孔50m预制箱梁改由港口码头栈桥方案，终点桩号前移至K8 + 175.75（110号墩位），桥型布置图如图5-36所示。

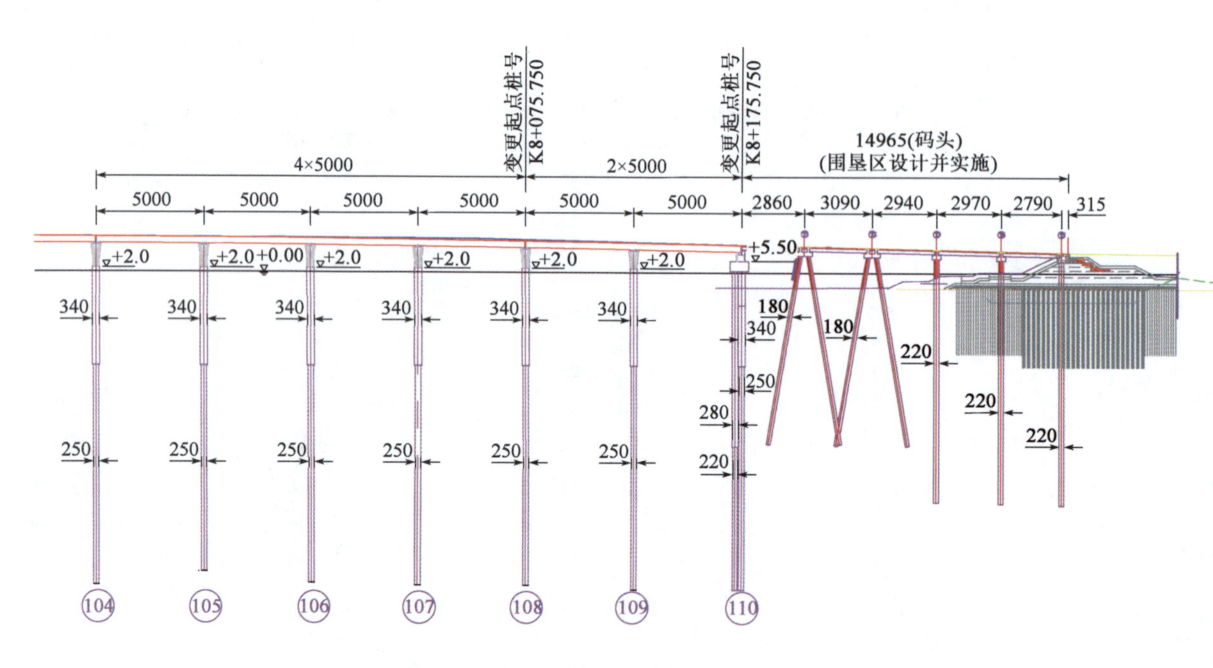

图5-36 桥型布置图（尺寸单位：cm；高程单位：m）

调整后的具体桥梁方案如下：

（1）上部结构

108～110号墩为2孔50m连续梁。

（2）下部结构

104～109号墩桩基为单桩独柱结构形式，如图5-37所示；110号墩为群桩基础，采用三角形承台、矩形墩，墩顶设置盖梁与码头栈桥顺接，如图5-38所示。

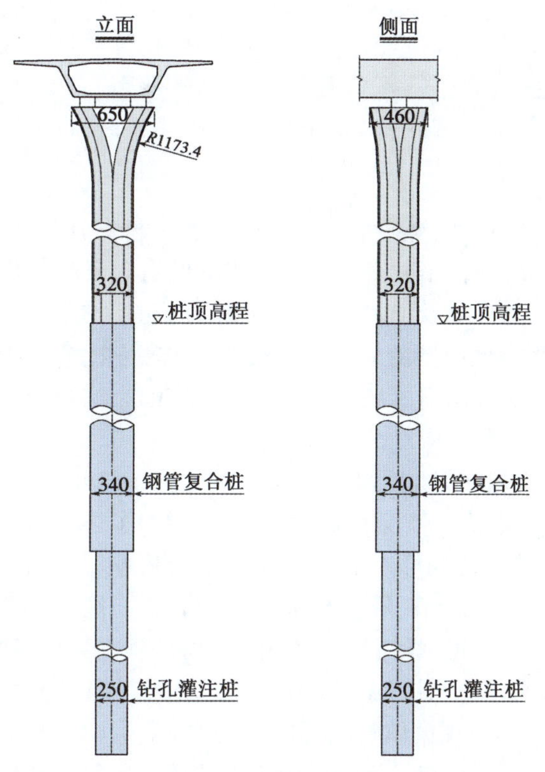

图 5-37 104～109 号墩结构示意图(尺寸单位:cm)

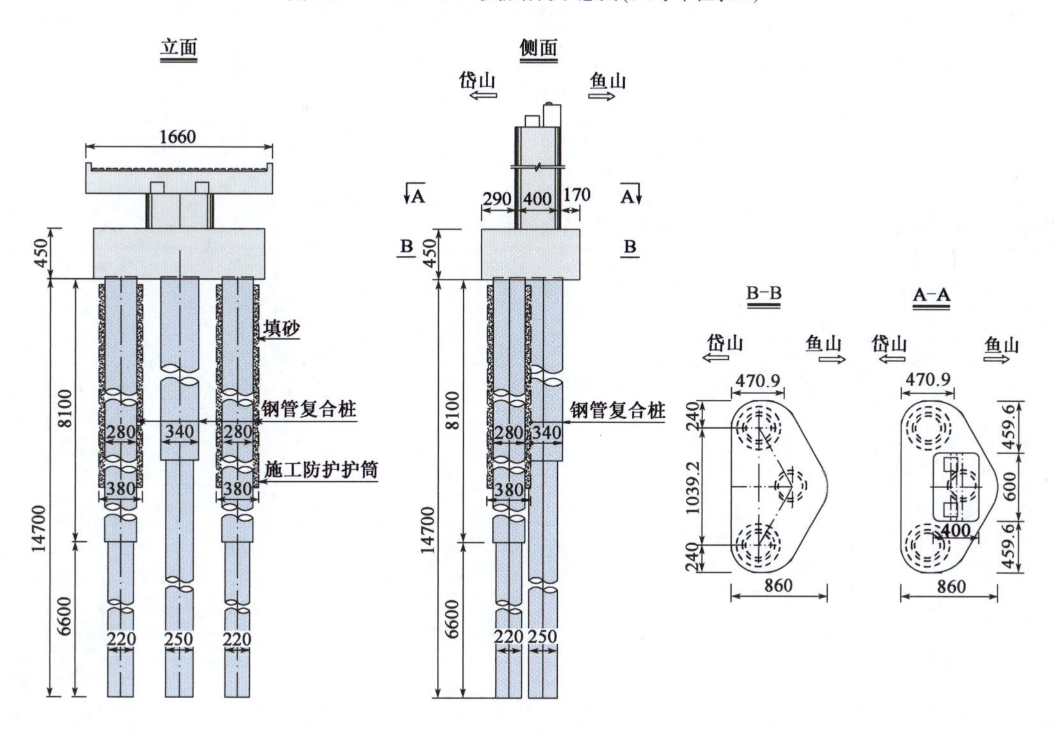

图 5-38 110 号墩结构示意图(尺寸单位:cm)

5.4 本章小结

本章围绕大规模超深厚软弱海域地层不均衡堆载下桥梁建设的难题，开展了现场原位施工监测分析，并基于跨堤桥型初步方案构建了三维固结有限元精细化模型，开展了不均衡堆载对桥梁结构的不利影响分析，揭示了软基海堤与桥梁的相互作用机理，并提出了工程对策。

(1)针对跨堤桥梁影响区范围的现场监测表明，桥梁围垦施工影响区受围垦施工影响，土体仍处于变形固结阶段，受二期围垦加速和超规模填筑的影响，导致围垦影响区桥梁桩基位置土体产生较大位移，影响桥梁结构安全。

(2)数值分析表明，在既定计划堆载施工时序下，施工结束 10 年后，地基变形趋于稳定，考虑地基流变情况较不考虑流变情况，地基最大沉降增加了 29.8cm，顺桥向水平位移，增加了 7.95cm。围垦施工引起的顺桥变形对 111 号、112 号桩影响最大，向外至 109 号桩逐渐减小。横桥向位移对 116 号、117 号及 118 号桩基有一定的影响。防护钢管桩对减小桩基位移有一定作用，隔离钢护筒对减少桩顶沉降有一定作用，但对桩顶水平位移的影响存在不确定性。按照既定的围垦和桥梁施工计划，围垦施工对桥梁桩基的影响处于安全可控范围。

(3)受二期围垦加速和超规模填筑的影响，导致围垦影响区桥梁桩基土体变形和受力大幅增加，对桥梁结构产生不利影响。综合考虑工程现场监测和三维精细化数值分析结果，经综合协商，对跨堤段桥梁方案进行了调整。大桥实施终点调整为 K8 + 175.75(110 号墩位)，110 号墩改为群桩基础、三角形承台结构，并采用矩形墩、墩顶设置盖梁与码头栈桥顺接，其余墩桩基维持为单桩独柱结构形式。

第6章

CHAPTER 6

新型桥梁工业化建造管理

面对鱼山大桥诸多建设挑战,特别是环境条件制约与建设周期紧、工程体量大与精细化管理要求严的两大矛盾,做好顶层设计至关重要。随着我国桥梁工业化的飞速发展,以“大型化、工厂化、标准化、装配化、智慧化”为目标的系统工业化建造模式已然成为主流趋势。借力工业化建造模式俨然是破解鱼山大桥两大工程建设矛盾的利器。为此,在项目初期,在项目定位上,提出了打造全国品质工程示范项目的总目标;在实体工程质量层面上实现“创部优、争国优”;在安全管理层面上实现全国公路水运建设项目“平安工程”冠名;在社会责任层面上打造一支专业化管理团队,加速推动农民工向产业工人转变;在管理举措上,围绕顶层设计、过程控制、规范管理、智慧建造、交流互鉴五个维度,积极寻求管理难题破局。

6.1 顶层设计

如何克服复杂的海洋环境条件?如何大幅提升作业效率?如何缩短海上作业时间?如何精细化管理跨海长桥的施工全过程?这一系列问题是项目建设管理需要面对的重大难题。为此,项目建设团队提出以“减少海上作业时间、减少海上作业人数、减少海上作业工序”为总纲的工业化建造理念,并将该理念贯穿至项目建设全过程,并依托项目构建了百年品质工程创建总体架构,如图6-1所示。

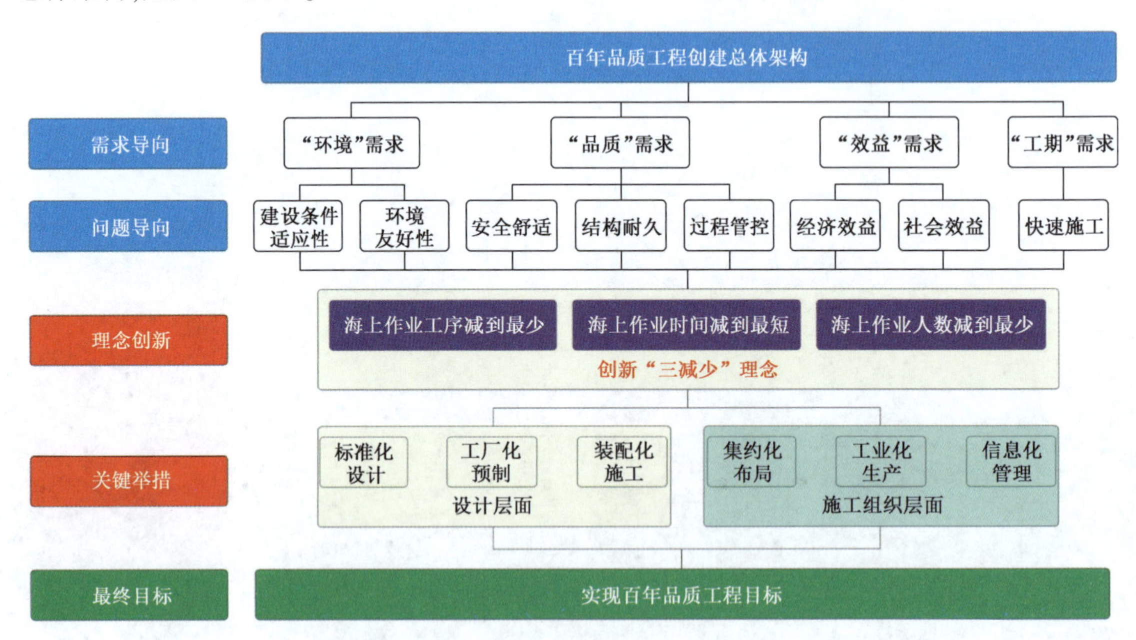

图6-1 百年品质工程创建总体架构

6.1.1 需求引导设计

设计上需要统筹环境、品质、效益及工期等多元需求,合理确定桥型方案,采用快速化施工、大标段管理及信息化管控，实现工程建设的高品质、高效率目标。

(1)通航孔桥

对于通航孔桥桥型方案的确定，突出了通航环境安全性、桥梁结构与环境协调、品质保障、工期迫切性等多元化需求优先原则。针对通航环境需求，主跨跨径确定为260m，以满足单孔双向220m×30m(净宽)的通航净空尺度的技术要求；在此基础上，对适应这一跨径要求的可选桥型(梁桥、斜拉桥、拱桥和悬索桥)进行了综合比选论证；在平衡景观协调性、工期迫切性、品质保障等诸多因素后，创新提出了预制节段拼装混凝土箱梁和钢箱梁混合连续刚构桥桥型，如图6-2、图6-3所示。

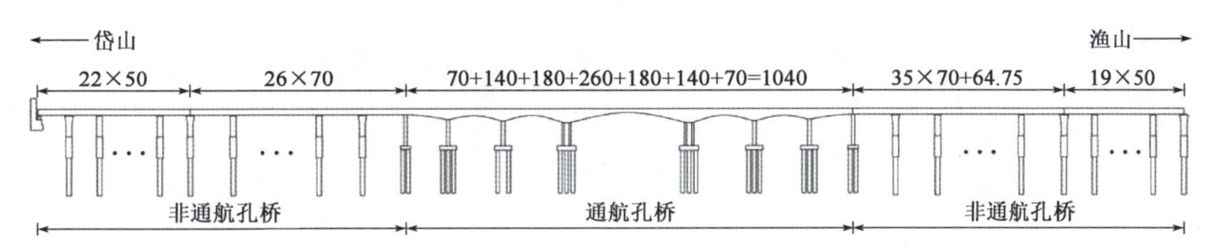

图6-2 全桥总体设计示意图(尺寸单位：m)

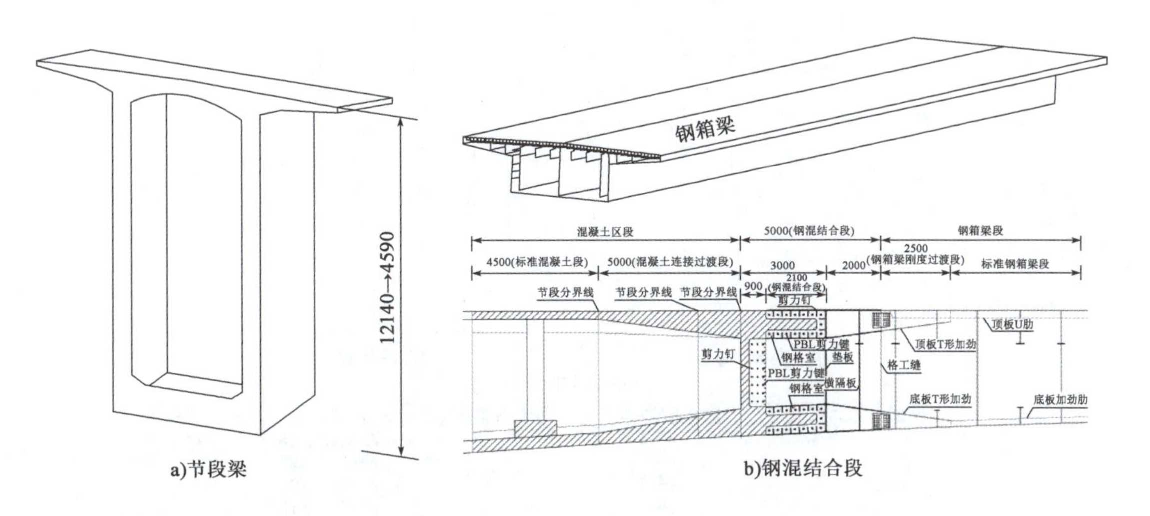

图6-3 通航孔桥典型断面(尺寸单位：mm)

(2)非通航孔桥

岱山侧非通航孔桥长约2.920km，鱼山侧非通航孔桥长约3.821km。非通航孔桥长度占全桥长度比例为86.63%。无疑，非通航孔桥无论是投资控制还是工期控制都主导着项目的整个建设，其桥型的确定需要平衡桥梁结构经济性、工期迫切性、环境协调性、施工便捷性及品质保障性等多元需求。为此，非通航孔桥基础及下部结构按“墩高”“水深”“冲刷深度”和“桥梁跨径”四项因素开展分区域精细化设计(图6-4)，对比“单桩基础+圆柱形桥墩”和“群桩基础+实心片墩”两大方案围绕“经济性指标、结构特性、施工难易度、效率指标”四个方面进行同深度比选，最终确定了大直径钢管复合单桩基础形式代替常规群桩基础形式(图6-5)，并且单桩基础与墩身直接连接，取消水中承台，实现下部结构设计集约化。

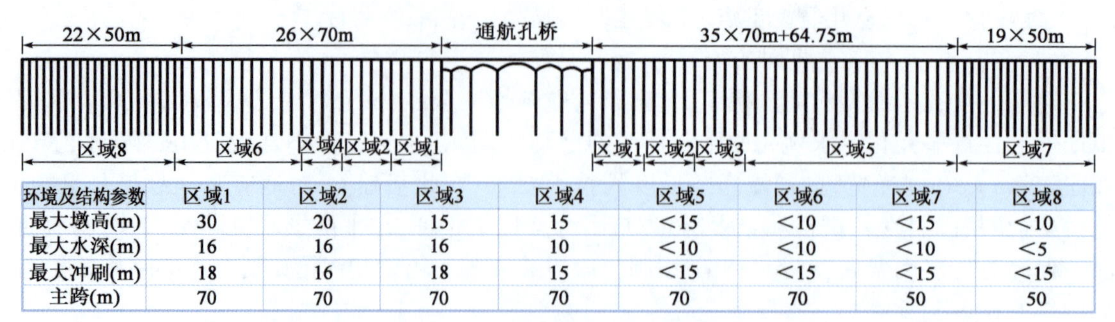

环境及结构参数	区域1	区域2	区域3	区域4	区域5	区域6	区域7	区域8
最大墩高(m)	30	20	15	15	<15	<10	<15	<10
最大水深(m)	16	16	16	10	<10	<10	<10	<5
最大冲刷(m)	18	16	18	15	<15	<15	<15	<15
主跨(m)	70	70	70	70	70	70	50	50

图6-4 非通航孔桥分区设计区域划分

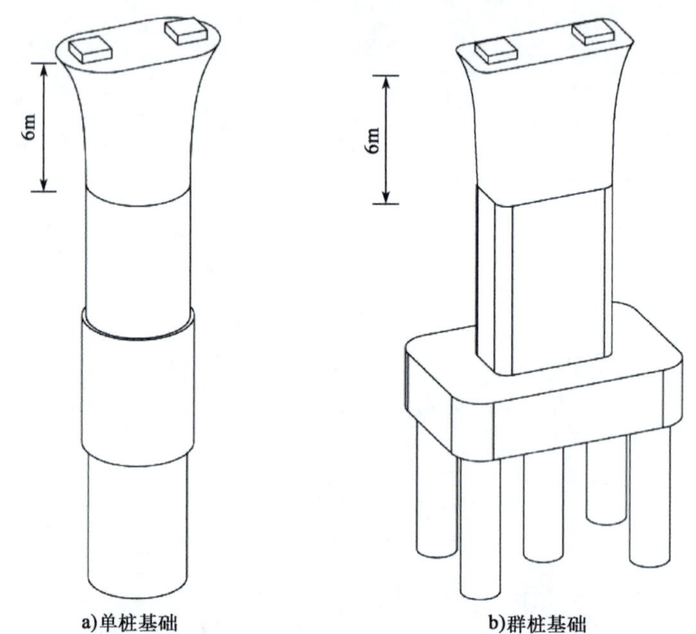

a)单桩基础 b)群桩基础

单桩基础(单位:m)

区域	墩柱尺寸	护筒内桩基尺寸	护筒外桩基尺寸	护筒深度	最大桩长
1	φ3.6	φ5.2	φ3.8	冲刷线下28	110
2		φ4.6		冲刷线下22	120
3		φ4.3		冲刷线下20	115
4		φ4.0		冲刷线下18	125
5	φ3.2	φ3.6	φ3.0	冲刷线下14	140
6		φ3.4			120
7			φ2.5		140
8		φ3.2		冲刷线下10	100
9	4.8×2.6	φ1.5		—	110

群桩基础(单位:m)

区域	墩柱尺寸	桩基	承台	护筒深度	最大桩长
1	4.8×2.8	6根φ2.0~2.5	14×9×4	冲刷线下155	110
2		6根φ1.8~2.2	12.6×8.1×3.5	冲刷线下122	115
3		5根φ1.8~2.2	11.6×8.1×3.5	冲刷线下100	115
4					115
5	4.8×2.6	5根φ2.0~1.8	11.6×8.1×3.0		110
6					111
7		5根φ1.8		—	101
8		5根φ1.5	9.4×6.4×2.5	—	101
9				—	111

图6-5 非通航孔桥下部结构方案比选

对于上部结构桥型比选，重点从施工角度对整孔预制整孔吊装、节段预制拼装、移动模架逐孔现浇及挂篮对称悬浇四种方案进行了比选，平衡经济、工期、技术、安全风险等多元需求因素，确定了节段预制拼装方案，便于上部结构设计标准化、快速化作业及工程品质管控。

6.1.2 环境制约施工

鱼山大桥建设环境制约因素多，海上有效作业时间短，工期矛盾尤为突出，采用快速化施工技术尤为迫切。为此，提出了“全栈桥”施工方案，栈桥设计采用标准化、施工安装采用模块化，转换海上施工为“陆地”施工，如图6-6所示。全栈桥方案可以有效改善作业条件，提高作业时间，提高作业效率。桩基和墩柱钢筋均采用工厂整体预制，经栈桥运输至现场进行安装。上部结构采用架桥机进行现场架设，下部结构施工充分利用大型海工装备，并充分发挥栈桥运输优势。工程实践表明，下部结构双曲面墩柱钢筋骨架安装仅需0.5d，较传统现场绑扎钢筋工艺至少节省15d。海上栈桥、平台等临时工程推行模块化施工，仅用时3个月完成了全线7.8km海上栈桥施工，创下了海上栈桥施工新纪录。

图6-6 全栈桥施工

6.1.3 规模决定模式

项目预制构件数量较大，其中，50m跨径非通航孔桥节段梁783榀，70m非通航孔桥节段梁1349榀，通航孔桥节段梁256榀。为确保构件大批量生产质量，需要突破传统桥梁建造模式，提升生产质量和效率变革。为此，全面推行桥梁工业化建造模式，变现场浇筑为现场拼装、手工制作为工业建造。坚持“工厂化、集约化、专业化、配送化”原则，实现构配件预制的流水线作业。预制件钢筋加工引入钢筋部件加工多功能加工中心、自动化焊接机器人、自动焊弯圆机、数控钢筋锯切套丝打磨生产线等自动化设备，实现了不同规格原材的自动上料、弯曲成型、剪切一体化功能，保证了钢筋切割面的平整，提高了钢筋焊接质量，报验合格率可达100%，为预制构件保护层厚度合格率工前100%、工后95%以上的品质目标创造了先决条件。在预制构件的浇筑养护及运输层面，混凝土由场内集中生产，智能化配送，实现预制构件的浇筑成型；采用智能养护系统，通过雾化喷淋管实现结构物养护全覆盖，通过智能养护终端系统控制结构物养护时间,有效解决了传统养护方式温度与湿度稳定性差的技术问题,且减少了养护工人,养护覆盖率由60%提高至95%。

6.1.4 目标决定管理

鱼山大桥作为国家重大项目的交通配套保障工程,为实现27个月快速建成通车的目标,从项目管理角度,全桥考虑仅设置一个标段(合同价约15.6亿元)。积极推行构件集中预制、钢筋集中加工、混凝土集中拌和的"三集中"理念,全线设一个预制厂、一个钢筋加工厂、一个混凝土拌和厂,便于集约化生产管控,大幅度减少协调环节、提升管理效率及降低管理成本。

6.2 过程控制

非通航孔桥规模大,无疑项目管理的难点和重点在于非通航孔桥的管控。针对其结构物类型相对单一的特点,精准分析管控要素,简化管理模型(图6-7),重点抓好"一根桩、一座墩和一榀梁"的过程控制管理。

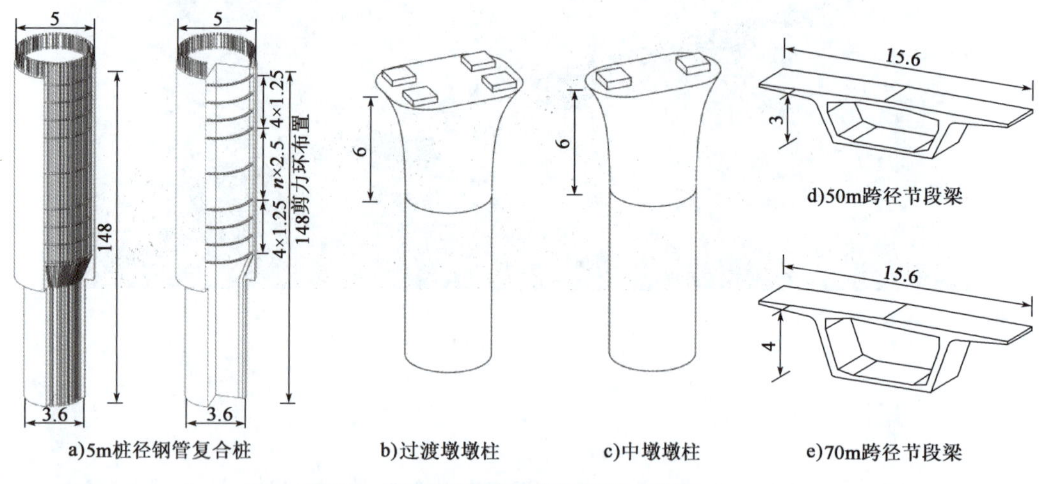

图6-7 非通航孔桥主要结构物(尺寸单位:m)

针对超大直径深长钻孔灌注桩施工质控五大控制要素(桩基平面精度、桩基进尺速率、钢筋笼拼装精度、桩基沉渣厚度及混凝土浇筑成桩速度),围绕"管好一根桩"目标,提出"稳、慢、准、清、快"的"五字诀"管理思路。"稳"即指钢护筒打设过程要稳,通过设备选型、"T"形测量方法和研发的定位导向装置保障了钢护筒整根沉放作业顺利,实现了钢护筒平面精度控制在3cm内、垂直精度控制在0.2%的质量目标;"慢"即指成孔钻进速度要慢,针对地层特性分别控制进尺速率,实现桩基成孔零塌孔;"准"即指钢筋笼制作与安装要准,通过采用长线胎架法钢筋笼制作,并研制承载大吨位钢筋笼专用吊具和悬挂环,实现钢筋笼的精确安装就位;"清"即指孔内沉渣要清,严格控制泥浆含砂率和胶体率,通过外加增稠剂增大泥浆胶体率,确保桩底沉淀厚度不超标;"快"即指水下混凝土灌注要快,通过加大机械设备投入和栈桥交通管制,实现大方量桩基础灌注时间小于12h的目标,沉桩质量一次合格率100%。从浇筑时间统计来看,除个别桩基略为超时(小于13h)之外,大多数均控制在12h之内。

针对双曲面墩身构造特点,围绕"管好一个墩"目标,采用钢筋骨架模块化工厂加工,整体制作、运输及现场整体吊装工法,实现双曲面异形墩柱的快速施工,如图6-8所示。

图6-8 墩身模块化施工

针对节段梁预制拼装精度要求高,围绕"管好一榀梁"目标,制定节段梁预制安装"毫米级"控制标准,严格控制成桥线形和桥面平整度。在节段梁预制环节,加强预制厂标准化建设,采用CFG桩复合地基降低预制厂地基沉降;通过高精度测量设备辅以"六点全站仪法"和"四点尺量法"的双法双核的测量方法,削弱设备系统误差和人为测量误差。通过精度影响因素敏感性分析,确定四大类14方面控制要求。归纳分析梁重、弹模、管道摩擦系数、管道偏差系数、温度和存梁时间六大要素,通过梁段称重,模型修正、原材料离散性控制、恒温恒湿养护以及存梁时间控制等措施削弱计算误差影响。通过模板系统变形监测、刚度提升、稳定系统增设等措施削弱混凝土浇筑过程中模板变形影响。在节段梁安装层面,通过创新测量方法和墩顶块后注浆零偏差锚固工艺实现节段梁的定位测量;采用相对坐标代替控制网,单联独立控制网,减少海面测距,将环境测量误差控制在1mm以内,并使用高精度全站仪,双人双测,严格规范早晚测量时机,桥位测量误差大幅降低。

6.3 规范管理

6.3.1 推行工点工厂化

为解决同一项目、同一标段不同工点管理水平差异化问题,推行"工点工厂化"管理。即以施工工点为落脚点,根据区域功能划分和施工便利性、安全性,融合通道、标牌、设施等安全标准化管理要求,做好布局谋划和日常管理。在方案编制时明确"工点工厂化"布局图(图6-9),按工厂化布置原则实现机、料、设施的规范化定位管理,施工前监理办照图验收并签字确认,打造规范统一的移动工厂。

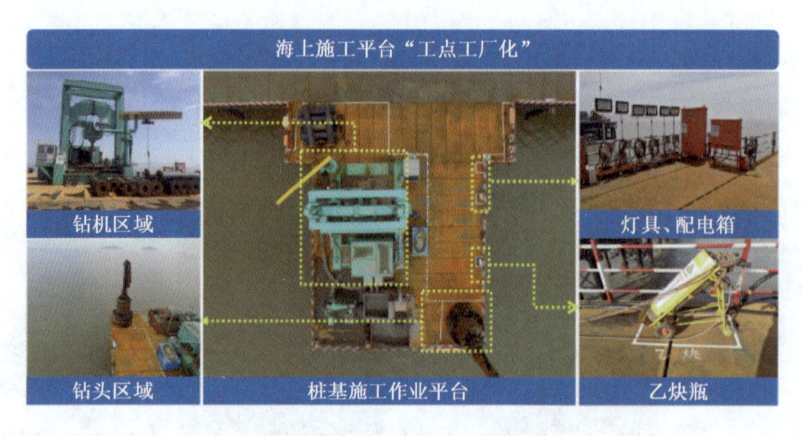

图 6-9 工点工厂化

6.3.2 班组作业标准化

为提升施工规范化水平，推进农民工向产业工人转变，项目开展班组作业规范化管理，规范工人作业行为，提高工序施工质量，降低安全生产风险，提升过程管控水平。

一是落实班组"首件认可制"与"清退制"。要求班组进行首件生产，不合格则重新进行首件，3 次不合格则清退班组。二是强化班组日常行为常态化管理。推行班组"班前教育、班前检查、班中巡查、班后清理、班后交接、班后小结"6 步走常态化和"整理、整顿、清扫、清洁、素养、安全"的"6S"管理，规范作业行为，培养良好习惯。三是开展班组劳动竞赛。每月对班组考核，评选"最美班组"和"最美工人"，设立专项资金奖励先进班组和工人，开展季度和年度评比、表彰，提高工人存在感和获得感，激发工人参与热情。四是规范工人管理。建立"连队化"管理制度，对工人进行连、排、班、室四级管理。提高工人生活条件，住宿不得少于每人 $5m^2$ 并安装空调，生活区设置洗衣房、活动室、工人学校等设施，保障工人权益，建立工人工资发放监督机制。

6.3.3 安全管理多元化

创建多元化安全管理体系，打造"平安工程"。主要采取以下措施：

(1)顶层设计系统化。建立责任体系、制度体系、监督考核体系和应急保障体系；明确设备、船舶、工程车辆及作业人员等准入机制；印发相关制度、办法、手册，把相关管理要求写入招标文件并进行专项交底；要求项目部统一增设安全总监岗位和船机部，监理办统一增配船舶安全监理，相关人员进场需通过笔试、面试考核，系统性的举措让全管理有章可循、关口前移，从源头上降低项目安全管控风险，提高安全工作效率和质量。

(2)管理考核常态化。对项目安全工作实行常态化考核，以"平安工地"建设为主线，推行"双线"考核，即日常管理和年度工作指标考核，并将安全考核内容与"立功竞赛"考核指标挂钩，解决多头考核、重复考核、烦琐考核的问题，增强考核工作的科学性、针对性；实行奖惩机制，将隐患整改不到位、发生安全责任事故等情形纳入处罚条款，按月通报和按季度考核，严格责任追究，依据不同情形实行"通报批评""黄牌管理"和"一票否决"(清退、黑名单)，考评成绩与信用评价挂钩；对于安全生产管理成效突出的单位，给予专项奖励。

(3)安全费用精细化。按照“合理计划、确保需要、综合监管、规范使用”的原则，更好地管理项目本质安全，科学合理使用安全费用、充分发挥资金效能；要求施工单位根据施工计划、进展情况和安全标准化工作计划，制订科学合理的年度、季度、月度安全生产费用投入计划；安全费用计量与施工进度、安全生产费用投入计划相匹配，与工程结算款同步计量提取。

(4)安全设施标准化。推进工程建设领域安全设施的供给侧改革，把“物”的标准化作为项目安全生产工作的基础，推行安全设施标准化，减少现场安全隐患、提升本质安全水平，包括通道标准化、安全防护设施标准化、安全标志标牌标准化、临时用电标准化、专用设施标准化。制定《通道标准化管理办法》，大力提倡智能化、定型化、装配式的通道设置，并实行通道验收制；针对临边、孔口等安全防护设施，推广使用定型化、标准化产品，要求做到颜色统一、规格一致、方便实用，重点安全防护设施执行“首件验收制”；结合行业主管部门相关要求，对全线安全标志标牌的框架格式进行统一规范，对设备信息公示牌、通道验收牌等专用标志牌内容进行统一，倡导亲情关怀、卡通动画等形式标牌；针对海洋环境易腐蚀、湿度高、触电风险高的情况，要求采用定型化、标准化配电箱，强化顶层设计减少明线；对海上钢管桩、承台通航安全警示灯、旗和钻机防护棚、泥浆箱以及氧气、乙炔瓶专用吊篮等专用设施进行规范统一。

(5)顾问服务专业化。专业人干专业事，跨界融合，补安全短板。充分发挥专业力量，提升项目安全生产保障能力，根据需要引入安全顾问服务。

(6)管理手段智慧化。按照“化繁为简、减负提效”的原则，积极引入“智慧用电”系统、设备安全监控预警系统等信息化手段，强化安全生产工作科技支撑能力。

(7)安全文化品牌化。发挥安全文化的引领和激励作用，推行安全生产管理要求、风险隐患的“可感(视、听)化管理”，组建项目“安全生产专家库”，创办“平安跨海大桥”安全管理论坛，统筹建设安全警示教育馆、安全体验馆、海上安全驿站、质量安全积分超市等设施，强化追责问责文化和争先创优文化，实现安全文化引导、认同、内化、输出，从体系约束到文化自治。

(8)应急保障高效化。给危险岗位人员发放应急处置卡(手册)，在危险区域醒目位置设置应急处置牌、贴纸，在隧道、海上平台等危险点统一设置应急物资储备室。坚持“早研判、早部署、早落实”原则，实现“人员零伤亡、财产零损失、工期少影响”目标。

安全管理作业如图6-10～图6-17所示。

图6-10 安全驿站

图6-11 墩身作业安全防护

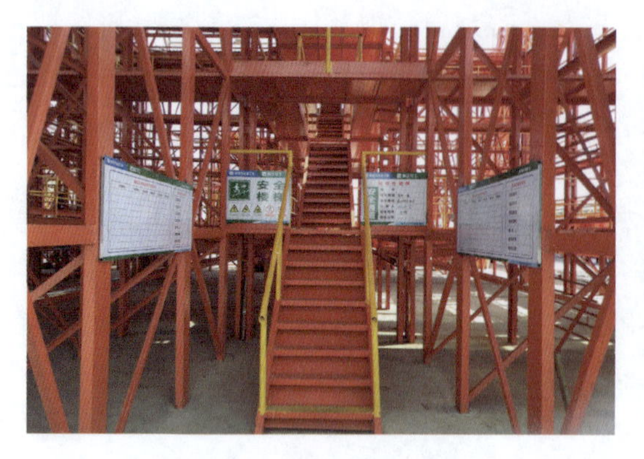

图 6-12　胎架安全通道

图 6-13　预留孔口安全防护

图 6-14　质量安全讲台、红黑榜

图 6-15　桩基安全通道

图 6-16　鱼山大桥架桥机作业

图 6-17　鱼山大桥节段梁架设

6.4 智慧建造

为进一步提升项目管理水平,借助 BIM 和物联网等新技术手段,积极探索智慧工地建设,建立公路产品信息库,打造在手机及计算机上掌控整个建设工地全局信息的现代化施工模式。一是实现进度可视化平台,搭建可视化进度协同平台,利用手机 App 采集、分析现场数据,实现关键线路和节点工期自动监控和报警。二是实现质量管理流程化,建立试验检测数据联网监控系统、拌和站生产数据自动采集与监管系统,原材料报验、取样、试验等程序实现手机报验,混凝土试块植入二维码芯片实现扫描与强度试验同步。三是实现工艺设备控制智能化,建立钢结构焊缝质量激光自动跟踪监控、预应力张拉监控、架桥机自动过孔、架桥机安全监控及钢管桩沉桩监控体系,保障工程质量安全。四是人员管理规范化,开发安全教育与考核 App,实现人员定位考勤。五是探索计量支付高效化,利用 BIM 系统三维模型 + 进度的“4D”维度基础,所有计量支付网上申报,各项审批流程化,根据实际的进度计划实现各类资金报表出具自动化,达到计量支付投资分析全程动态化管理,实现工程建设五维管理模式。

智慧用电如图 6-18 所示。

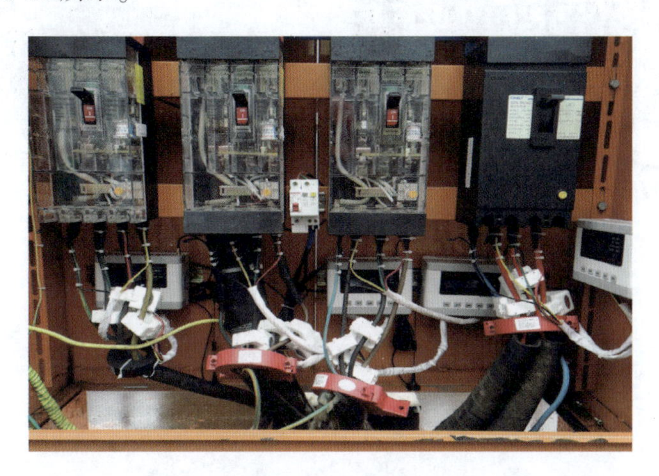

图 6-18 智慧用电

6.5 交流互鉴

项目以“构筑技术堡垒,助推高质量建设”为主导思想,集合参建单位技术力量创立了“总工程师技术协作委员会”,通过借助各参建单位的技术力量,搭建内部技术交流平台,实现优势资源共享,提升项目技术管理水平,助力创建全国公路水运“品质工程示范项目”。

同时,对外加强业内同行交流互鉴,建设期间充分重视对外交流平台的搭建,成功举办了

“2018 国际桥梁工业化建造及快速施工关键技术研讨会”,促成了美国桥梁快速施工研发中心(ABC)与中国的首度合作(图 6-19)。项目也成为同济大学、浙江大学等一批中国著名高等院校的实习示范基地,为百余名在校学生提供了工程实践与创新体验基地,项目荣获了同济大学“优秀实习基地”称号(图 6-20)。

图 6-19 国际交流

图 6-20 “优秀实习基地”证书

6.6 本章小结

鱼山大桥在面临支撑条件缺乏、建设条件复杂、建设规模庞大、建设工期紧迫等多重挑战的情况下,在强化顶层设计、施工过程管控及规范管理等方面,创新性提出了诸多管理新举措,为项目优质高效、顺利完成奠定了坚实基础。

(1)强化顶层设计。一是根据环境、品质、效益及工期等多元需求,开展方案比选并确定方案,提升方案的合理性;二是根据结构设计方案和施工环境条件特点,采用全栈桥法施工,提升有效施工作业窗口;三是针对构件数量多,突破传统桥梁建造模式,全面推行桥梁工业化建造模式,变现场浇筑为现场拼装、手工制作为工业建造,提升生产质量和效率变革;四是采用大标段合同模式,便于集约化生产管控,提升管理效率并降低管理成本。

(2)突出施工过程控制。针对其结构物类型相对单一的特点,精准分析管控要素,简化管理模型,重点抓好"一根桩、一座墩和一榀梁"等典型构件的过程控制管理。

(3)规范项目管理。针对同一项目、同一标段不同工点管理水平差异化问题,推行"工点工厂化"管理。针对工人作业规范化问题,项目开展班组作业标准化管理,规范工人作业行为。针对项目安全风险高问题,创建多元化安全管理体系,打造"平安工程"。

(4)构建智慧化工地。借助 BIM 和物联网等新技术手段,积极探索智慧工地建设,建立公路产品信息库,打造在手机及计算机上掌控整个建设工地全局信息的现代化施工模式。实现进度可视化、质量管理流程化、工艺设备管控智能化、人员管理规范化及计量支付高效化等工程建设的五维管理新模式。

(5)建立交流互鉴机制,共享内外部优势资源,提升项目技术管理水平。

参考文献

[1] 项贻强. 快速施工桥梁的研究进展[J]. 中国公路学报,2018,12(31):1-27.

[2] 梅敬松. 布局桥梁工业化打造百年品质工程[C]//中国公路学会桥梁和结构工程分会2019年全国桥梁学术会议论文集. 北京:人民交通出版社股份有限公司,2019:3-14.

[3] 方明山. 宁波舟山港主通道工程技术创新[C]//中国公路学会桥梁和结构工程分会2019年全国桥梁学术会议论文集. 北京:人民交通出版社股份有限公司,2019:14-23.

[4] 付新鹏,杨光. 鱼山大桥5m超大口径变径钻孔灌注桩成孔施工技术研究与应用[J]. 建设工程技术与设计,2017(7):2141-2142.

[5] 贾力锋. DP150/50型节段拼装架桥机的设计及应用研究[J]. 铁道建筑技术,2019(2):33-36,53.

[6] 黄炜炎,薛备芬. 复杂环境下预制高架桥安装技术的选用[J]. 上海建设科技,2017(2):29-32,46.

[7] 叶以挺,吴刚. 某混凝土桥梁上下部结构全预制拼装施工关键技术[J]. 公路工程,2019,6(44),117-122,142.

[8] 张鸿,张喜刚,丁峰,等. 短线匹配法节段预制拼装桥梁新技术研究[J]. 公路,2011(02):76-82.

[9] 秦顺全. 无应力状态控制法斜拉桥安装计算的应用[J]. 桥梁建设,2008(02):13-16.

[10] 李乔,卜一之,张清华. 基于几何控制的全过程自适应施工控制系统研究[J]. 土木工程学报,2009(07):69-77.

[11] 刘先鹏,刘亚东,戴书学,等. 箱梁节段短线匹配法预制施工技术[J]. 重庆建筑大学学报,2006(05):59-62.

[12] 黄晓航,高宗余. 无应力状态控制法综述[J]. 桥梁建设,2010(01):71-74.

[13] 王侃,李国平. 短线预制桥梁的线形和姿态控制的施工方法[J]. 中国市政工程,2007(S2):91-93.

[14] 王殿伟. PC箱梁短线法节段预制施工技术[J]. 世界桥梁,2016(03):25-29.

[15] 林三国. 节段预制拼装箱梁施工技术[J]. 铁道建筑,2014(12):21-24.

[16] 张兴伟,唐光启. 56m简支箱梁预制节段拼装线形控制技术[J]. 施工技术,2014(S1):120-122.

[17] 赵大昭. 客运专线48m简支箱梁节段拼装线形控制技术[J]. 上海建设科技,2013(03):1-2.

[18] 杜海龙,蒋严波,尹建明. 海外项目箱梁节段短线法预制施工技术[J]. 世界桥梁,2013(01):17-21.

[19] 李浩,孙峻岭. 节段预制桥梁技术应用发展前景[J]. 铁道建筑技术,2012(04):38-40.

[20] 王增虎. 节段预制拼装整体横移48m箱梁施工技术[J]. 铁道建筑技术,2010(05):83-86.

[21] 李甲丁,刘钊. 短线法节段预制拼装桥梁线形控制探讨[J]. 现代交通技术,2009(06):48-51.
[22] 韩玉. 连续箱梁节段预制安装施工技术[J]. 西部交通科技,2009(06):41-47.
[23] Sun John J,Komar Gernot. 长大桥梁工程的先进节段预制技术及其应用[J]. 公路,2009(05):73-80.
[24] 余为. 预制节段逐跨拼装施工技术在上海市沪闵高架道路工程中的应用[J]. 城市道桥与防洪,2008(06):65-69.
[25] 刘亚东,秦宗平,金卫兵. 预制节段拼装连续梁桥设计要点和施工关键技术[J]. 铁道建筑技术,2006(05):50-55.
[26] 张立青. 节段预制拼装法建造桥梁技术综述[J]. 铁道标准设计,2014(12):63-66.
[27] 朱新安. 节段箱梁预制拼装连续梁体系关键技术研究[D]. 合肥:合肥工业大学,2014.
[28] 侍刚,徐霞飞,伍贤智. 基于非线性最小二乘的短线法节段预制线形控制研究[J]. 世界桥梁,2014(06):36-40.
[29] 王侃. 节段式混凝土桥梁预制阶段线形与姿态控制系统[D]. 上海:同济大学,2008.
[30] 周凌宇,郑恒. 基于坐标变换的短线预制梁段匹配误差调整[J]. 桥梁建设,2016(05):71-76.
[31] 周凌宇,郑恒,侯文崎,等. 短线预制箱梁节段线形误差的改进调整法[J]. 华中科技大学学报(自然科学版),2016(09):99-104.
[32] 方蕾. 短线预制悬臂拼装连续梁桥施工线形控制研究[D]. 成都:西南交通大学,2008.
[33] 刘海东,侯文崎,罗锦. 短线节段预制拼装桥梁几何线形三维控制方法[J]. 铁道科学与工程学报,2017(04):769-778.
[34] 赵大昭. 客运专线 48m 简支箱梁节段拼装线形控制技术[J]. 上海建设科技,2013(03):1-2.
[35] 石健. 客运专线 64m 双线节段拼装预应力混凝土简支箱梁拼装工艺与线形控制技术[J]. 黑龙江科技信息,2015(03):173-175.
[36] 张兴伟,唐光启. 56m 简支箱梁预制节段拼装线形控制技术[J]. 施工技术,2014(S1):120-122.
[37] 赵树青,于新波,沈洪涛. 自适应控制法在大跨径 PC 斜拉桥施工监控中的应用[J]. 公路,2017(02):170-174.
[38] 刘森. 自适应悬臂施工控制[D]. 郑州:华北水利水电大学,2015.
[39] 陈黎明,龙勇彪. 考虑几何非线性的斜拉桥自适应施工监控方法研究[J]. 湖南交通科技,2014(01):62-66.
[40] 吴天. 大跨度连续梁拱桥施工全过程几何控制方法[D]. 成都:西南交通大学,2012.
[41] 黄灿. 基于几何控制法的大跨度斜拉桥自适应施工控制体系研究[D]. 成都:西南交通大学,2011.
[42] 卫少阳. 分阶段施工桥梁无应力状态控制法的应用研究[D]. 西安:长安大学,2015.
[43] 黄厚卿,肖贤炎. 虎门二桥短线匹配法预制节段拼装桥梁施工控制[J]. 公路交通科技(应用技术版),2016(07):198-200.

[44] 李磊,王昌将,陈向阳,等.鱼山大桥通航孔桥钢箱梁设计关键技术[J].桥梁建设,2019,49(5):79-84.

[45] 王昌将,史方华,李磊,等.宁波舟山港主通道桥梁快速建造技术的设计创新[C].2019年全国桥梁学术会议论文集,2019:23-30.

[46] Wang C J, Li L, Chen X Y, et al. Innovative accelerated construction method for yushan bridge, China[J]. Proceedings of the Institution of Civil Engineers: Bridge Engineering, 2019, 174(1):45-55.

[47] Wang C J, Li L, Chen X Y. Practice and thinking on the large diameter pile of Yushan bridge [C]. Proceeding of the fib Symposium 2020: Concrete Structures for Resilient Society, 2020: 1242-1250.

[48] Ye Q D, Wang J J, Wang C J. Application and development of the super-large diameter column foundation of bridge[C]. 7th International Conference on Mechanical Engineering, Materials Science and Civil Engineering, 2019.

[49] Fang M S, Yu L Z, Tan Y. Methods used to construct underwater pile caps on the Hong Kong-Zhuhai-Macao Bridge [J]. Proceedings of the Institution of Civil Engineers: Bridge Engineering, 2020, 174(1), 3-12.

[50] Pavlović M, Marković Z, Veljković M, et al. Bolted shear connectors vs. headed studs behaviour in push-out tests[J]. Journal of Constructional Steel Research, 2013(88):134-149.

[51] Johnson R P, Anderson D. Designers' Guide to EN 1994-1-1: Eurocode 4: Design of Composite Steel and Concrete Structures. General Rules and Rules for Buildings [M]. Thomas Telford, 2004.

[52] Japanese Society of Steel Construction. Standard on push-out test for headed stud (draft) [S]. Japanese Society of Steel Construction, 1996.

[53] 中华人民共和国建设部,中华人民共和国国家质量监督检验检疫总局.钢结构设计规范:GB 50017—2003[S].北京:中国计划出版社,2003.

[54] Hoshina H, Fujiyama C. Performance of headed stud on steel-concrete composite bridge deck as shear connector subjected to normal force [J]. Procedia Engineering, 2017, 171: 1294-1300.

[55] 蔺钊飞,刘玉擎,贺君.焊钉连接件抗剪刚度计算方法研究[J].工程力学,2014,31(7):85-90.

[56] 陈希哲.土力学地基基础工程实例[M].北京:清华大学出版社,1982.

[57] Shim C S, Lee P G, Yoon T Y. Static behavior of large stud shear connectors[J]. Engineering Structures, 2004, 26(12):1853-1860.

[58] Xue D, Liu Y, Yu Z, et al. Static behavior of multi-stud shear connectors for steel-concrete composite bridge[J]. Journal of Constructional Steel Research, 2012, 74(8):1-7.

[59] Valente I, Cruz P J S. Experimental analysis of perfobond shear connection between steel and lightweight concrete[J]. Journal of Constructional Steel Research, 2004, 60(3-5):465-479.

[60] Dai H, Xia X D, Ding D J. Aseismic construction and design method for multi-story composite

structures [J]. Earthquake Engineering & Structural Dynamics,2015,25(9):887-907.
[61] Chen X,Sugiura K. FEM snalysis on failure development of group studs shear connector under effects of concrete strength and stud dimension[J]. Engineering Failure Analysis,2013,35(26):343-354.
[62] Rocha J D B,Arrizabalaga E M,Quevedo R L,et al. Behavior and strength of welded stud shear connectors in composite beam[J]. Revista Facultad De Ingenieriía,2012,55(63):93-104.
[63] Jeong Y J,Kim H Y,Kim S H. Partial-interaction analysis with push-out tests[J]. Journal of Constructional Steel Research,2005,61(9):1318-1331.
[64] Zimmels Y,Boas A. Construction of a pile-based offshore airport[J]. Ocean Engineering,2003,30(1):127-150.
[65] Eva M Leunissen,William J Rayment,Stephen M. Dawson. Impact of pile-driving on Hector's dolphin in Lyttelton Harbour,New Zealand[J]. Marine Pollution Bulletin,2019(142):31-42.
[66] 左明福. 深水大直径钻孔灌注桩若干问题刍议[J]. 中国港湾建设,2006(05):33-35.
[67] 马峰,任回兴. 变截面超长桩钢筋笼长线匹配法制作安装技术[J]. 公路,2009(02):40-45.
[68] 黄天贵,韩国明. 大直径深孔变截面钻孔灌注桩施工工艺与技术研究[J]. 公路,2011(10):111-118.
[69] 卿安希,骆昊,蔡俊华,等. 海上大直径变截面嵌岩钻孔灌注桩施工技术[J]. 市政技术,2009,27(01):35-36.
[70] 李鹏飞. 基于大比尺模型试验的钢护筒嵌岩桩承载特性研究[D]. 重庆:重庆交通大学,2015.
[71] 陈玲,穆保岗,汪梅,等. 考虑钢护筒效应变截面桩竖向承载力研究[J]. 江苏建筑,2010(04):51-53.
[72] 钟炎涛,杨青莹. 深水大直径变截面嵌岩桩钻孔浅述[J]. 科技信息,2010(09):683-684.
[73] 戴明逊. 新技术在济南黄河三桥大直径超长钻孔灌注桩中的应用[C]. 北京:2008.
[74] 吴泽生,姚红梅. 舟山连岛工程金塘大桥主通航孔桥海上桩基施工[J]. 铁道建筑,2007(01):29-32.
[75] Sekimoto Hisashi,Fuyama Hiroyuki,Okawa Katsunori,et al. New construction method for main tower and substructure of marine bridge at great water depth[J]. Technical Review-Mitsubishi Heavy Industries,2000,37(2):35-39.
[76] Zimmels Y,Boas A. Construction of a pile-based offshore airport[J]. Ocean Engineering,2003,30(1):127-150.
[77] 于政权,周爱兵. 嘉绍大桥钻孔灌注桩施工关键技术[J]. 公路,2013(05):216-220.
[78] 杨碧波. 平潭海峡公铁两用大桥超大直径钻孔桩施工技术[J]. 卷宗,2016,6(1):657-658,659.
[79] 任回兴. 苏通大桥 5 号主墩桩基施工钢护筒定位技术[J]. 华中科技大学学报(城市科学版),2005,22(z1):48-51.

[80] 周西振,岳东杰,倪剑峰. 苏通大桥钢护筒中心位置检测及模拟试验分析[J]. 长沙交通学院学报,2005,21(1):28-31.
[81] 游庆仲,董学武,吴寿昌. 苏通大桥基础工程的挑战与创新[J]. 中国工程科学,2007,9(6):22-26.
[82] 杜兵,欧阳效勇,任回兴,等. 新型 GPS-RTK 打桩船定位系统在苏通大桥建设中的应用[J]. 勘察科学技术,2006(6):55-58.
[83] 何承海,彭琳琳. 嘉绍大桥 4.1m 超大直径钢护筒施工关键技术[J]. 中国港湾建设,2015(1):55-58.
[84] 曹宗勇,伏首圣. 嘉绍大桥直径 3.8m 钻孔灌注桩试桩与施工的工效分析[J]. 城市道桥与防洪,2010(08):172-175.
[85] 王永东,杨胜龙. 全旋转打桩船“海力 801”超长超重钢管桩沉桩技术[J]. 中国港湾建设,2011(2):42-46,75.
[86] 李新形,姜玉龙,谭冬华. 象山港公路大桥主桥钢护筒定位新技术[C]. 中国公路学会桥梁和结构工程分会,2011 年全国桥梁学术会议,2011.
[87] 宋奎,刘宇光. 超长大直径嵌岩桩施工技术[J]. 中国港湾建设,2015(7):67-69.
[88] 王中文,刘志峰,罗永传. 港珠澳大桥大直径钻孔灌注桩自平衡法实验研究[C]. 江苏宜兴:2013.
[89] 卓家超,钱所军. 港珠澳大桥钢管复合桩的施工问题及改进措施[J]. 中国港湾建设,2014(6):37-41.
[90] 陈华南. 港珠澳大桥海中钢管复合桩基础施工技术[J]. 江西建材,2015(8):137-138.
[91] 孟凡超,吴伟胜,刘明虎,等. 港珠澳大桥桥梁钢管复合桩设计方法研究[J]. 工程力学,2015(1):88-95.
[92] 黄建富. 港珠澳大桥深水区非通航孔桥钢管复合桩基础施工设备的选型配置和应用[J]. 城市建设理论研究(电子版),2013(14):1-10.
[93] 周西振,杨宏伟. 前方交会法在苏通大桥钢护筒中心位置放样与检测中的应用与分析[J]. 中南公路工程,2006,31(5):81-84.
[94] 王富颉,王玉飞,刘德成. ϕ3.8m 超大直径超长钻孔桩钢筋笼现场制作工艺[J]. 桥梁建设,2010(S1):48-51.
[95] 宋卫国,周祖干,谢祥庆. ϕ3.8m 超大直径深孔钻孔桩钢筋笼安装[J]. 桥梁建设,2010(S1):52-54.
[96] 余地华,叶建,侯玉杰,等. 超大长径比钻孔灌注桩超重钢筋笼施工关键技术[J]. 施工技术,2016,45(08):6-8.
[97] 赵继光. 大直径超长桩钢筋笼的制作安装方法[J]. 施工技术,2004(09):27-28.
[98] 员利军. 大直径超长桩基钢筋笼制作及吊装施工技术[J]. 科技与创新,2017(20):160-161.
[99] 钟佑明. 大直径长桩钢筋笼直螺纹套筒连接及吊装施工技术[J]. 科技资讯,2017,15(30):60-61.
[100] 戴国亮,龚维明,王磊,等. 自平衡试桩法在港口码头钢管复合桩中的应用[J]. 中国港

湾建设,2017,37(10):37-41.

[101] 罗永传,邹晓丹,谭逸波,等.大直径钢管复合桩试桩试验研究[J].公路交通科技(应用技术版),2014,10(08):230-234.

[102] 周鹏海.大型桩基承载力自平衡测试技术工程应用研究[D].武汉:武汉理工大学,2009.

[103] 孙洋波,朱光裕,朱德明.超长大直径钻孔灌注桩的承载力检测与分析[J].工程质量,2009,27(8):22-25.

[104] 方兴.超厚砂卵石层大直径深水桩基承载力分析与试验研究[D].武汉:武汉理工大学,2014.

[105] 王圣强,马德强,王彦博,等.海洋平台桩基承载力检测与沉降监测[J].石油工程建设,2012,38(5):17-20.

[106] 梁曦.大直径钻孔嵌岩桩承载力的检查评估方法[J].建筑科学,2014,30(7):129-134.

[107] 吴敏,彭自强.大直径桩基检测技术现状和探讨[J].中国西部科技,2012(11):37-38.

[108] 饶兰.基于分布式光纤测温技术检测灌注桩完整性试验研究[D].武汉:湖北工业大学,2017.

[109] 徐向阳,吕黄,姚三.深厚沉积层大直径钢管桩承载特性试验研究[J].水运工程,2012(06):179-182.

[110] 朱良虎,刘先鹏,居炎飞,等.某港区大桥基础钢管桩的抗压承载性能检测试验分析[J].港工技术,2012,49(03):28-31.

[111] 冯忠居,王富春,张其浪,等.钢管混凝土复合桩横轴向承载特性离心模型试验研究[J].土木工程学报,2018,51(01):114-123+128.

[112] 冯忠居,王富春,张其浪,等.钢管混凝土复合桩竖向承载特性离心模型试验[J].长安大学学报(自然科学版),2018,38(02):42-49.

[113] Wang C Z, Liu X, Li P F. Experimental behavior of concrete-filled steel tubular members subjected to lateral loads[J]. Advances in Materials Science and Engineering,2018:1-15.

[114] Xue J B, riseghella B, Chen B. Effects of debonding on circular CFST stub columns[J]. Journal of Constructional Steel Research,2012,69(1):64-76.

[115] 李春燕,兰军,吴涤.钢管混凝土复合桩模型试验方案设计[J].结构工程师,2013,29(01):118-123.

[116] 张敏,马建林,苏权科,等.钢管复合桩承载特性模型试验研究[J].西南交通大学学报,2015,50(02):312-318.

[117] 胡秋华,曾锐.铁路桥钢管复合桩抗剪连接件的试验研究[J].铁道建筑,2014(11):47-51.

[118] McAteer P, Bonacci J F, Lachemi M. Composite response of high-strength concrete confined by circular steel tube[J]. Aci Structural Journal,2004,101(4):466-474.

[119] Johansson M, Oylltoft K. Mechanical behavior of circular steel-concrete composite stub columns[J]. Journal of Structura Engineering-Asce,2002,128(8):1073-1081.

[120] Johanssont M, Gylltoft K. Structural behavior of slender circular steel-concrete composite

columns under various means of load application[J]. Steel &Composite Structures, 2001, 1(4):393-410.

[121] Park K D, Kim H J, Hwang W S. Experimental and numerical studies on the confined effect of steel composite circular columns subjected to axial Load[J]. International Journal of Steel Structures, 2012, 12(2):253-265.

[122] Xiamuxi A, Hasegawa A. A study on axial compressive behaviors of reinforced concrete filled tubular steel columns[J]. Steel Construction, 2012(76):144-154.

[123] Moon J, Roeder C W, Lehman D E, et al. Analytical modeling of bending of circular concrete-filled steel tubes[J]. Engineering Structures, 2012, 42(9):349-361.

[124] Hu H T, Su F C. Finite element analysis of CFT columns subjected to pure bending moment [J]. 2010, 10(5):415-428.

[125] Casanova A, Jason L, Davenne L. Bond slip model for the simulation of reinforced concrete structures[J]. 2012, 39(7):66-78.

[126] Guezouli S, Lachal A. Numerical analysis of frictional contact effects in push-out tests[J]. Engineering Structures, 2012(40):39-50.

[127] 席称心. 钢管混凝土复合桩竖向承载特性试验研究[D]. 西安:长安大学, 2016.

[128] 周厚林. 海上风电基础大直径钢管桩竖向承载特性研究[D]. 南安:东南大学, 2016.

[129] 彭文韬. 超长大直径钢管桩竖向承载特性试验分析与预测方法研究[D]. 武汉:武汉理工大学, 2010.

[130] 龚维明, 霍少磊, 杨超, 等. 海上风机大直径钢管桩基础水平承载特性试验研究[J]. 水利学报, 2015, 46(S1):34-39.

[131] 方诗圣, 王建国. 桥梁工程检测与施工监控技术[M]. 武汉:武汉大学出版社, 2014.